历史与思想研究译丛 | Studies on History and Thought

Retrieving the Tradition
and Renewing Evangelicalism

[美] D.H.威廉姆斯(D.H.Williams) 著
王 丽 译 游冠辉 校

重拾教父传统

Retrieving the Tradition
and Renewing Evangelicalism

中国社会科学出版社

图字 01-2010-6820

图书在版编目(CIP)数据

重拾教父传统/(美)D. H. 威廉姆斯(D. H. Williams)著;王丽译. —北京:中国社会科学出版社,2011.6(2017.8重印)
(历史与思想研究译丛)
ISBN 978-7-5004-9793-6

Ⅰ.①重… Ⅱ.①威…②王… Ⅲ.①基督教－研究 Ⅳ.①B978

中国版本图书馆 CIP 数据核字(2011)第 078142 号

出 版 人	赵剑英
责任编辑	陈 彪
责任校对	刘 峣
责任印制	张雪娇

出版发行	中国社会科学出版社
社　　址	北京鼓楼西大街甲 158 号
邮　　编	100720
网　　址	http://www.csspw.cn
发 行 部	010—84083685
门 市 部	010—84029450
经　　销	新华书店及其他书店
印刷装订	北京明恒达印务有限公司
版　　次	2011 年 6 月第 1 版
印　　次	2017 年 8 月第 3 次印刷
开　　本	640×960　1/16
印　　张	13.5
插　　页	2
字　　数	220 千字
定　　价	38.00 元

凡购买中国社会科学出版社图书,如有质量问题请与本社营销中心联系调换
电话:010—84083683
版权所有　侵权必究

历史与思想研究译丛

主　编　章雪富
副主编　孙　毅　游冠辉

Originally published under the title: Retrieving the Tradition and Renewing Evangelicalism by D. H. Williams.

Copyright © Wm. B. Eerdmans Publishing Co. 1999

Published by arrangement with Wm. B. Eerdmans through Oak Tree

All rights reserved

"历史与思想研究译丛" 总序

　　本译丛选择现代西方学者的思想史研究经典为译介对象。迄今为止，国内译介西方学术著作主要有两类：一是西方思想的经典著作，例如柏拉图的《理想国》和亚里士多德的《形而上学》等等；二是现代西方思想家诠释西方思想史的著作，例如黑格尔的《哲学史讲演录》和罗素的《西方哲学史》等等。然而，国内学术界对基于专业专精于学术富有思想底蕴的学者型的阐释性著作却甚少重视，缺乏译介。这就忽视了西方思想史研究的重要一维，也无益于西方思想史的真实呈现。西方学术界的实际情况却是相反：学者们更重视富有启发性的专业研究著作。这些著作本着思想的历史作历史的发微，使思想史的客观、绵延和更新的真实脉络得到呈现。本译丛希望弥补这一空缺，挑选富有学术内涵、可读性强、关联性广、思想空间宏阔的学者型研究经典，以呈献于中国学术界。

　　本丛书以"历史与思想"为名，在于显明真实地把握思想脉络须基于历史的把捉方式，而不是着意于把一切思想史都诠释为当代史。唯有真实地接近思想的历史，才可能真实地接近历史鲜活的涌动。

　　本丛书选译的著作以两次地中海文明为基本视野。基于地中海的宽度，希腊、罗马和犹太基督教传统多维交融、冲突转化、洗尽民族的有限性，终能呈现其普世价值。公元 1 世纪至 6 世纪是第一次地中海文明的发力时期，公元 14 世纪开始的文艺复兴运动则是西方文明的第二次发力。这两次文明的发生、成熟以及充分展示，显示了希腊、罗马和基督教所贡献的不同向度，体现了西方思想传统的复杂、厚实、张力和反思力。本丛书所选的著作均以地中海为区域文明的眼光，作者们以整体的历史意识来显示不同时期思想的活力。所选的著作以此为着眼点，呈现社会历史、宗教、哲学和生活方式的内在交融，从而把思想还原为历史的生活方式。

主编　章雪富

2008 年 12 月 16 日

目录

致谢 ··· (1)
序言 ··· (1)

1 重新发现教会的传统 ································ (1)
　　追想过去 ··· (7)
　　教会的传统？ ·· (9)
　　"福音派的危机" ····································· (13)
　　连续性与非连续性 ·································· (15)
　　传统的复兴与福音主义 ····························· (19)
　　传统和诸多传统 ···································· (22)
　　变化与连续 ·· (25)

2 早期基督教传统的形成 ···························· (27)
　　连接旧约与新约 ···································· (29)
　　诠释旧约 ·· (31)
　　耶稣与传统语言 ···································· (33)
　　保罗与耶稣传统 ···································· (35)
　　保罗与圣灵的自由 ·································· (40)
　　共识 ·· (41)
　　传道片段 ·· (44)
　　三元认信 ·· (48)
　　结论 ·· (50)

3 定义与捍卫传统 ···································· (52)
　　定义使徒性 ··· (55)

教理问答的作用 ·· (58)
　　　相异性与非连续性 ·· (62)
　　　信仰的法则 ·· (65)
　　　法则与圣经 ·· (72)
　　　结论 ··· (74)

4　教会的败坏和传统 ·· (77)
　　　教会的"堕落" ··· (79)
　　　范式的形成 ·· (81)
　　　范式的自主性 ··· (88)
　　　针锋相对的历史版本 ··· (92)
　　　意义 ··· (94)
　　　后果与影响 ·· (98)
　　　另一种进路 ··· (101)

5　由公会议和信经建立的传统 ·· (103)
　　　作为活的传统的教义 ·· (107)
　　　材料的评估 ·· (108)
　　　主教的重要作用 ·· (113)
　　　维罗纳的芝诺 ·· (115)
　　　主教与皇帝之间 ·· (117)
　　　君士坦丁之前的公会议 ·· (122)
　　　尼西亚会议与之后 ··· (124)
　　　坚守地方信条 ··· (129)
　　　信经与圣经 ·· (132)

6　宗教改革时期的圣经和传统 ·· (136)
　　　最早的新教徒 ··· (141)
　　　宗教改革与教父 ·· (142)
　　　路德 ··· (144)
　　　加尔文 ·· (149)
　　　"激进的"改教家 ·· (154)

信经还是信条？ ·················· (156)
　　圣经与古代传统 ·················· (158)
　　当今宗教改革研究 ················ (159)
后记　定义基督教之信的方法 ············ (163)
　　传统还是技巧？ ·················· (165)
　　重拾传统 ······················ (170)

附录一　为什么所有基督徒都是大公的 ······ (175)
附录二　早期教会中的唯独圣经 ············ (182)

前现代作者索引 ······················ (187)
现代作者索引 ························ (190)
主题索引 ···························· (193)

致谢

我非常感谢诺里斯教授（Frederick Norris，伊曼努尔宗教学校）、欣森教授（E. Glenn Hinson，里士满浸信会神学院），以及我的助教哈尔先生（Bryan Hall，芝加哥罗耀拉大学）。他们慷慨地付出时间和热情，阅读了手稿的部分或全部内容，并提供了有益的批评建议。我同样要感谢威尔肯教授（Robert Wilken，弗吉尼亚大学），当写作本书还只是我脑子里一个尚未成熟的想法时，他便鼓励我勇于完成这项任务。

恰好，1997年夏，我从罗耀拉大学的人文科学捐助基金获得了资助，使我能够在教学之余，有一段集中的时间写作。

我还特别感谢我的妻子辛迪，她在我的所有工作（包括这项计划）中都发挥了重要作用。过去的这两年，在本书处于创作的最初阶段、即还没有连结成篇的时候，她耐心而谦和地聆听了每一页文字。

最后，我要将最深厚的感谢之情献给那万物的赐予者，正如米兰的安波罗修（Ambrose of Milan）曾诗意地写道：

> 我所拥有的一切，没有一样不是他的；
> 他所拥有的一切，没有一样是我的。
> 我的一切是他赐予的，
> 我能分享属于他的一切。

D. H. W.
1998年降临节

序言

长久以来，我一直打算写这样一本书。从开始读研究生时，我就怀着深切的兴趣，想要明白为什么早期教会在思想和实践上是那样发展起来的，以及过去的教会如何与现在的信仰联系在一起。在我自己所处的浸信会环境中，很难发现接触早期教会著作和基督教正统的信条对于寻求忠心的基督徒思考和生活有什么重要意义。事实上，我曾被一位好心人告知，研究早期信经和会议是天主教或圣公会的事情，真正的基督徒只要高举圣经的绝对权威，个人被圣灵的大能充满即可，这位好心人是我成为牧师以后所服事的第一个教会的执事。他的说法听起来使人如释重负，但对许多信仰者来说，这样的立场却孤立了当前基督徒对上帝的经验，切断了他们与教会形成时期留下的丰富遗产的联系，正是那时的教会发展出了基督和圣灵的教义，使基督教殉道者的经验成为事实，并提出了忠实地解释圣经的观念。事实上，有一个尖锐的问题，即连续性的问题，困扰着福音派基督教，正如它一直困扰着新教一样。我将在后面的章节中尽力描述出造成这个问题的众多原因。

本书大部分内容旨在表明新教福音派的状况，尤其是那些福音派内被称为自由教会（Free Church）或"信徒教会"（believers' church）的群体，"信徒教会"这一称呼几乎与"福音派"一词一样模糊。这两个范畴并不相同，但却有重叠；前者与教会论的历史形式有关，而后者则与文化和意识形态有关。在研究一开始的时候，我简要地陈述一下两者适用的定义，这对读者来说或许是有益的。

许多历史学家在谈到"自由教会"时将其等同于非威权式的（nonmagisterial）改教派别①，即 16 世纪的重洗派或"左翼"②，他们没有统一的开端，最终演化成各式各样的自治（self-sustaining）运动，例如胡特派、门诺派、贵格会，以及源于敬虔主义和清教主义的浸信会、贵格会、公理会、自由福音派、循道宗以及后来的圣洁运动和复兴运动——拿撒勒派、基督门徒会（或基督的教会）、兄弟会、五旬节派、上帝的教会、基督复临安息日会，当然还有独立教会或圣经教会。显然这个列表并不全面。"自由教会"是 16 世纪的遗产，这一名号是他们自封的（与此相反，"重洗派"是轻蔑的称呼），表示最早聚集在一起的信徒将自己看做"主的自由之民"。③ 这一名称基于一个信念，即教会不是因结构或外在地点而存在的组织，而是信徒们自愿聚集起来组成了教会。因此马克斯·韦伯（Max Webber）说，教会不再将宗教团体或可见教会看做"超自然目的的信任基础"，而是重生的信徒个人聚集起来的群体，只有重生的信徒能组成教会。任何场所、事物或仪式都不具有神圣的属性，因为只有信徒才是神圣的，因有圣灵住在他们里面。在实践方面，自由教会拒绝任何教会治理的等级形式，不仅不接受主教制，在某些情况下，甚至不接受任何圣职。不仅如此，自由教会也不再受制于在教会历史的某些时期认可教会某个特定团体的国家或帝国的命令。因此，信徒是自由的，能够根据信心追随信仰（如果教派或教会的领袖给予相关的神学指导），除了圣经和圣灵，不存在其他的终极权威。正如我们在第一章将会看到的，这种思想的结果必然是，任何认可教会传统之权威的观念对于灵性的培养和神学的思考都是有问题的，对多数基督徒是难以理解的。

由于教义和历史上的多样性，要给 20 世纪的福音主义下一个定义非

---

① 威权式的宗教改革（Magisterial Reformation），包括路德、加尔文、茨温利领导的宗教改革，其特点是赋予政府和基督徒官员重大的权力，例如在经济上支持新教会，并在教义争论时权衡利弊。与此相对，有非威权式的宗教改革，他们避免与政府和官员发生联系，竭力创建独立教会。——译者注

② 关于历史上对这部分宗教改革早期阶段的描述以及分布情况，请参阅 F. H. Littell, *The Origins of Sectarian Protestantism*, *A Study of the Anabaptist View of the Church* (New York: Macmillan, 1964). 因为自由教会在欧洲大陆或英国的传人大多是三一论者，所以我有意地略去了 16 世纪反律法和反三一论的因素，历史学家将反律法和反三一论描述成"自由教会"的表现。

从一开始，重洗派信徒就严重分散化。超过二十个重洗派团体主要分布在瑞士、德国和尼德兰各地。

③ "The First Anabaptist Congregation: Zollikon, 1525," *Mennonite Quarterly Review* 27 (1953): 17—33. 英国清教徒最早开始使用"自由教会"这一说法，用来表明他们的非国教政策。

常困难，并且读者会发现有大量的研究给出了各式各样的定义和陈述。①不存在一致的信条，许多认同自由教会传统的福音派团体摒弃"信条主义"（confessionalism）②这种理念——"没有信经只有圣经"。赫德森（Winthrop Hudson）写道，福音主义是"一种基调和强调，而非完全的神学体系"③，这样的说法是十分有益的。正是由于这个原因，人们倾向于通过福音派的行为和选择来辨别他们，而不是通过他们所信的。当然，福音主义也有共同的神学要素，包括普遍重视个人经验在信仰事务中的作用，强调圣经无误或无谬，积极献身于传教活动，认为教会与世界对立，这就意味着他们反对自由派新教和罗马天主教。福音主义有别于基要主义，至少自本世纪中期开始，前者寻求与所处文化之间更大程度的和解，以此作为教会增长的重要手段。④这种和解的结果是美国、英国和其他地区发展出了一种新的福音派气质，这意味着给福音主义下定义，不仅要根据神学和历史要素，还要根据社会和文化要素。的确，有例证表明，社会和文化要素成为当前福音派活动的主要塑造者——今天，这一点引起了人们深深的担忧。

有些神学家例如莫尔特曼（Jürgen Moltmann）指出自由教会的教会论形式控制着新教的未来，现在是时候问什么**类型**的信仰能塑造这个未来。事实是"信徒教会"模式和福音派灵恩（charismata）十分强大，正在被世界所感知，它们和基督教组织形式一起，发挥着更新工具的作用。但看似是形式或方法而非内容主宰着福音派的要旨，至于在哪方面缺乏内

---

① W. McLoughlin, ed., *The American Evangelicals*, 1800—1900 (New York: Harper, 1968); J. Woodbridge, M. Noll and N. Hatch, eds., *The Gospel in America: Themes in the Story of America's Evangelicals* (Grand Rapids: Zondervan, 1979); Leonard Sweet, "The Evangelical Tradition in America" in *The Evangelical Tradition in America* (Macon, Ga.: Mercer University Press, 1984); D. Dayton and R. Johnston, *The Variety of American Evangelicalism* (Downers Grove, Ill.: InterVarsity Press, 1991), and D. J. Tidball, *Who are the Evangelicals? Tracing the Roots of the Modern Movements* (London: Marshall-Pickering, 1994).

② 认信同一个信仰声明（confession）的宗教群体都可以称为 confessionalism。在 16 和 17 世纪，confession 一词只用于表达信仰的文件（例如 Confessio Augustana），18 世纪开始用于描述信仰同一信经的宗教群体。有人将 confessionalism 翻译成"宗派主义"，含义比较不明确。——译者注

③ Winthrop Hudson, *Religion in America*, 2nd ed. (New York: Scribner's Sons, 1973), 78.

④ 福音主义和基要主义之间的分别十分微小，见 George Marsden 恰当的描述，*Fundamentalism and American Culture: The Shaping of Twentieth Century Evangelicalism*, 1870—1925 (Oxford: Oxford University Press, 1980)。

容，大家并没有共识。

我创作本书有两大优势，因为我既是实践者又是历史学家，具备宗教研究行话所说的"观察者—参与者"的立场。这一立场十分有益。我曾做过新教的传道人，又在罗马天主教大学任教，这些经历促成了我对教义和教会的理解，并且使我体会到无论是新教还是天主教，要想忠于"从前一次交付圣徒"①的使徒信仰，教义和教会必须彼此相济，互相依赖。简单来说，作为新教改革的真正儿子，我对信徒教会的模式和福音主义的批评应该理解为富有同情心并具有建设性。我在下文列出的问题并非根据新教福音派与罗马天主教的辩论，而是福音派自身争论中已经出现的问题，即保守派新教做出了怎样的改变或需要做出怎样的改变，以便能够在宗教多元的文化中保有话语权。

读者会清楚地发现，本书潜在的目标是将严肃的教父学（研究"教父"的学问，或在更广泛的意义上，早期基督徒的生平和文献）融入到当前福音主义的神学反思中，这个任务已经开始了，尽管还处于刚刚起步阶段。很少有人自认为是福音派而职业生涯却选择研究教父学，部分原因是由于多数新教神学院几乎不开设这一领域的课程，还有部分原因是由于多数福音派教会的生活和习俗已经将后使徒时期大大地边缘化了。教父遗产在自由教会的历史意识上留下了一个巨大的断层。

因此，将教父学融入当前的福音派神学十分必要，这种融合始于(1)交流的层面，触及福音派的重要问题，以及 (2) 教父资料不能仅为我们现代的议事日程所用，以致教义发展的历史背景和意识在这个过程中被破坏。处理古代资料的方法与负责任地对待圣经并无不同。我的希望是本书能在为将来的研究提供有益的准则方面迈出积极的一步。但更重要的是，我希望读者能够看到，我最终在早期教父的研究中呈现出来的，即，教会的**神学**与**生活**持续不断对话，以使二者都得到丰富，以及教会在寻求真理的过程中努力表达出与上帝相遇的经历，并由此获得正统的（即忠信的）思想和信仰。这不仅对了解早期教会的动力至关重要，而且今天的教会也必须重拾这样的对话。

我有意尽量少地使用专业性术语，以便实现本书面向一般读者的目的。本书副标题中的"入门"（primer）一词是特意加上的，我假定读者

---

① 《犹大书》3。——译者注

不太熟悉历史文本和方法，虽然我们很可能会涉及对许多福音派人士来说是新奇的领域。我在讨论中也有意假设，许多读者受到的教育是基督教"传统"观念本身就会引起怀疑。多数自由教会的基督徒认为，说福音主义脱离了传统在形式意义上或许是正确的，而且还有隐含的原因表明为什么这一说法是正确的。对于有些信徒，他们［未经确认的］"传统"教导他们圣经是信仰唯一的指导而且不存在可靠的基督教传统，这样的基督徒想要将早期教会历史融入到**他们自己的历史**，必须先要放弃对传统的拒绝。因此，我写本书有一个希望，即重新确定秩序。

或许本书将面临的最大困难就是，许多潜在的读者一看到我要维护教会传统的地位，便怀疑我在攻击圣经至高无上的权威。这绝不是我的本意。有一种对"传统"的用法指的是，传统完全独立于圣经，甚至提出的做法根本没有圣经的认可和支持。正是针对这样一种"传统"，卡尔·亨利（Carl Henry）警告说，它引入了另一个独立的启示来源，从而损害了神圣启示整体的统一性。① 这是不是梵蒂冈第一次会议使用这一说法的用意，现在仍是个有争议的问题，在此我们不加讨论。但是，这却不代表下文对这一词语的用法。严格从历史的角度来说，一旦"传统"脱离了圣经，便特别容易导致腐败，并造成大公性的丧失。同时，历史等式的另一半告诉我们，一个人也不能脱离历史并离开传统使用圣经。因此，我将论证的是，对于基督徒使用圣经以及灵性和教义的发展来说，教会的传统是不可或缺的——在历史和神学方面都不可或缺。

在第一章我将更加全面地解释，为什么我选择将传统（Tradition）的第一个字母大写，以便区别于小写的"传统"（tradition）。因为我本人对这个课题的研究，受惠于最近四十年来对普世主义的讨论。目前，指出大写的传统表示早期教会的核心教训和教导就已经足够了，那是早期教会留传下来的，告诉我们按照基督教的方式思考和信仰的根本内容。最近看了一个初中生的作品，"屋顶上的提琴手"，剧中泰夫伊（Tevye）的开场白十分贴切，深深感动了我，他说："正因为我们的传统，每个人才知道他是谁。"奥古斯丁也说过类似的话，他说信经象征着教会的信仰，借着信经基督徒能够认出彼此。② 基督教信仰的传统是每一位信仰者作为基督徒的根本标识，不论他或她宣称自己属于哪个传统——新教，罗马天主教或

---

① Carl Henry, *God, Revelation and Authority*, vol. 2 (Waco: Word Books, 1976), 77f.
② Augustine, *Sermon* 213. 2.

东正教。我在此努力想要概括的东西,英国清教徒巴克斯特(Richard Baxter)称之为"纯粹的基督教"(mere Christianity),路易斯(C. S. Lewis)将其描述为:

> 绝非乏味的跨教派的明晰性,而是某种积极的、前后一致的和无穷无尽的东西。我深谙此道,甚至为此吃了苦头。当我还痛恨基督教的时候,我学会了像识别过于熟悉的气味一样识别那摆在我面前始终不变的东西……①

长久以来,基督教内部各种传统之间一直存在冲突,这对我们十分有害,每一种传统都既保存了又扭曲了使徒信仰的根基,我将使徒信仰称为传统(Tradition)。我的兴趣不是解释被扭曲的地方,或维护一方而驳斥另一方。我的兴趣是挖掘出隐藏的根基,并证明若没有传统就不可能忠实地运用圣经,也不会有忠心的教会实践。

在为写这本书做调查研究时,我一再得到福音派大公主义者的鼓励,如同最近才发现了精神上的亲缘关系,他们试图解决的问题是基督教信仰缺乏深厚的历史根基而想要高耸不倒。正当我写这本书的时候,其他几个由福音派资助或支持的通过研究古代的神学资源来理解教会传统的项目也展开了。国际校园出版社(InterVarsity Press)出版了关于福音派—罗马天主教—东正教关系的会议论文集,讨论"大传统"问题。② 更庞大的项目是由厄尔德曼出版公司(Wm. B. Eerdmans Pubishing Company)出版的"教会的圣经"丛书,该系列精选教父们的解经注释,涵盖圣经的重要章节,全部翻译成英文并附有注解,为读者指点迷津。③ 德鲁大学(Drew University)的奥登(Thomas Oden)也在推行一项类似的计划。④ 除此之外,还有大量的教父作品英译本源源不断地出版,例如"教父"(Fathers

---

① C. S. Lewis, "Introduction," in *St. Athanasius*: *On the Incarnation* (Crestwood, N. Y.: St. Vladimir's Orthodox Seminary, 1944; reprint, 1993), 6.

② J. S. Cutsinger, ed., *Reclaiming the Great Tradition*: *Evangelicals, Catholics and Orthodox in Dialogue* (Downers Grove, Ill.: InterVarsity Press, 1997).

③ 丛书的主编是威尔肯(Robert L. Wilken)。最初的几卷注释选定了《马太福音》和《约翰福音》、《罗马书》、《哥林多前书》、《以赛亚书》、《雅歌》以及《出埃及记》和《诗篇》各一卷。其余圣经书卷也有望入选。

④ Thomas Oden, gen. ed., The Ancient Christian Commentary on Scripture series (Downers Grove, Ill., InterVarsity Press). 其中二十七卷是圣经正典的,还有两卷则是次经的,现在已经开始出版。

of the Church)、"古代基督教作家"（Ancient Christian Writers），以及"基督教经典文库"（Library of Christian Classics），还有其他一些出版物。新教（以及罗马天主教）关注的普世和历史性的资源越来越多，这是以前从未出现的情况，这些资源为在任的牧师、教育者、神学生和勤奋的平信徒更新当代福音派的神学提供了重要的基础。

1

重新发现教会的传统

> 人们在真理的磨坊里研磨再研磨,除了往里面填充的东西,一无所获。一旦他们专注于自己的想法而抛弃了传统,诗歌、智慧、希望、德性、学问、趣闻,统统蜂拥而至。
>
> ——爱默生(Ralph Waldo Emerson)

> 时间令古代美好的事物变得粗鄙不堪……
>
> ——罗威尔(James Rusell Lowell)

在新教保守派,特别是福音派的圈子里,有越来越多的声音表达了对教会未来的担忧,即教会的未来缺少来自过去的指引。如果用一个词来总结当前的神学形势,那就是失忆(amnesi)。当然,失忆的真正问题在于,病人不仅忘记了亲人和朋友,而且也不记得自己是谁了。今天教会领袖中有许多人好像已经忘记了建立基督教根本身分的基础乃是教会领受、保存并小心翼翼传递给每一代信徒的[传统]。换言之,有些记忆,即教会历史性的信仰如何建立,后来如何为每个新时代的信仰提供信息等,已经变得与教牧(ministry)毫不相关。

教会增长的新趋势或"迎合慕道友"(seeker sensitive)的情形,已经取代了统摄教会政策和神学教育的共同记忆。事工中的实用主义大有要吞没神学必要性,并将对上帝进行"反思性理解"①的艺术边缘化之势,而对上帝的反思性理解本应在教会中处于首要地位。牧师成为卓有成效的机构管理者和维护者,以及出色的表演家,但是他们作为大有能力的历史性信仰的解释者的能力正在丧失。同样,指导圣经注释的权威常常不是别的,而是信徒的思想需求以及社会和情感的需要。解释经文更多受到最新的人际关系、有效的沟通方式或流行的教牧心理学的影响。同时,决定基督徒身分的问题已经迷失在情感诉求和专业配乐的崇拜活动中。问题并非基督徒有意要忽视保罗最后对提摩太的嘱托——"纯正话语的规模,要……守着,……所交托你的善道,要……牢牢地守着"(提后 1:13—14),而是他们不知道"善道"包括什么,或者从哪里可以找到"善道"。有些情况下,找到这一"善道"也已经无关紧要了。

在《德性之后》(*After Virtue*)一书里,麦金泰尔(Alasdair MacIntyre)虚构了一个一切自然科学知识都丢失了的现代社会,他想通过这个构想来说明当代伦理的无能为力(shiftlessness)。他的阐述也适用于我们现在关注的内容。普通大众将一连串的环境灾难归咎于科学家,结果,实验室被摧毁,物理学家被处以私刑,书籍和仪器被焚烧。最后,反智运动掌权,并成功地禁止学校和大学讲授科学知识,唾弃或囚禁任何幸存的科学家。时间过去了很久。最后,人们起来反抗这一破坏性的运动,觉醒的大众试图复兴科学,尽管他们基本上已经忘记了科学是什么。现在他们所掌握的只是一些只言片语:过去的实验知识;脱离了背景的实验;彼此之间毫无关联的理论碎片;几件没有人知道如何使用的仪器;一本书的几章内容或一篇文章的几页纸。然而,所有这些只言片语都被重新拼凑到一起,冠以科学的美名,没有人意识到他们的所作所为在任何意义上都不是自然科学。因为丢失的东西太多了,对于术语和现存数据的使用是相当随意的;甚至他们选择这些术语和数据的目的也与科学原本的意图无关。②

如同科学知识支离破碎的残篇一样,在福音派教会里,教父传统的痕迹仍然可见:奉三一神之名举行的洗礼,承认基督是完全的人,同时又尊崇他为神,偶尔承认使徒信经或尼西亚信经,更根本地,使用被称为新约

---

① J. C. Hough Jr. and J. B. Cobb Jr., *Christian Identity and Theological Education* (Chico, Calif.: Scholars Press, 1985).

② Alasdair MacIntyre, *After Virtue: A Study in Moral Theory* (Notre Dame: University of Notre Dame Press, 1981).

的材料合集作为权威文献。但是这些早期信仰残存的遗迹 (vestigia) 只是过去的教义或信条的印迹或踪迹,对于许多的福音派来说,这些遗迹已经无足轻重,无法为今天众多的信徒指引方向,并且在某些情况下,这些遗迹也已经被忘记。人们一致感觉到基督教信仰的核心要素必须保存在教会里,但是却并不清楚为什么以及出于什么样的实际目的,它们能够为今天日常的教牧需要服务。

正如我说的,导致失忆症四处蔓延的首要原因,直接地或间接地是由于自由教会/福音主义对大部分教会历史持消极看法以及欧洲和北美基督教自愿附会于文化时尚和潮流。至于后一点,并无关乎一个特定教会在人数上是以令人惊奇的速度增长还是停滞不前;由于当前缺少神学意识和指导——这样的指导是由过去时代的教会提供的——而造成的教牧实践的真空很快地被追求技巧和花招的渴望填补了。米德(Loren Mead)称这种情况是"新事物的暴政",在这种情形下,我们的能量都被用来发明新事物,然后进行推销。他写道,"当新方法被认为是唯一的方法,连续性就不复存在,时尚成为新福音,用保罗的话说,教会'被异教之风摇动'。"[①] 在我们生活的时代,教会发生着急剧的变化,所以教会领袖们非常想要"步调一致"并朝向未来。的确,未来的价值和重要性不言而喻,并常常被用来启发信徒立刻采取行动。在《星际旅行》(Star Trek)一类的影视作品中,未来是当前的希望所在,标志着新领域的发现以及技术的不断进步,并保证给人们带来无限利益。

后现代哲学即将完全取代启蒙运动的核心准则,即一面是理性与知识的增加,作为对照的另一面是传统与无知。人们普遍接受的知识范式乃是获得真理就要摒弃传统。因此,作为指导人们做出决定的有力论据,过去公认的规范如习俗或信仰,其力量已经大大削弱了。相应地,面对要求效率、权宜、"新潮"或进步的争论,信仰或约定的传统毫无抵抗力。[②] 不奇怪但却令人烦恼的是,在这些关键问题上与先前时代的教会保持连续性的想法似乎并没有给众多的基督教领袖造成困扰,他们也不在意这样的定位如何能够指出教会以后的方向和独特性。现代性的工作做得太到家了。

---

① Leren Mead, *The Once and Future Church* (New York: The Alban Institute, 1991), 77.
② 参考希尔(Edward Shil)现在的经典研究 *Tradition* (Chicago: University of Chicago Press, 1981) 的前言。

当事工结构和思想体系经历重大转向的时候，各式各样的福音派开始认识到迫切需要稳定与基础，尤其是在信仰方面。正如分析家们对北美的宗教状况所做的描述①，生活在"后基督教"的社会里，意味着我们不能再期望文化反映基督教的情怀或道德议程。同时也意味着我们将面临支离破碎的基督教信息。如同麦金泰尔虚构的世界，使用全新的事物很少或根本不考虑其他事物以及它们得以发展的背景。结果，无法避免的问题是我们应该在多大程度上使基督教信息适应于周围的文化，同时不失去基督徒的身分，这个问题已经成为保守派教会领袖关心的主要问题，并且在这个问题上的不同意见导致了他们的分裂。虽然人们越来越渴望重新发现什么是超越亢奋的"赞美与敬拜"时刻，即按照基督教的方式思考与生活的本质，但除非我们精心地重新建立起与那些定义基督教信仰和实践"核心"的资源的联系，否则再过很多年也无法成功地形成独特的基督徒身分。

无法回避的事实是，这样一个重新发现的过程将包括严肃地重新思考教会历史对今日教会的意义。在负责任地进入未来之前，我们必须回到过去。但是我所谈论的不仅仅是恢复对历史上的基督教的兴趣。如果只是鼓励读者形成一种关于教会的复古主义观点，那就偏离了问题的关键。本书所要论证的是，如果当代福音主义的目标是保持教义上的正统以及在解经上忠于圣经，那么不借重并结合早期教会的根本传统，是不可能完成这样的目标的。这里采用了一个比二十年前罗伯特·韦伯（Robert Webber）吹响的号角更急切的口号，那时他鼓励福音派要通过恢复他们在宗教改革之前的根基来走向成熟。② 传统不是福音派招之即来，挥之即去的东西。任何对正统基督教的宣称都意味着福音派信仰必须超越自身回到信仰形成的时代，使徒和教父的时代，它们本身就是负责任的圣经解释、神学想象和灵性成长的连结支撑。

弗洛罗夫斯基（George Florovsky）写道，"教会的确是使徒的，但教会也是教父的。"③ 这句话的意思是：一个人如果不知道教父怎样为福音辩护，没有感受到教父在阐释福音过程中的挣扎，他就无法保证对福音的忠

---

① 见 Harold Bloom, *The American Religion*: *The Emergence of the Post-Christian Nation* (New York: Simon and Schuster, 1992)。

② Robert Webber, *Common Roots*: *A Call to Evangelical Maturity* (Grand Rapids: Zondervan, 1978)。

③ George Florovsky, *Bible, Church, Tradition*: *An Eastern Orthodox View* (Belmont, Mass.: Nordland, 1972), 107.

诚。圣经正典的使徒性与使徒性的神学原则，二者的基础都是之后几代基督徒传承工作的结果，他们被称为教会的"教父"。这并不意味着早期教父（或教母）教导的每一件事都没有受到古代影响或实践的污染，那些影响和实践是今天的基督徒所不赞同的。我并非要把那个时代理想化。但是仅凭圣经或圣灵所赐予个人的能力，不管它们如何重要，都无法保证信仰的正统性（它们从来没有做到过！），因为离开了它们在教会中被接受和发展的历史，圣经和圣灵就无法发挥作用。将圣经从传统或教会中分离出去的做法造成了人为的分化，这样的分化对早期的基督徒来说是完全陌生的。正如我在第三章中将要详细论证的那样，我们对于圣经和神学正统性的许多理解，直接地或间接地来自于早期教会的解释，早期教会的解释本身就是新教必不可少的一部分，其程度并不亚于罗马天主教或东正教。

如果没有了教会传统，我认为自由教会尤其是独立教会或"社区"类型的教会，（1）将使基督教信仰的宗派主义进路激增，其特征是无历史主义和圣灵主观主义，沙夫（Philip Schaff）更愿意称其为"附着在新教心脏上的恶疾"①，（2）更容易受到影响，使教会附和伪基督教文化，以有效的牧养为名，基督徒身分的独特性将悄无声息和不知不觉地消失。

在这个命题下有许多内容可以讨论，我没有说明得出这个结论的步骤而直接把结果摆出来，这实在是冒了很大的风险。最重要的是，新教保守派遇到了一个重大障碍，即作为信仰权威平台的传统的概念。但是我想说的是，这对表达独特的基督教视角是必不可少的。即使我们承认传统不可避免地需要定期纠正和修正，正如新教提出的——教会改革是持续不断的改革（*ecclesia reformata sed semper reformanda*），然而，当教会增长和公共舆论不再关注基督教正统如何在历史的冲突和争论中建构而成时，正统的完整性就被置于危险之中。至少，在毫不知情的情况下，眼下的教会将注定因无知而重复同样的异端观念。我想起切斯特顿（G. K. Chesterton）的忏悔，他怀着"愚蠢的野心"想要超越他的时代，结果发现"我发明的事物只是已有传统的低级复制品"。② 最尖锐的反传统与反信条的立场很快意识到它自己创造的传统和信条只不过是原有事物粗糙的派生物，并且是频繁出现的派生物。

---

① Philip Schaff, *The Principle of Prstestantism*, 由 John Nevin 从德文本翻译 (Chambersburg, Penn.: Publication Office of the German Reformed Church, 1845), 107。
② G. K. Chesterton, *Orthodoxy* (New York: Doubleday, 1936), 12。

然而，还存在比历史循环更危险的东西。我们也发现如果失去了神学的中心，有创意的福音包装和营销再多也拯救不了教会事工，神学的中心让我们能够界定信仰并规定信仰在世界上应该有什么样的理智上的与实践上的关系。倘若离心力和原子力已经存在于自由教会以及各种形式的福音派教会中，那么缺少一致的中心将削弱神学的力量。我们不懈地追求一种圣灵充满并具有精细的圣经依据的信仰，其结果不是增强了教会的清晰性或统一性，而是加剧了教会的分裂。

　　这是一件颇具讽刺意味的事，对新教的影响颇大。一方面，我们必须承认，宗教改革有助于重新树立符合圣经的方式，来理解福音和拯救的性质，这是我们应当不惜一切代价捍卫的。当中世纪的天主教远远地偏离中心的时候，大部分教会已经听不见上帝之道了，上帝之道是传统的核心，15世纪和16世纪的宗教改革运动帮助教会重新回到正轨。但是，另一方面，高举圣经与摒弃教会权威导致了新教"抛弃了一些重要的宣讲，凭借那些宣讲，古代教会才能理解圣经的含义"，最终，"公会议、信经、伟大的神学家、护教士和哲学家——一切都可以被舍弃。"① 实际上，丢掉传统，其代价是矫枉过正，改教家们想要重建的"中心"分裂成众说纷纭的信仰。

　　在过去的十年中，不同宗派的新教徒都注意到他们丢掉了一些东西。福音派回到古代源头的时候到了，回归并肯定一个真正的"大公"② 传统，正如科尼尔斯（A. J. Conyers）说的，纠正以前的纠正，再次在早期教会一致同意的教训和宣讲的井边饮水。很多人宣称福音主义的复兴之路必须通过有意识地恢复早期教会的灵性和神学根源，在这样一个不断扩大的合唱中，我希望加上自己微弱的声音。我们发现的道路不会导致失去新教的独特性，和16世纪的改教家一样，我们发现了保持基督教世界观和救赎观所必需的资源。

---

　　① A. J. Conyers, "Protestant Principle, Catholic Substance," *First Things* 67 (November 1996): 17.
　　② 见附录一。

追想过去

生活在不信和大变迁时代的旧约作者，回想起过去上帝如何对待以色列人，这绝非偶然。上帝呼召亚伯拉罕并由此呼召了以色列的故事、从压迫者的奴役中得救的故事，以及在应许之地定居的故事，都是以色列民族与上帝立约关系的关键部分。重述上帝的拯救行动是为了启迪百姓，也是重建神圣民族身分的关键。摩西、诗篇作者和先知在告诫上帝之民时最常使用的一个词就是"追想"（remember）。

> 你当追想上古之日，
> 思念历代之年。
> 问你的父亲，他必指示你；
> 问你的长者，他必告诉你。（申 32：7）

基督教和作为其起源的犹太教一样，从根本上说是一种历史性的信仰。其含义远不止于是说基督教有自己的历史，乃是基督徒应该知晓的。通常情况下，教会历史被描述或理解为是重要人物、思想和日期的一团迷雾，大多与当前信徒面临的挑战无关。一个人只需要说出"历史"一词，你就可以看到圣徒的眼睛开始变得呆滞，好像它是对基督徒生活毫无实际作用的东西。相反，基督教**是**历史性的，因为上帝通过耶稣基督的启示在**我们的**历史中行动，并且历史是媒介，通过它上帝成就了他的作为。将我们与基督的诞生、生平、死亡和复活分开的历史也是将我们与拯救联系在一起不可缺少的纽带。① 新教徒忘记了指引新教改革的灵感正是由重新发现基督教历史的需要引发的。改教家敏锐地意识到，基督教的所有信息都根植于上帝作为以马内利的独特事件中，这意味着基督教历史正是一个获得、传播和更新使徒最初的福音的过程。我们从中得到的教训是，更新的过程与过去的教会有着不可分割的联系。

---

① Albert C. Outler, *The Christian Tradition and the Unity We Seek* (New York: Oxford University Press, 1957), 39.

基督教也从犹太教那里继承了预言性的特点。旧约中的预言是对当前情况的回应，通常是在艰难的环境中，宣布来自上帝的话。其首要目的就是号召上帝的子民保持信仰的忠诚。即使预言的信息是关于审判的，其用意也是为了使以色列民最终回到上帝与他们所立的约上。信仰的忠诚，而非未来主义，才是预言的首要重点，但是却常常被狂热的信徒严重地误解，因为天启的主题已经统治了当今福音派的思想。在后一种（未来主义的）意义上，新旧约中的预言代表了一种加密的蓝图，指出了未来发展的结果。① 然而，实际上，圣经的预言性宣告强调的重点总是与重新发掘以色列的属灵遗产联系在一起。更新信仰忠诚的号召从来没有脱离以色列的历史。在《使徒行传》7 章中，司提反面对威吓他的犹太听众发表的最后讲话是一个杰出的榜样，表现了预言的目的。他对以色列圣约历史的简短回顾，不仅是为了提醒人们以色列民族一贯地拒绝先知，而且也表达了信仰的忠诚与上帝过去在他的子民中的启示相关。因此，称上帝是"正义之神"，即弥赛亚，这个信息与如何理解上帝一直以来的所作所为有关。这样的理解是使徒传达福音信息的核心。

这并非暗示上帝在当前的情形下不会说新预言。但是，脱离基督教的过去而将上帝的话应用于当前，会产生按照解释者的一时想法或行为解释（或无视）圣经的危险。没有什么能阻挡那些针对受众的希望与恐惧而私自任意宣告的做法（常常以这样的话开头，"上帝带领我"），除非我们认识到信仰的忠诚始于借着回顾基督教思想与生活的历史遗产重新获得我们独特的身分。威尔肯（Robert Wilken）理由充分地认为，基督教的理智传统不可避免地具有历史性："没有记忆，我们的理智生命将十分贫乏、枯竭、转瞬即逝，随意变化。"②

因为自由教会的教会论具有个人化的特点，特别容易产生具有个人特点的宣告和讲道形式，它们声称除了圣灵的指引没有其他的指引。当然对于宣讲福音，圣灵的神圣指引是必要的，但是一旦离开立约的历史，无论什么预言都将失去力量与恩膏。新教徒不仅要重新考虑圣灵在信徒个人生活中的工作，还要重新考虑圣灵在教会历史中的工作。因为上帝正是与教

---

① 美国新教对先知概念主要给出天启的解释，见 Paul Boyer, *When Time Shall Be No More: Prophecy Belief in Modern American Culture* (Cambridge: Belknap Press, 1992)。

② Robert Wilken, "Memory and the Christian Intellectual Life," in *Remembering the Christian Past* (Grand Rapids: Eerdmans Publishing Company, 1995), 179.

会立了新约，他也将所有服侍的恩典与恩赐给予了教会，借此教会才能够忠心地完成它的使命。

教会的传统？

新教福音派所遇到的主要困难不单是忘记了过去；它还必须解决一个普遍的疑问，即通常被称为"传统"的究竟是什么。对多数福音派来说，教会的"传统"并不具有什么权威性，因为传统与罗马天主教会的组织和圣事结构有关，人们认为那正是新教与天主教分道扬镳的地方。换言之，"传统"一般被理解为（1）等级分明的天主教的人为产物，因此是对使徒信仰的败坏，（2）与圣经的绝对权威对立。第一种看法的根据是将自使徒死后到新教改革前的教会历史理解为新约原则的"堕落"，因此在教义上与规范的基督教几乎毫不相关。对自由教会的历史撰写来说，这是一个很重要的历史观点，对此我将在下文和第四章中再次论述。

与第二点有关的是一个历史久远并十分流行的看法，即任何接受圣经之外的权威的做法都是对唯独圣经（sola scriptura）原则的损害。人们常常以为接受教会的古代传统就必须否定圣经作为唯一启示的地位。圣经是唯一的上帝之道，它区别于教会的信经、谕令、会议，等等——一切属人的基础都容易出错。有许多福音派仍然不明白早期基督教对于传统的观念或者传统如何与圣经发生关系，这一现象在近期的出版物中表现得十分明显。① 那些拒绝传统的理由不值一提。

长期以来基督教基要派和福音派中存在着反传统主义与反信经主义，这对他们的神学观和圣经解释的影响十分关键。毕竟，新教产生于反对教会权威与习俗的暴政中，由于天主教崇尚各种传统，教会的权威和习俗被抬高了。新教徒意识到真正的信仰已经被居心叵测的宗教体系篡改和曲解了，于是就产生了对教阶制、精英主义和仪式的持续怀疑，这样的认识塑

---

① 见 J. Armstrong, ed., *Roman Catholicism: Evangelical Protestants Analyze What Divides and Unites Us* (Chicago: Moody, 1995). 虽然本书听起来颇为乐观，但由于无误论的议程常常压倒了讨论的进行，与罗马天主教展开建设性对话的余地十分有限。相同的问题，见 *Sola Scriptura! The Protestant Position on the Bible*, ed. D. Kistler (Morgan, Penn.: Soli Deo Gloria, 1996)，见附录 2。

造了新教徒的意识。对于形成这一意识同样重要的是后来启蒙运动的影响，尤其是启蒙运动强调个人主义、平等主义以及对依照古典原则尊重习俗或信念的不宽容。

南北战争前，美国新教受到了社会民主理论的影响，拒绝传统权威并推崇理性和良知至上，其根据乃是启蒙运动思想。历史学家面临的不仅是具有多种具体形式的宗教改革所产生的长期后果，而且还有美国处境下不断涌现的各具特色的新教教派，例如基督复临安息日会（Seventh Day Adventism）、基督门徒会（Disciples of Christ, Christian Church）。普通人的主权与个人判断权结合在一起，有助于导致一种平民主义的诠释学，它抓住了虔诚之人的想象力，尤其是那些处在自由教会或公理会背景中的人们。任何手中有圣经的人都可以聆听上帝直接说话，所有正规的神学方法都被视为直接而现成地接受圣经纯正教导的妨碍。

1800 年，加尔文主义浸信会牧师埃利亚斯·史密斯（Elias Smith）称所有人都有亲自解释新约的绝对权利。史密斯观点的中心思想是普通人有解释圣经的"不可剥夺的权利"，不管最后导致什么结果："真理不是个人财产……我反对任何人将教父的著作、大公会议与主教会议通过的教令或教会的意思作为判断圣经意思的规则与标准，这种不公正、不敬虔的做法是天主教的、反基督教的，对教会十分危险。"[1] 正如美国教会历史学家哈奇（Nathan Hatch）说的，史密斯的观点代表了"民主价值与解释圣经的方式朝着一个方向发展，二者同样支持意志忠诚、依靠自我和个人判断"。[2] 对于基督门徒会的创始人之一亚历山大·坎贝尔（Alexander Campbell）来说，这些理想采取了强烈的反教权主义的形式。与同时代的许多人一样，坎贝尔相信，摒弃神学与传统将恢复教会的统一与活力。[3] 在寻找新约教会的真信仰的过程中，他赞同流行的原则，"不要信经，只

---

[1] Nathan O. Hatch, "Sola scriptura and Novus ordo seculorum," in *The Bible in America: Essays in Cultural History*, ed. Nathan O. Hatch and Mark A. Noll (Oxford: Oxford University Press, 1982), 67.

[2] 同上，74 页。在大不相同的情况下，当芬尼（Charles Finney）被任命为长老会牧师后否认威斯敏斯特信条——"不能够因为权威而接受教义……除了圣经我什么也不会相信。"——的时候，他得出了与史密斯相同的诠释学结论。

[3] Nathan O. Hatch, "The Right to Think for Oneself," in *The Democratization of American Christianity* (New Haven: Yale University Press, 1989), 163.

要基督",强调信徒在圣灵的带领下有做出自己判断的自由。① 并非"人的信经"而是唯独圣经才是教义、道德和宗教实践的标准。教会传统与职事协助信徒理解真理,但这样的中介也被作为不必要的累赘而加以抛弃了。不论 16 世纪的新教改革带来了什么好处,它却从来没有完全恢复真正的基督教,因为它没有充分意识到上帝与建制教会之间的裂缝有多么巨大。我们需要的是一个神圣的纯粹渠道,以重新建立原始的福音与实践。从后来一个世纪出现的光怪陆离的运动中看,这一观点留给我们的遗产表明,追求信仰简单化与统一化的做法产生了多种相互冲突的刺耳声音,每一种声音都声称找到了最初的使徒信仰。

包含在反传统主义之中的是反信条的信念,因为 4 世纪和 5 世纪通过的大公会议信经要么被认为是腐败的宗教体系的表现,要么被认为是教会政治的言论,受了文化的影响,与后来的基督教毫不相干。② 在这些例子中,例如浸礼派信徒发表的认信声明③,读者被期望能够明白信经只是作为描绘教会共同情怀的向导,而不是设定信仰标准的"信条"。若非如此,就会破坏每一位信徒本人解释圣经的权利,信徒的个人解释是与官方对信仰的标准说明相对的。

反信条者特有的态度是对历史持一种天启的或千禧年的看法——这是时代主义(dispensationalism)运动核心而持久的组成部分。根据这一看法,自使徒时代以来,历史如同整个社会一样处于一个衰落的过程当中。相应地,他们对于人类组织机构,不论是民间的还是宗教的,都持相当负

---

① 在基督门徒会的学者中,关于坎贝尔在多大程度上敌视教会的传统还存在着争议。塔贝尼(William Tabbernee)提出,"不要信经,只要基督"的战斗口号只是一个修辞学的技巧,表示应该关注坎贝尔和其他人认为是误用信经的那些部分。这并不是说所有的信经都要抛弃。"'Unfencing the Table': Creeds, Councils, Communion and the Campbells," *Mid-Stream*: *The Ecumenical Movement Today* 35 (1996): 417—431.

② 代表这一看法的一个很好的例子就是门诺派作家 John Toews 的 *Jesus Christ the Convener of the Church* (Elkhart, Ind.: Mennonite Church, 1989),他把圣经和 4 世纪的信经看成是互相排斥的,他论证说信经只服务于那个时代的教会,信经太狭隘了,并且具有文化的特殊性,无法帮助今天的我们发展圣经的基督论。

③ 见 H. L. McBeth, *A Sourcebook for Baptist Heritage* (Nashville: Broadman, 1990).浸礼派的出版物很清楚表达,浸礼派并非注重信经的群体,这不是说古代的信经在教会生活中没有地位。而只是说它们的神学或表达模式对教会没有约束力,因为信经都是针对特殊情况而制定的,可能在今天没有适切性。见 William P. Tuck, *Our Baptist Tradition* (Macon: Smyth and Helwys, 1993), and Walter B. Shurden, *The Baptist Identity* (Macon: Smyth and Helwys, 1990).

面的看法。这就解释了为什么他们对权威持有普遍的怀疑,当然,除了终极权威:上帝启示的道。作为组织机构,教会经常被怀疑与世俗机构勾结,因此当它"分解真道"的时候,无法成为可靠的向导。教会的神职人员遭到同样的怀疑,他们被允许激发和引导基督徒,却不能使用任何真正的权力。信徒被告诫要抛开信经、信条或公会议,他们被告知要"研读神的道本身",因为真理以简单的方式传递,人尽可知。

同样,学习神学也被那些有"末时"心态的人们贬低为参与堕落体制的可悲过程。当代的预言专家常常以不持有学术证书或不隶属于教会为荣,认为此乃他们所传达的信息令人信服的力量或基础。他们声称,他们没有遭受认识论的腐蚀,而那些在宣传堕落体制之意识形态的机构里接受正规培训的人则受到了影响。所以因佩(Jack Van Impe)警告说"我们的神学院到处是背教者",并且我们被告诫:"不要听那些懒于研读预言的神职人员和平信徒们胡言乱语,聆听上帝的话吧。"① 教会历史与信仰遗产通过认信神学流传,被认为妨碍了正统性的培养。因此,毫不奇怪,沙弗(Lewis Sperry Chafer)认为没有经过神学的正规训练是他的优势,此人是自本世纪早期以来很有影响力的时代论主义者(dispensationalist),以及达拉斯(Dallas)神学院的前任院长。他声称,因为不知道其他人都写了什么,所以他避免了他们的错误:"我没有研习过任何特定的神学课程,正是这一事实使我有可能研究神学不带有任何偏见而只关注圣经实际的教导。"②

上帝是至高无上的,这意味着,我们有理由相信教会的历史是在上帝的监护之下展开的一系列行动。然而,我们看到反传统主义背后存在着怎样一种对教会历史的消极看法,而反传统正是自由教会的福音主义具有的典型特征。这种看法还混杂着信仰的个人化以及每个人解释圣经的权利,他们的解释除了圣灵的主观运行以外没有其他指引——这一方法隐藏在后宗教改革时期关于唯独圣经和信徒皆祭司的教导中。因此教会历史神学与圣经之间的一切**本质**联系都被切断了。必须注意的是,这种观点认为我们不需要了解教会的历史神学也可以准确地理解圣经。当这两者(圣经与教会的历史神学)发生重叠的时候,看似偶然,或许是

---

① Boyer, *When Time Shall Be No More*, 306—308.

② Lewis Sperry Chafer, *Systematic Theology*, vol. 8 (Dallas: Dallas Seminary Press, 1948), 5—6.

在个人或宗派决定的驱使下发生的，但无论如何也不会是圣经教导或崇拜所固有的运动。

"福音派的危机"

十多年来某些学者一直在警告我们关于当前福音主义无历史和无神学的弊病。我们或许有理由说福音主义掌握了西方基督教未来发展的关键[1]，保守教会的信徒人数在不断增长[2]，但是却不能立即断言其神学是健全的。芬克（Finke）和斯塔克（Stark）的《美国的教会化，1776—1990》（*The Churching of America*，1776—1990）清楚地表明福音主义已经成为美国宗教生活的主导力量。当主流教会的人数和资源正逐渐减少的时候，福音派团体（有些规模十分巨大）成为公认的 20 世纪后期宗教活动的中心。但是主流教会失去信徒的原因并不是福音派教会信徒增加的原因。据说教义的独特性与神学的完整性是圣公会、循道宗或长老会的弱点[3]，但也并非保守的新教团体所具备的，使它们能够在当前占据统治地位。相反，福音派历史学家马克·诺尔（Mark Noll）为现在的福音主义缺少"福音派思想"而哀叹不已，他注意到信仰的理智生活已经不能给福音派的宗教生活提供信息了。"简单地说，福音派的特点是行动主义、平民主义、实用主义和功利主义。它不允许理智的扩展或深化，因为它被时间的紧迫性主导着。"[4]

大卫·韦尔斯（David Wells）也持类似的看法，他用严厉而担忧的语

---

[1] Alister McGrath, *Evangelicalism and the Future of Christianity* (Downers Grove, Ill., 1995), 12. "在西方世界，福音主义是现代基督教教会的一座发电厂"（17）。

[2] 见 L. R. Iannaccone, "Why Strict Churches are Strong," *American Journal of Sociology* 99 (1994): 1180—1211。但是另见 Mark Shibley, *Resurgent Evangelicalism in the United States: Mapping Cultural Change Since 1970* (Columbia, S. C.: University of South Carolina Press, 1996), 他断言近期福音派增长的原因不在于它的严格性和排他性，而是因为"当代的"福音派教会变得更像文化，而非不像文化。

[3] Kenneth Woodward, "Dead End for the Mainline?" *Newsweek*, 9 August 1993, 46—48.

[4] Mark Noll, *The Scandal of the Evangelical Mind* (Grand Rapids: Eerdmans Publishing Company, 1994), 12.

气描绘说,"福音派教会欢喜雀跃地陷入了令人震惊的神学无知"。① 问题并非只是福音派对神学缺乏了解。太多的福音派不能清楚地表达由他们自身的福音派传统所形成的反思性信仰,也不知道如何将这一传统融入现代学术与艺术的众多领域中。尽管他们成功地完成了更好的规划、创造出更精彩的崇拜经验,并吸引了更多的信徒,然而,福音派缺乏独特的信息,无法对所处的文化发挥影响。他们努力吸收"出生在生育高峰期的人们"成为信徒,在此过程中,他们开始琢磨受众的文化喜好:反建制的、非正式的、无教条的、治疗的以及对其他生活方式的包容。② 是的,人数快速增长了,但是往什么方向发展?代价是什么?

韦尔斯坚持认为现代性的力量已经腐蚀了福音派的神学身分,现代性将取代神学。神学正在教会中消失,因为追求真理的动力甚至思想的意义正在被强调技巧所代替——即一种实践的技术,建立在商业管理方法和心理学方法的基础之上,其目的是扩大教会规模以及自我控制。

> 当治疗的灵丹妙药取代信条的时候,当讲道带有心理学特点的时候,基督教信仰的含义就被私人化了。一言以蔽之,信条被掏空了,反思沦落为关于自我的思考。
>
> 现代"智慧"取代了信条,界定和约束实践的意义,反思被简化为对自我的思考;人们不再努力将上帝之道与现代生活联系在一起,神学再一次死了,剩下的只是智慧曾经的空壳。③

这种情形导致教会内部失去了连贯性,因为信仰内容本身(*fides quae creditur*)不能再为教会指明其主要任务。讲道轻易地沦为说教或娱乐,最终,上帝的羊群不再能吃得下令他们深入思考信仰的食物。信徒被教导要清楚区分信仰的实践和理论方面,并相信只有前者才与他们有关。

韦尔斯将这种情形诊断为当前损害福音主义健全性的痼疾,尽管没有提出治愈的方法,但是他建议应该重新建立起 20 世纪福音主义与"历史的新教正统"早已断裂的联系。二者之间的裂缝已经清晰可见。但是我们

---

① David Wells, *No Place for Truth, or Whatever Happened to Evangelical Theology?* (Grand Rapids: Eerdmans Publishing Company, 1993), 4. 参阅 E. T. Oakes, "Evangelical Theology in Crisis," *First Things* 36 (October 1993): 38—44.

② Shibley, *Resurgent Evangelicalism*, 88.

③ Wells, *No Place for Truth*, 101.

也应当问一句，韦尔斯提出的暂时性的解决方法是否足够。劝诫教会聆听"上帝的道"，因为它无法应对道德与神学的挑战，但是还有一个问题，即教会应该回到何处寻找必需的资源。① 给我们指出新教起源并非就是回到基督教的根源。改教家努力按照早期教父的模式重建教会，他们指责中世纪的天主教抛弃了早期教父的模式。他们最初的异象是净化教会以达到统一，净化教会取决于回到圣经以及回到教父的正统性。然而，韦尔斯和其他人成功地说服我们如果没有对认信神学健康的兴趣就没有健康的教会，他呼唤教会将真理而非教会本身放在优先的位置。

如果说当代新教神学的内容简单到唾手可得，并不太夸张。我们处在一个过度修正的过程中，人们不再认为教会的教义和历史应该为当代神学或教会实践指明方向。意识形态取代了神学，信仰的忠诚与教义无关，只要遵守社会或政治关切的保守议程即可。神学与圣经诠释成为"专业人士"的领域，他们的工作不需要对教会的认识和关切的指导。有一个问题变得十分迫切，福音派应该在多大程度上使他们的方法和渴望附和当前的文化而能够不淹没在文化之中。如果基督教的独特性变得支离破碎和世俗化，基督教的声音也与其他声音一般无二，这样的基督教还会产生什么样的影响？

连续性与非连续性

新教福音派另一个巨大的讽刺是其精于圣经和敏于历史的意图。人们抱有一种固有而根本的看法，认为新约教会与我们的时代之间存在着清晰的联系。要让讲道具有相关性，有必要画出一条线连接起使徒教会和我们的时代。在传福音的命令方面，人们能够在二者之间画出一条线，这是新教的特点。不论别的，圣经是"我们的"故事。的确，构成新教的多数改教和革新运动的基础就是想要"返回"新约并使其成为正统基督教实践的模式。这一看法的关键在于假设回到新约是可能的。

在自由教会中，与这一理解同样相关的流行看法认为，使徒之后的基

---

① 韦尔斯最近的一本书，*Losing Our Virtue*：*Why the Church Must Recover Its Moral Vision* (Grand Rapids：Eerdmans Publishing Company, 1998)，该书同样在诊断上较强，但在如何为神学上的忠实建立平台方面却较弱。

督教很快被扭曲了。主教制度的兴起、对传统而非圣经的依赖、崇敬殉道士、婴儿洗礼等等，所有这些都表明信仰偏离了新约原初的灵性。根据有些人的描述，最糟糕的事情发生在 4 世纪早期君士坦丁皇帝时期，那时使徒信仰被"大公主义"（catholicism）统治，并以圣经以外的教导统治了接下来的一千五百年。以上设想的中心是，直到新教改革时期，教父与中世纪对信仰的败坏才最终被剔除，这使得回归纯净的、真正的新约教训成为可能。这意味着后使徒时代到改教家时期的大部分教会历史和神学历史是宗教狂热的不幸积累，需要从信仰的教会中铲除，而不是拥抱。

这一历史模式影响深远，我在后面将进行更加深入的讨论，但是现在要说的是上面谈到的模式带有一种无历史的跳跃，即从使徒时代直接跳到了 16 世纪，这种跳跃成了福音派的神学与圣经诠释的典型。如同超人一样，他们能够轻轻一跃，跨过教父时代和中世纪的基督教。教会史学家帕利坎（Jaroslav Pelikan）评论道："即使那些认为结构上的连续性——牧职、圣事以及组织的连续性——不重要的新教徒，也十分重视教义原则和宗教经验方面的连续性。"[1] 但是这是什么样的连续性？当今天的教会无视或在实践中否认使徒时代之后的教会时期时，它如何能够宣称与使徒时代存在联系？实际上使徒时代之后是新约形成的关键时期，是提出基督论与三位一体教义的关键时期，也是提出救赎与永恒盼望等信条的关键时期——简言之，是探寻作为一个正统的基督徒应该怎样思考和生活的关键时期。

像许多新教的历史学家竭力做的一样[2]，有人也许会为我们的时代与 1 世纪的教会是否存在属灵和道德方面的连续性而争论；然而，不可否认，他会产生一种历史**非连续性**的观点，这种观点在很大程度上影响了教会无意识运作的方式。即实践信仰与参与世界不需要君士坦丁之前和之后的基督徒留给我们的遗产。

尼西亚信经提出的 *homoousios*（"同质"）教义最好地体现了这种讽刺性。自 4 世纪末以来，基督徒不断引用尼西亚信经（公元 325 年）的语言和神学，以及后来它对子与父共有相同的本质所做的说明。重点是上帝之

---

[1] Jaroslav Pelikan, *Development of Christian Doctrine* (New Haven: Yale University Press, 1969), 16.

[2] J. D. Murch, *The Free Church: A Treatise on Church Polity with Special Relevance to Doctrine and Practice in Christian Churches and Churches of Christ* (Louisville: Restoration Press, 1966), 36; W. M. Patterson, *Baptist Successionism: A Critical View* (Valley Forge, Penn.: Judson Press, 1969), 15.

子耶稣基督是圣子,他拥有与圣父相同的本质。这使得从马利亚之子赐下的拯救成为真正的恩典,能够使我们恢复上帝的形象。这一教义是福音派神学基本的和核心的原则,或者至少是福音派理解基督的位格与事工的关键背景。然而,福音派却很少承认尼西亚信经的存在,或者它在确定基督徒的身分过程中发挥的重要作用,好像它与他们的信仰毫不相关。沉默不语有时候让人听而不闻。

但真正具有讽刺性的是,尼西亚信经中最重要的这个词 homoousios(同质)在圣经里根本找不到。事实上,此词未出现于圣经中引起了尼西亚会议后第一代基督徒的非议。为数不少的东方和西方主教也因此反对使用该词。在尼西亚会议之前,所有教义使用的语言和术语都出自圣经。主教们对那些没有出现在圣经中的教义用语十分怀疑,并且不赞成使用。类似的,所谓的"阿塔那修信经"(或 Quicunque)称父、子和圣灵为"位格"①,这一称呼对后来的正统教义同样十分重要,但是在圣经里也找不到。这引起了很大的困惑和猜疑,因为"位格"被形态论者(modalists)用来描述上帝形象的三种形态(mode)或位格(personae),有时是父,有时是子,有时是灵(三者并不存在实际的区别)。但是有人可能说尼西亚信经使用的语言是对新约关于基督的教训做出了细微的延伸,正如阿塔那修在《论尼西亚信经的定义》(On the Definition of the Nicene Creed)一文中提出的那样,该文写于著名的尼西亚会议的二十五年之后。新的危机下神学需要新的术语,但不能回避一个事实,即这些教义都是三个世纪以来教会讲道、反思和实践的产物。那些确立信经并在上面签字的人希望能够清楚地阐释圣经的教导。

福音派强调圣经,并认为唯独圣经是信仰的根据,但是他们默认并普遍接受了尼西亚的基督以及后尼西亚的基督,这一做法并非仅仅来源于圣经。我们必须承认,圣经从来没有成为基督徒获取信仰信息的唯一方法。它从未如此。一个人不可能仅从圣经得出基督教信仰的主要教义,而不经过连接过去与现在的关键发展阶段,正是那些发展阶段使我们对圣经的解释成为可理解的。从 4 世纪悲惨的"阿里乌争论"得到的一个重要的教训就是:为了获得教义的正统性,一个人不能够只从圣经解释圣经。人们意

---

① 最早的时候,德尔图良使用"位格"(persona)一词来表示三位一体之间的区别,但是并不被人们普遍接受,因为这个词带有模态论的含义。直到 5 世纪召开卡尔西顿会议以及所谓的"阿塔那修信经",这一词语才成为三位一体定义的一部分被人接受。

识到源于圣经的词汇和概念范畴,也需要圣经之外的词汇和概念范畴。

事情的关键在于,福音派的圈子还需要充分处理历史与教义的连续性问题。这个问题关系十分重大。汉森(R. P. C. Hanson)是对的,他说,"〔罗马〕天主教或许对连续性太过喋喋不休了,但是新教却将其抛在脑后。忘了这个问题,不可能平安无事。"①

长久以来,新教的自由派神学一直不认为能够与早期基督教的思想世界建立起联系,因为现在与过去之间存在着文化与意识形态上的鸿沟。研究教父学的学者弗兰西斯·扬格(Francis Young)认为,能否达到正统是很难说的,因为一切教义的发展都以环境为条件并取决于政治、哲学预设和历史偶然性等因素。② 同样地,默里斯·怀尔斯(Maurice Wiles)也提出要获得标准的基督教教义是不可能的,因为基督教的发展如同一条溪流,随意流淌,没有清晰的轨迹。③"正统"与"异端"的范畴的确给教父学学者提出了历史问题——保守派经常被指责将复杂的问题简单化——但这些问题并没有消除一种区别于其他亦宣称拥有基督教教义之派别的主流大公主义的可能性。最早期的基督教所呈现出来的多样性并不妨碍信仰的自我意识的轴线在历史进程中发挥作用,后者的展开是通过现存的信徒群体的圣事和思想的交流完成的。人们发现正统信仰的存在本身比现代学者的描述要持久和强大得多。④ 而且,保守的自由教会思想家可能批评那些同时代的自由派得出的结论,但是当论到教会历史的时候,他们的方法却惊人地相似。二者都发现教父时代在本质上是十分有趣的,并从其冲突与争论中学到了神学上的教训。但是二者都倾向于贬低"古典基督教"作为当代基督教信仰不可缺少的部分的价值,因为教父的贡献产生于和我们这个时代的联系很遥远的问题。人们不能简单地从那里到这里画出一条线。不同之处在于,保守派将圣经文献区别对待,他们称圣经的教导超越了原始处境的界限,因为它们是在圣灵的默示下完成的。

---

① R. P. C. Hanson, *The Continuity of Christian Doctrine* (New York: Seabury Press, 1981), 64.

② Francis Young, "A Cloud of Witnesses," in *The Myth of God Incarnate*, ed. John Hick (Philadelphia: Westminster Press, 1977), 23. 希克本人评价说"正统"只是一个抑制了现代学术创造自由的迷思。

③ Maurice Wiles, *The Remaking of Christian Doctrine* (London: SCM Press, 1974).

④ 见 Robert Wilken, "The Durability of Orthodoxy," *Word and World* 8 (1988): 124—132, and P. Henry, "Why Is Contemporary Scholarship so Enamored of Ancient Heretics?" *Studia Patristica* 17 (1982): 123—126.

传统的复兴与福音主义

福音派历史学家马克·诺尔在最近的一次谈话中说，"我呼吁发展古代基督教传统的能力，使其能够为比较新的传统——基要主义、五旬节派、圣洁运动——提供标准。我们需要跨越时间进行对话。"① 他并不是唯一持这种看法的人。在过去的十年里，越来越多的新教福音派已经不满于隔绝的状态，不满于脱离丰富的灵修和神学遗产。许多人离开自由教会加入了相对高派的教会（high church），那些教会在注重历史的背景中维护正统。1987年，通过从学园传道会到安提阿的正教会等一系列步骤，彼得·吉尔奎斯特（Peter Gillquist）和其他二百多人被接收为牧师、执事和平信徒。吉尔奎斯特将这一过程描述为"古代基督教之旅"，他说他们正在返回最初的教会。② 弗兰克·薛华（Frank Schaeffer）同样皈依了东正教，他对"重生"福音主义神学的批判更加激烈。③ 由于对古代正统教导和崇拜的渴望，有人皈依了东正教，出于同样的原因，托马斯·霍华德（Thomas Howard）开始加入了安立甘宗，后来又加入了罗马天主教，这一举动迫使他辞去了在戈登学院（Gordon College）的职务。④ 20世纪70年代末期到80年代早期，由于受到一个想法的启发，即福音派需要认识到它与历史上的教会的连续性，惠顿学院（Wheaton College）爆发了一场浩大的运动，引得大批教授和学生去追寻"坎特伯雷的足迹"（Canter-

---

① "Scandal? A Forum on the Evangelical Mind," interview with Mark Noll, Alister McGrath, Darrel Bock, and Richard Mouw, *Christianity Today*, 14 August 1995.

② 吉尔奎斯特的"古代基督教之旅"记录在 *Becoming Orthodox*, rev. ed. (Ben Lomand, Calif.: Conciliar Press, 1992). 对福音派新教徒转向希腊正教最精彩的概括和解释出自 Timothy Weber, "Looking for Home: Evangelical Orthodoxy and the Search for the Original Church," in *New Perspectives on Historical Theology: Essays in Memory of John Meyendorff*, ed. B. Nassif (Grand Rapids: Eerdmans Publishing Company, 1996), 95—121.

③ Frank Schaeffer, *Dancing Alone: The Quest for Orthodox Faith in the Age of False Religion* (Brookline, Mass.: Holy Cross Orthodox Press, 1994).

④ 见霍华德在 *Evangelical is Not Enough* (Nashville: Nelson, 1984) 中以第一人称对他的信仰历程所做的陈述。

bury Trail)。① 许多人建立或加入了圣公会教会但并没有离开福音主义。从这一运动中产生出了"芝加哥的呼声：对福音派的呼吁"，即由惠顿学院的罗伯特·韦伯领导的四十五位福音派知识分子，他们于 1977 年召开会议并通过了一份文件，敦促福音派同仁重建与信经、崇拜、创造与救赎的观念、古代教会的灵修等的连续性，来达到教会的丰盛。②

  一个人不一定必须离开自由教会才能采纳古代基督教传统的标准。但是众多成员离开的事实表明自由教会中显然存在着缺乏承认那些标准的热情。如果福音派教会关心教义的正确性并具有多数福音派团体中存在的完成"大使命"的热情，那么可以很合理地说，对教会的教父传统的标准持不可知的立场（甚至是对立的态度）将有损于其目的。

  特别值得一提的是托马斯·奥登（Thomas Oden）的著作，他是联合循道宗信徒，德鲁大学（Drew University）的教授，他在阅读了教父的作品之后便抛弃了新教的自由主义。在一篇名为"那时和现在：重获教父的智慧"③ 的文章中，奥登以个人经历表明了他的新观点：

> 我们正在做一个绝望的游戏：努力寻找某些现代的思想、心理学或社会学，以便取代使徒所做的见证。游戏结束了……对社会来说，没有比通过聆听圣经和传统的直接讲话重新获得古典基督教的意识更紧迫的政治计划。

在 1979 年修订《神学的议程》（Agenda for Theology）一书的过程中，奥登展开论述了他的观点，在书中，他批判现代性的预设，认为长期以来现代性都否认过去的基督教能够对现在说话，他还指出神学方法论成了寻求新奇和追赶时尚。"宗教适应的腹泻"（diarrhea of religious accommodation) 本身证明了现代性正处在一个解体的过程中。我们正在见证一个时代的结束，批判的方法被用来批判自己，怀疑的诠释学被用来怀疑解经家自己。④

---

  ① Robert Webber, *Evangelicals on the Canterbury Trail: Why Evangelicals Are Attracted to the Liturgical Church* (Waco: Word Books, 1985).

  ② R. Webber and D. Bloesch, eds., *The Orthodox Evangelicals: Who They Are and What They Are Saying* (Nashville: Nelson, 1978).

  ③ In *The Christian Century* 107 (1990): 1164—1168.

  ④ *After Modernity... What? Agenda for Theology* (Grand Rapids: Zondervan, 1990), 104.

随着现代性的衰落，奥登呼吁建立"后批判的正统"（或"后现代的正统"），即与古代基督教的教师结伴同行："现代建筑师弃之不用的教父的石材现在必须成为在大基石——独特的神人二性的人，耶稣基督——上建造的主要材料。"① 促进神学发展的方法就是回到由七次大公会议建立的正统或"古典基督教"，奥登称七次大公会议得到了第一个千年的基督教的一致拥护，其留下的遗产在将近两千年的时间里被整个教会接纳为标准。② 多数教会历史学家，尤其是新教的历史学家，不愿承认所有七次大公会议的有效性及其通过的信经具有平等的权威，例如路德赞成卡尔西顿（451 年）之后不存在大公会议的决定。奥登又增加了八位早期基督教的学者，以及教父时期、中世纪和宗教改革时期的其他人，他们都赞成大公会议，这些人为普世信仰做出了贡献，并永远受到人们的重视。

我赞同奥登的做法，他努力令新教的保守派从基督教教义的源泉中汲取更多泉水。但是，对福音派领袖来说，除了奥古斯丁《忏悔录》中的二手资料外，早期教会的多数文献都是未知的（terra incognita），这一事实要求他们应该了解最初五个世纪的神学家以及解经家和传道人的文字。奥登三卷本的系统神学著作反复重申并显示了早期教会对后现代神学做出了怎样的贡献。③ 但是福音派新教徒能够像奥登说的那样轻易地回到过去吗？向读者介绍阐释教会传统的古代文本固然有益，但是问题仍然存在，与过去时代的连续性该如何实现？身在一个后现代的时期，在缺乏应有的诠释学指导的情况下，我们如何能够将教父的思想融入到我们自己的思想中？当然教会的正统建构已经有所发展，这种带有正统性的发展并非教会过去的人为产物，只需今天有信仰的人们以一种静态的方式加以宣认。毫无疑问，奥登会同意这一点。对今天的我们来说，正统的"解决方法"并不比教会**如何**获得了正统的解决方法更有价值。

我的目的并非要评论奥登的著作，我只是想说他将教父时期、中世纪和宗教改革的文本混合在一起的做法为他的教会信仰的同感模式（consensual model）提供了令人印象深刻的证据，尽管他关于正统的"稳定状

---

① *After Modernity... What? Agenda for Theology* (Grand Rapids: Zondervan, 1990), 106.

② Ibid., 37.

③ Thomas Oden, *The Living God: Systematic Theology* (San Francisco: Harper & Row, 1987). "这一努力只求能够辨认和追随古代教会关于基督教对上帝的教导的普遍一致看法。"（第 xi 页）另见其他两卷，*The Word of Life* (1989) 和 *Life in the Spirit* (1992)。

态"（steady state）理论——注意他反复引用文森特关于正统的宣言①——留给读者大量解释学上的问题，要承认早期教会的教义是他们更新运动的必要组成部分，自由教会的福音派还是要处理这些问题。对这一问题最好的说明就是 1995 年在费城召开的美国宗教学术会议，其中一次会议的主题就是福音派与后现代主义。作为受到邀请的讨论会成员，奥登做了一场热情洋溢的报告，提出通过古代基督教传统的神学与圣经诠释来完成更新的计划。然而，从持续对话和提问的形势来看，很明显，主要由福音派组成的听众要么不理解奥登的建议，要么认为他的建议与他们关心的问题毫不相关。

在与和大公信徒（或"主流基督徒"）一样享有圣经使用权的诺斯替对手的对话中，2 世纪后期作家德尔图良诉诸规范（*praescriptio*），或"优先原则"，即任何人在忠实地解释圣经或论述关于上帝的恰当观点前，必须首先承认的原则。同样地，我们提议，在自由教会的基督徒合理地将宗教改革前的遗产转换成常规的讲道和教学实践前，我们必须首先提出某些与圣经、传统和教会有关的"优先原则"。对于传统，许多福音派感觉如鲠在喉，因此我们需要确立一个实用的定义，并表明传统并非基督信息的附加物；它就是信息和信仰的主要载体。

传统和诸多传统

要理解教会的"传统"（tradition）这一概念，最大的困难或许是与"传统主义"（traditionalism）混淆的倾向。在给本科生上早期基督教的课程时，这是我要从学生的思想中剔除的第一个错误理解。他们多数人认为"传统"与过去做事的方式有关，它们受人尊敬只是因为历史久远并且总是一成不变。当年轻人问道，"为什么我们要奉行这个传统？"我们的回答并没有说服力——"因为我们一贯如此。""传统"这个词被用来描述奉行那些以静止的方式流传了一代又一代的习惯、信仰或方法，不论它们是否

---

① "Quod ubique, quod semper, quod ab omnibus creditum est"（"在所有地方被所有人一直相信"）。Vincent, *Commonitory* II. 6. 即使在 15 世纪中期的背景下，文森特的看法也是相当理想化的。最明显的是，*Commonitory* 部分地是在反驳奥古斯丁的恩典神学。具有讽刺意味的是，此处所说的正统的原则正是出自于奥古斯丁的《论信仰的有用》（*On the Usefulness of Belief*）14. 30。

有价值。这个词非常类似我们所说的"习俗"(custom)。因此"传统"常常被归于陈旧、粗鲁和执拗的范畴——与我的第一辆车,四变速的福特平托,非常相像——并且常常与崭新的、时兴的和创新的事物对立。

没有比这更具欺骗性的了。当保罗写信给帖撒罗尼迦人说"你们要站立得稳,凡所领受的传统,都要坚守"①的时候,他想到的是一个动态的过程(帖后2:15),他敦促他的读者要不断延续这一过程。traditio(转移,希腊文是 paradosis)一词,②意味着从一个阵营转移到另一个阵营,是事物的交换,表明了活的对象。我们会在下一章详细地论述,新约语言的反复流传和被接受成为了教会理解"传统"的特点。半个世纪以后,我们听到罗马的克莱门(Clement of Rome)援引了"传统的神圣原则",他强调的重点与保罗一致——不是遗留**下来**的**死**的东西,而是传下来的**活**的事物。

traditio 是名词,同时也是动词(tradere)。它就是耶稣"传给"使徒,使徒"传给"教会的东西,但它也指传下来的过程本身。在动词的意义上,或在行动的意义上,我们应该认为教会的传统是动态的;它是一个基督教的信仰沉积、保存和传递的运动。再次回到我给本科生上的课程,我经常将这个动态过程比作足球比赛。哨音一响,中锋开球,后卫接到以后传给另一名球员,那人又接到球。整个事件或"比赛",就互动的性质来说,完全是一个动态的过程。同样地,使徒宣告基督,他们的"比赛"也发生在活的群体中。我们无法理解教会传统的本质,除非我们见识了教会的生命力,教会的祷告、唱诗、布道和赞美。传统就是教会的生命。

我在使用"传统"(Tradition)一词时,将第一个字母大写,以区别于"诸多传统"(traditions),我的做法并非新发明。多数学者接受对这些基本的范畴做出一些改变③,以便描述出使徒和教父唯一的基础,那是我

---

① 和合本的译文是:"你们要站立得稳,凡所领受的教训,⋯⋯都要坚守。"此处稍做改动。——译者注

② 叛教者(traditor)就是那些在大迫害时期将圣经的抄本上交给当局的人,英语中的"叛教"(treason)就是由这个词发展而来。

③ 自20世纪50年代晚期以来,世界基督教协会(World Council of Churches)的信仰与教制委员会(Faith and Order Commission)召开了一系列座谈会,旨在规定出使徒信仰的要点,以便作为宗派间对话的基础。尽管福音派拒绝参加世界基督教协会的政治和宗教活动,但是从伦德(1952)、蒙特利尔(1963)和利马(1982)召开的历次会议上产生的工作论文,从教会早期历史的角度敏锐地觉察到了需要毫不含糊的正统信仰,同时不试图模糊不同教派之间的真正区别。在蒙特利尔会议上,传统(Tradition)区别于"传统"(tradition),传统(tradition)是指教会信仰流传的过程或事件,也有别于"诸多传统"(traditions),诸多传统是指普世教会的各种宗派或相关的群体。

们作为基督徒所共有的历史，它比任何独立的、分离的历史都更加漫长、博大和丰富（正如1952年在瑞典的伦德召开的第三次信仰与教制世界会议通过的决议所声明的那样）。教会的一切世俗形式，即已有的过多的传统，声称它们从本质上反映出了传统（Tradition）。因为在每一个传统中都存在"关键的"要素："它们都宣称自己是，或至少希望自己是，那些超越它们、高于它们或先于它们的事物的媒介——是基督的救恩信息的仆人……〔然而〕传统（Tradition）是诸多传统的本质。没有它，它们就失去了意义和实质。"①

在最后的分析中，传统表明了接受和传递上帝的道耶稣基督（tradere Christum，传递基督），并且传统获得了具体的形式，即使徒的福音宣讲（kerygma）、以基督为中心阅读旧约、举行洗礼和主餐，以及颂歌、教义、赞美诗和信经的形式，通过这些形式宣告了上帝为了我们的救恩道成肉身的奥秘。从行动与实质两个意义上，传统代表了活的历史，纵贯基督教早期。传统是由教会建构，并且也建构了真教会。

正如我先前说的那样，在自由教会的教义系统中，传统完整而重要的本质是十分模糊不清的，尽管许多传统的表述被抛弃或边缘化了。自由教会可能很少提及尼西亚或尼西亚—君士坦丁信经，或使徒信经，或教父的教导，具有讽刺意味的是，他们的基督论或创造论的本质，或原罪的概念，或末世论——实际上，还有一切解释圣经的方法——依赖的都是教会的传统，或者是普瓦蒂埃的希拉利（Hilary of Poitiers）呼吁所有神父都要维护的"正确而大公的信仰"。当然问题仍然存在，对某些教会来说，传统的内容过于庞大，包括礼仪、圣事、教会法规和教制。这是16世纪宗教改革的一部分起因，也因此重拾古代的一致同意的教义成为"新教"改革教会愿望的核心。宗教改革的结果不在于从原则上或实际上废除传统，而只是重新评价那些构成传统的形式的事物。

---

① K. E. Skydsgaard, "Tradition as an Issue in Contemporary Theology," in *The Old and the New in the Church*, World Council of Churches Commision on Faith and Order (Minneapolis: Augsburg Publishing, 1961), 29.

变化与连续

最后一点让我们想到传统的动态本质的最后一个要素。如果传统是因为在具体的、活生生的群体中的动态的发展才成为其所是,那么传统本身就是教会如何用它所获得的东西来应对当前环境的过程。换言之,在历史中,当传统遭遇教会所面临的新的危机时,传统总是处在一个与自身对话的过程中。在这里我想再次援引麦金泰尔关于传统的理论,他将传统描绘成"历时久远的讨论,其间某些根本性的一致意见从相互冲突的两个方面被一再规定:在传统之外对传统持批判和敌对态度的人……以及在传统内部的人,(传统)也是解释性的争论,通过争论,根本性一致意见的含义和原理得到表达,并且传统通过这一过程形成了。"① 把麦金泰尔应用于对早期教会的定义,我们很容易从护教士和稍后的神学家的著作中看出,内部对"异端"的争论以及对罗马异教的抨击如何有益于教会教导的阐述与重新阐述,这种阐述是将表达在传统之中的信息应用于当时。重视传统的历史特点意味着传统是在具体的、现世的情形下获得和传递的,在那样的情形下现在从过去当中获得信息,并因为过去而变得可以被人理解,并且融入到教会不断发展的对上帝的理解和回应中。意见一致与彼此争论使得忠实地重新阐述信仰成为可能。没有意见的一致,争论就退化成宗派主义和支离破碎的事物;没有争论,意见的一致很容易沦为难以控制的权威主义。

因此传统是既有**连续**又有**变化**的事物,也是在过去的基础上不断发展的事物,这样的发展将导向现在对过去的修正。这就是 6 世纪前出现了大量教会信经的原因。实际上,它们都是教会讨论正统本质的里程碑,即新的教义问题必须用教会一贯相信的东西来表达。事实上,信仰反映了活的传统,所以从某种意义上说,信仰总是处在一个内在的不断进步的过程中。任何对文森特宣言("在所有地方被所有人一直相信")的使用,都需

---

① Alasdair MacIntyre, *Whose Justice? Which Rationality?* (Notre Dame: Notre Dame University Press, 1988), 12. 我从 H. Jefferson Powell 对 MacIntyre 的研究中获益良多,*The Moral Tradition of American Constitutionalism: A Theological Interpretation* (Durham: Duke University Press, 1993).

要从这个角度来理解，而不能等同于静态的僵化的正统。

一旦我们认识到传统是一件既有连续又有变化的事情，那么更新与改革传统的大门就是常开的。变化并非拒绝连续，但是事实证明正统是通过每个新时代基督徒的不断追问的力量获得的，即忠于使徒教导意味着什么。到现在，这种理解传统的模式其含义应该已经很清楚了。既然修正是教会传统的动态过程所固有的，那么也就没有必要将宗教改革和教父置于充满冲突的历史角色中。新教的故事是重新引向而非拒斥古代的普世信仰，这个事件完全不超出对正统信仰的忠实顺从。没有传统，就没有忠实的新教，尽管传统的某些维度被新教延伸了。没有人会怀疑，新教的改革引起了教会传统的一些断裂点，尽管有人不止一次地说那些断裂点最终更多地是与中世纪天主教所添加的圣事和圣职有关。更重要的一点是，在圣灵的带领下，通过传统的忠实延续，这同一个宗教改革使教会传统焕发了生机。

许多读者担心接受教会的早期传统就意味着损害了宗教改革的主要原则，例如"因信称义"或圣经原则等。在本章结束之时，我要这些读者放心。许多教义都是以"传统"的名义提出的，这些教义在圣经中没有根据，也非教会一致同意的教导，对于这一事实，我们不能视而不见。但是保守的新教徒却反应太快，他们将婴儿（罗马天主教）与水（传统）一起倒掉。或者用另一个比喻，没有必要像后来的新教徒那样，为了避免腐蚀福音和篡改福音的引力，丢弃传统的指引。这样的态度和做法的结果是，在每个时代不断追求清楚地表达出忠于使徒信息的福音精神被抛弃了，而这却是它本身的一个重要部分。如果路德没有了奥古斯丁、加尔文没有了安波罗修、茨温利没有了克里索斯托、霍夫曼没有了阿塔那修、门诺没有了西普里安，那么只会产生支离破碎和百般扭曲的教会神学，并且将无法公正地对待福音遗产的全部财富。

2

早期基督教传统的形成

> 我们的祖先见证了上帝如何进入历史。一千九百年前耶稣基督出现了……这一事实引导我们回顾古代,并在心里默默提出一个问题,即我们从历史上继承了什么。
>
> ——朋霍费尔(Beidtrich Bonhoeffer),《论犹太人》(*On the Jews*)

> 我不得不写信劝你们,要为从前一次交付圣徒的真道竭力地争辩。
>
> ——《犹大书》3

新约的作者并非在真空中写作。圣灵是创作与信念的源泉,在圣灵的默示下,他们敏锐地觉察到他们是连续体(continuum)的一部分,讲道和教训都源于耶稣以及旧约先知。《路加福音》的序言清楚地表明,在作者写作之前,已经流传着有关耶稣言行的记载,"好多人提笔写书,述说在我们中间所成就的事"(1:1)。约翰也略过了一些在早期基督教团体中流传的材料和回忆;他两次说到,耶稣所行的事以及对他的阐释还有许多,是他没有提到的(约20:30,21:25)。

当然,作者身为使徒,增加了福音信息的内涵与样式,他们亲眼见过历史上的耶稣,他们的教导具有最高的权威性(加1:11;约1:1—3)。使徒的身分依赖一个事实,即这些人是耶稣与对其言行的认识之间活生生的媒介。他们的见证成为传统的基础,而传统正是教会的崇拜和教导生活的核心。像宝丽来在五十年左右的时间里拍摄的教会活生生的信仰一样，新约以文字的形式记载下传统的那些不动的"时刻"，以便后世的基督徒能够了解。

在本章中，我想要做两件事，第一，展现基督教传统的形成先于并且完全内在于新约，而且传统的形成是以使徒的福音宣讲（*kerygma*）为基础的；第二，通过新约自身的见证，展现出传统怎样在最早期的基督教群体中发挥作用。在这两个孪生命题中，没有任何引起争议的意味，而且许多读者对下文的内容可能都相当熟悉。然而，本章和第三章表明，由于接下来在教义而非教会历史细节方面的争议，福音派作者在正典经文与正典以外的传统之间造成的张力已经被夸大到了扭曲的程度。因为"传统"的语言与范畴起源于使徒时代。我们将依次回顾这一过程以及传统怎样影响了第一代和第二代基督徒，并且他们又是怎样影响了传统。

不管一个人对圣经的评价如何高，在重现基督教思想与实践的起源时，我们都不得不考虑福音书最初的非文学和口传的特点。很久以来，新教福音派和罗马天主教的学者一致同意，口传传统在编订福音书以前就已经存在了。① "这起先是主亲自讲的，"《希伯来书》的作者写道，"后来是听见的人给我们证实了"（来 2：3）。早期教会用各式各样的活动来维护、创造和传播福音传统——讲道、争论、崇拜和指导——对此布鲁斯（F. F. Bruce）做出了很好的总结。② 这些活动的样式成了许多人研究的对象，特别是德国学术界以"形式批判"和"来源批判"来研究新约文本的起源以及早期信徒的宗教生活。在文字记载出现以前的很长时间里，各种版本的"基督事件"已经为耶稣最初的追随者指明了他们的使命与独特的身分。福音派常常反对某些历史批判学者的预设，尤其是反对关于耶稣言行的讲道起源于初期教会的需要与渴望而非起源于历史上的耶稣。老德国自由派受到批评是有原因的，他们低估了早期教会对耶稣历史性的兴趣。当然，第一代基督徒想要谨慎而精确地保存对主的回忆（memoria）。然而这并不是在全盘（in totum）否定历史批判，而是在确定哪种方法能够让我们弄清楚口头讲道怎样原原本本地流传后世，尽管采取了不同的形式以及使用了不同的来源。

---

① F. F. Bruce, *Tradition: Old and New* (Grand Rapids: Zondervan, 1970), 39f.; Y. M. -J. Congar, *Tradition and Traditions: An Historical and Theological Essay* (New York: Macmillan Company, 1966), 8ff.

② Bruce, *Tradition*, 58—71.

连接旧约与新约

柏格·耶哈德松（Birger Gerhardsson）的著作①已经有效地证明了，犹太教的成文和口传律法书（Torah）流传久远，为早期基督教传播福音传统提供了先例。耶稣的门徒忠实地维护着老师的教导，正如拉比的门徒维护着他们的教导。实际上，门徒成为传统链条上的第一环——耶稣与门徒之间的那一环——他们之间是给出教训和接受教训的关系。我们要记得，那时候没有录音机、录像机，也没有一群速记员跟在耶稣左右。我们可能会好奇，在成文福音书出现之前的几十年里，口头上传播耶稣的言行怎么能够保证其准确无误。对此，耶哈德松指出这得益于拉比的教学法（rabbinic pedagogical methods），即最初四个世纪在口传教训中使用的记忆、重复和背诵的方法。这是获得、维护和传播耶稣教导的主要途径。我们还不能确定，耶稣和门徒在多大程度上效仿了拉比的方法②，但是对 1 世纪晚期和 2 世纪的研究表明，二者之间存在着极大的相似性。但是，可能存在着记载耶稣言行（logia and acta）的资料，那些资料在路加的时代已经出现，这就表明以上的口传方法是不可能的了。③

在我们这个以文本为主导的文化中，赋予重要真理的口头传播以极大的权威性的做法即使算不上不负责任，也是十分不可靠。然而，和成文的记载一样，耶稣传统在传播过程中的动态发展，也是教会信仰的一部分。

---

① Birger Gerhardsson, *Memory and Manuscript: Oral Tradition and Written Transmission in Rabbinic Judaism and Early Christanity* (Uppsala and Lund: C. W. K. Gleerup, 1961); *Tradition and Transmission in Early Christianity* (Lund: C. W. K. Gleerup, 1964); *The Origins of the Gospel Traditions* (Philadelphia: Fortress Press, 1977).

② 耶哈德松受到批评，因为他提出，在耶稣那时，贤哲时期（Tannaitic period, 指公元 70 年圣殿被毁之后）拉比学派的记忆法已经成为规范。他努力回应一些人的批评，例如在 *Tradition and Transmission in Early Christianity* 中，他便回应了纽斯纳（Jacob Neusner）。

③ 《路加福音》1：1。人们广泛认为，记载耶稣言行的对观福音共同使用了 Q 资源，尽管这一说法仍有争议。最近有文章论述 Q 资源在研究历史上的耶稣方面具有巨大价值，见 James M. Robinson, "The Real Jesus of the Sayings Gospel Q", 载于 *Princeton Seminary Bulletin* 18 (1997)：135—151。假设存在 Q 资源也难免遭到批评，尽管《多马福音》语录集的编排方式表明存在着这样一个资源。有人认为还广泛流传着一本记载耶稣神迹的资料，将耶稣描写成一位伟大的行神迹者。P. J. Achtemeier, "The Origin and Function of the Pre-Marcan Catenae", 载于 *Journal of Biblical Literature* 91 (1972)：198—221。

历史上的耶稣出现之后的一个世纪，口头传播仍被认为具有权威性。在一部现已遗失的著作中，帕皮亚（Papias，希拉波利斯的牧师）说过一句话，被后来的一位历史学家引用，他说，"我认为，我从书本上获得的益处，远没有从生动而持久的谈话中获得的多。"① 他的说法并不表示口头教训比成文的文字优越，也不表示存在使徒讲道中没有提到的需要增补的耶稣教训，他只是肯定一个观点，即早期教会认识到非成文的见证先于文字，而文字之所以珍贵，是因为文字可以保存传统的教导。

本质上这就是新约正典形成的过程。一部作品被确定为正典，不能仅仅因为或主要因为它是由使徒写的，因为2世纪中期流传着大量的书籍，它们都声称来源于使徒。其中最受欢迎的有《多马福音》、《彼得福音》和《约翰行传》。② 从一开始，合乎正典（canonicity）就是教会传统固有的一个神学原则；教会信仰的"标准"（即法则）并不是一套权威的文本，而是具有权威性的教导。这些文本反映了信仰的标准（法则），并得到了正统教会的承认，我们称之为具有正典性。③ 当然，鉴于现实信仰群体的活跃性和发展性，某些教会认为是正典的文本（例如《希伯来书》或《雅各书》），其他教会不一定一致同意其正典地位。④ 而且，其他一些被公认为是由使徒写作的书也受到重视。例如《黑马牧人书》（Shepherd of Hermas）、《巴拿巴书》（Epistle of Barnabas）和《十二使徒遗训》（Didache）等文本也出现在一些早期正典目录中。最终，人们认为这些文本值得教会阅读，但并不具有与其他文本同等的地位。根据教会的标准和法则什么样的文本符合正典原则，在这个问题上各教会之间达成一致是一个循序渐进而难以记录的过程。什么是正典原则，2世纪后期爱任纽的著作给以了明确的表述，爱任纽竭力反对诺斯替主义对圣经的诠释，"如果使徒没有留下作品，对使徒所传给他们托付教会之人的法则（标准），我们

---

① 引自他的 *Expositions of the Oracles of the Lord* by Eusebius of Caesarea in *Ecclesiastical History* III. 39. 4. 参照 C. E. Hill," What Papias Said about John (and Luke)：A 'New Fragment'"，载于 *Journal of Theological Studies* 49 (1998)：622—624。

② 这些作品收集起来，通常被人称作新约旁经。见 M. R. James, *The Apocryphal New Testament* (Oxford：Clarendon Press, 1924)，以及 W. Schneemelcher and R. M. Wilson 编，*The New Testament Apocrypha* (Philadelphia：Westminster Press, 1965)。

③ 例如，Jerome, *Epistle* 129. 3。

④ 见 Bruce Metzger, *The Canon of the New Testament* (Oxford：Clarendon Press, 1987)，以及 F. F. Bruce, *The Canon of Scripture* (Downers Grove, Ill.：InterVarsity Press, 1988)。

就不应当遵循吗？"①

关键的一点是需要明白，一直以来，口头传统或关于神学正典性的共同理解就存在着，这些并非只是在超然的学术氛围中阐发的一套理论原则，正如爱任纽的最后一句话所表达的意思。实际上，这些概念是同信仰、崇拜和教会生活息息相关的。从其名称和存在来看，"传统"表示"教会实践信仰和阐释信仰的活动"。② 信仰的法则（lex credendi）并非独立于祈祷的法则（lex orandi）而单独被接受和传播，反之亦然。传统的形成并不是召开由教会人士或学术精英参加的会议，他们居高临下，制定出一份信仰法则，然后将其置于教会之上，使众人一致赞同。《爱丽丝梦游奇境记》（Alice in Wonderland）中的国王为了控制法庭的进程而发明了"四十二条法则"，与这位国王不同，传统的性质，其每一处可见的表现都显示了传统内在于最初的基督教并从其中发展起来。它并非为了巩固统一而深思熟虑后的人为产物。

诠释旧约

基督教传统的形式，其发展跟随了犹太教的样式，犹太教是基督教的母亲。最明显的一点就是教会宣称旧约包含在圣经里，因为他们相信，借着上帝的逻各斯（道）耶稣基督，上帝已经在历史中行动并启示了自己。犹太教传统最主要的任务就是诠释圣经，并解释如何应用律法。福音传统的独特之处就是以基督为中心解释圣经和历史。耶稣本人的讲道发展了这一方法，如《路加福音》24：25—27："从摩西和众先知起，经上所指着自己的话，都给他们讲解明白了。"这里应该理解为耶稣宣布整部希伯来圣经已经清楚地表明了他本人和他的使命。经文本身和对经文的诠释都表达了教会的新教导，在这个意义上，盖泽尔曼（J. R. Geiselmann）是对的，他说，"如果没有 paradosis（即传统）就没有福音书的说法是正确的，那么同样可以说没有圣经就没有使徒宣讲（kerygma）。"③

---

① Irenaeus, *Against Heresies* III. 4. 1.
② Congar, *Tradition and Traditions*, 5.
③ J. R. Geiselmann, *The Meaning of Tradition* (New York: Herder and Herder, 1966), 23.

在《使徒行传》2章彼得第一次传道的时候,这位耶稣最早的追随者引用旧约,并开始使用阅读经文的方法。使徒们反复引用先知书和《诗篇》的经文,证明"最后的日子"到来的消息,在"最后的日子里",上帝通过拿撒勒人耶稣行神迹奇事,耶稣被钉死在十字架上,又从死里复活。在《诗篇》16:8—11中,希伯来国王和先知大卫本人提到弥赛亚的复活,彼得引用大卫的话以证实他的观点,即基督的受难和完备的救赎是新发生的事件,但圣经的作者却早已未卜先知。

在所有这些例子中,希伯来圣经都被看做辨别神圣真理的根本准则。如果运用得当,它会引导一个人认识弥赛亚即耶稣,随之而来的高潮是忏悔、受洗和领受圣灵的恩赐(徒 2:38,3:19)。通过阅读《以赛亚书》53:7—8,传教士腓利向埃塞俄比亚的太监"传讲耶稣",当时那太监正坐在马车上(徒 8:35)。旧约的作用如同一幅预言地图,其目的是揭示耶稣的生平和事工。基督是历史的转折,通过他,基督徒赋予一切事件以新意义,不论是道成肉身之前还是之后发生的事件。例如,根据这一点,查士丁(2世纪基督教哲学家和殉道士)提出了基督的两次来临:

> 我们证实了,一切事件在发生之前都已经被先知预言过,我们也必须相信,有些预言过的事件,虽然现在还未发生,但将来一定会发生……先知预言耶稣将两次来临:一次,已经实现了,那时他是一个被羞辱而受苦的人,但是,第二次,根据预言所说,他将带着荣耀从天国降临……①

毫无疑问,在旧约和使徒的传道之间存在着预言的和历史的延续性。不同之处在于基督教新的诠释学:律法的传统已经被弥赛亚耶稣取代了。

要在旧约的经文之间发现基督教信仰的核心真理,可能需要在阅读的时候戴上使徒传统的"透镜"。在解释圣经的过程中,基督徒经常发生教义争论,只有一个法庭可以进行申诉。公元 110 年,安提阿的伊格纳修(Ignatius of Antioch)在去罗马的途中写信给非拉铁非教会:"我听到有人说'如果我在最初的经文(即旧约)中找不到,我就不会相信它在福音书里。'这时,我回答说,'但是旧约里写了。'他们反驳说,'那正是问题所在。'对我来说,耶稣才是最初的文本,不可侵犯的记载是他的十字架、

---

① Justin Martyr, *Apology* 1. 52 (trans. in Ante-Nicene Fathers, I. 180).

死亡和复活以及由他而来的信心。"① 在诠释圣经的过程中，遇到的一切难题都应该用福音传统的原则来裁决。

耶稣与传统语言

新约中多次提及犹太传统以及描述传统形成过程的词语。在罗马，当保罗在犹太长官面前辩护的时候，他声称自己没有做任何干犯"祖先规条"的事情（徒28：17）。在《加拉太书》1：14中，他用同样的话描述了从前信奉犹太教时的生活以及如何热心于"祖宗的遗传"。② 保罗从前是法利赛人，他在这里提到的无疑就是法利赛人和其他犹太教派共同遵守的传统权威，约瑟夫称其"从先辈那里继承"并得到了保存和遵守（Antiquitates Judaicae XIII. x. 6）。

在福音书中，有两段平行经文分别提到了吃饭和洁净的习俗。一些从耶路撒冷来的法利赛人和律法教师指责耶稣的门徒吃饭时没有按照仪式洗手，因此破坏了"古人的遗传"（paradosin ton presbuteron）（可7：3；太15：2）。马可用准术语来描述传统："固守"（7：3）；"拘守"（7：4）；"照古人的遗传行"（7：5）以及"承接"（7：13），这些都表现出犹太人一丝不苟地奉行"祖宗传统"。

正是由于对祖宗的尊敬才使得罗马人能够容忍犹太教，尽管犹太教崇拜唯一神。希腊—罗马世界容忍宗教的黄金法则由《屋大维》（Octavius，大约写作公元200年）一书中的异教徒凯流斯（Caelius）提出，他说："作为一个普遍的原则，仪式和圣物存在的时间越久远，这些制度就越具有神圣性。"③ 在一个将古代习俗看作知识可靠性和社会正当性的重要标准的时代，犹太人将自己的身分与古代传统联系在一起，这种做法常常帮助他们少受罗马人的怀疑和迫害，虽然还不能完全避免。正由于这个原因，

---

① Ignatius, To the Philadelphians 8. 2.

② 其中"规条"和"遗传"两词都是对tradition的翻译，本书对经文的翻译均参阅和合本圣经。——译者注

③ Minucius Felix, Octavius 6. 米努西乌表达的想法在西塞罗影响深远的对话录《论神性》(On the Nature of the Gods) 中得到了准确无误的响应，书中写道，传统的权威应该积极地说服那些怀疑神的存在的人。

基督教的护教士才提出，尽管耶稣的降临是新近发生的事件，但是旧约关于他出现的见证和预备却源远流长。从一个护教士的立场出发，至少，旧约证实了新近出现的基督教具有古老的起源。

为什么耶稣如此贬低犹太传统？他引用《以赛亚书》29：13① 有何用意？他为什么批评犹太长官离弃神的诫命而守"人的遗传"（7：8）？新教徒怀疑"传统"，部分原因与它在新约的不同用法有关，尤其与耶稣只在否定的意义上提到这个词有关。不论怎样，如果将这些孤立的说法当做对口头传统的一般评价，或者认为圣经权威与传统之间存在冲突，这样的看法都是错误的。② 毋庸置疑，耶稣的确批判口头传统，但是他并非指责传统都是律法主义，需要一概抛弃。③ 按照系统的方法诠释和使用律法是必不可少的，耶稣明确地认同这样一种诠释学，在这一点上他与法利赛人的立场非常接近。然而，在这种情况下，法利赛人把对"洁净的"和"不洁净的"的解释告诉耶稣，他们的传统没有抓住律法背后的实质。实际上，那是一种死的传统，使宗教生活丧失了生气。洁净或不洁净首先是人心灵内在的事情。

按照同样的思路，耶稣批评口头传统的另一个不知变通的要素：

> 摩西说："当孝敬父母，"［出 20：12；申 5：16］又说："咒骂父母的，必治死他。"［出 21：17；利 20：9］你们倒说："人若对父母说，我所当奉你的，已经作了各耳板（各耳板就是奉献的意思），以后你们就不容他再奉养父母。这就是你们承接遗传，废了神的道。你们还作许多这样的事。"（可 7：10—13）

耶稣指责的是这样的解释：如果一个人声称他奉养父母的财物已经作了各耳板，那么他就可以不再履行奉养父母的义务。律法规定，对上帝所发的誓言无论如何一定要兑现，为了兑现对上帝的誓言可以不履行比较重要的

---

① "这百姓用嘴唇尊敬我，心却远离我。他们将人的吩咐，当做道理教导人，所以拜我也枉然。"

② 见 W. Lane，*The Gospel according to Mark*，New International Commentary Series（Grand Rapids：Eerdmans Publishing Company，1974），他把耶稣的反应看做对口传律法的全然反对（第 249 页）。对于曼（C. S. Mann）来说，耶稣区分了律法与口头传统，或人的急切需要。*Mark*，The Anchor Bible Commentary Series（New York：Doubleday，1986），311.

③ 影响很大的《新约神学词典》（*Theological Dictionary of the New Testament*）坚决认为耶稣对犹太传统的看法是消极的（II. 172），即传统是法利赛人对律法书不断增加的条目，耶稣十分反对。

第五条诫命、允许不奉养父母的做法正是对这一条律法的应用。在这个例子中，法利赛人的传统并未与律法的教导保持一致，因此与摩西的诫命发生了冲突。耶稣本人的话并非否认口头传统，而是要对其进行纠正，对此，他提出的解释更符合律法的本意。称耶稣整个地颠覆了传统的说法，没有充分注意到耶稣遗产具有的犹太性，也没有看到耶稣教训人们的通常做法是灌输宗教文化并上帝国拯救的信息，而不是抛弃宗教文化。

保罗与耶稣传统

并非巧合的是，保罗成了教会用传统语言的总设计师。在耶路撒冷，他受教于长老迦玛列的门下（徒 22：3），受过严格的律法训练，因此热心追随"祖宗的遗传"（加 1：4）。通过书信，保罗引进或解释了一个术语，清晰地描述出独特的基督教"传统"的发展过程。保罗保留了犹太教"传统"的本质结构，同时又引入了新生命，使传统成为福音的工具，在福音中耶稣既是其内容又是其产生的原则（权威）。

根据保罗的说法，到他那个时代，教会拥有一个规范的标准，他称之为 paradosis（即传统，见《哥林多前书》11：2；《帖撒罗尼迦后书》2：15）。他说这传统是他从主那里"领受"（paralambano）的，用传统在形成过程中发展出的生动的语言又"传给"（paradidomi）读者（林前 11：23；15：3）。在回答众人问题的过程中，保罗显示出他熟悉耶稣的各种教训，他五次明确提到"主的话"（林前 7：10—11；9：14；11：23—26；14：37；帖前 4：15—17），在《哥林多前书》7：25 中他还用了一个否定的陈述，说他"论到童身的人，我没有主的命令。"① 保罗究竟如何知道耶稣的话，我们不得而知，除了他自己承认在去过阿拉伯沙漠之后，他遇见

---

① 五处教训可以在福音正典中直接地或间接地找到：(1)《哥林多前书》7：10—11——《马太福音》5：32；19：3—9（参阅《马可福音》10：2—12），《路加福音》16：18；(2)《哥林多前书》9：14——《马太福音》10：10（参路 10：7）；(3)《哥林多前书》11：23—26——《马太福音》26：26—28，《马可福音》14：22—24，《路加福音》22：17—20（参林前 10：16）；(4)《哥林多前书》14：37——在这里保罗没有引用任何主的具体教训，除了他关于在教会宣称自己是先知的说法直接来自主的教训，因此应该承认他的话具有权威；(5)《帖撒罗尼迦前书》4：15—17——在《马太福音》24：30—31 和《路加福音》21：27—28 的末世论经文中可以找到类似的话，尽管保罗似乎是要引用另一段不为人知的耶稣教训。

了使徒彼得和雅各（加1：18）。显然，这些口传的道（*logia*）已经开始形成教会的信息和实践。总而言之，学者们已经发现，保罗将"传统"分为三类：宣讲的传统、教会的传统和伦理的传统。①

在分析这三类传统之前，我们有必要问一句，保罗说"我从主那里领受"（参林前11：23）是什么意思。在《加拉太书》1：16中，保罗承认他是通过一次个人启示认识了主耶稣，他成为使徒"不是藉着人，而是藉着主耶稣基督"（加1：1），当保罗说起他的福音，这位使徒好像变成了"独行侠"。保罗通过启示领受福音，看起来好像否认了传统是传道的首要基础。他写信给加拉太人，在去大马士革的路上"我没有与属血气的人商量，也没有上耶路撒冷见那些比我先作使徒的，唯独往阿拉伯去"（1：16—17），这证明了一个事实，即保罗将耶稣呼召他作门徒看做是上帝的启示。在其他通信中，保罗再没有提过这次经历，很明显，从《加拉太书》1章开始，保罗的使徒权威就受到严重攻击，这使他有必要为自己的预言权利做辩解，他认为他的预言来自上帝的赠予（1：1，11—17）。他退回阿拉伯，没有想要获得其他使徒的认可，从而进一步强烈地（有意地？）证实了对他的呼召，这些行为令人想起先知以利亚（王上17）。但是他在沙漠中与世隔绝的经历就是他"领受的"后来所传讲耶稣是神子的源泉吗？②

第一，保罗在没有媒介的情况下直接领受了福音，这福音并非一套关于事实的启示，这福音是关于一个人的："将他的儿子启示在我心里，叫我把他传在外邦人中"（加1：16）。保罗在阿拉伯究竟发生了什么事，无人知晓，对此我们不应过分强调，只要听从使徒的说法。在《使徒行传》中，保罗多次提到自己皈依的经历（徒9，22，26），但是均没有提到阿拉伯的事情。而且，关于保罗去阿拉伯之前在大马士革度过的日子，《使徒行传》提供的事件顺序具有一定的模糊性。《使徒行传》9：19—22告诉我们，保罗在那个城市与使徒度过了一段具体天数不详的日子（"一些日子"），然后他立即开始"在会堂里宣传耶稣，说'他是神的儿子'"（参徒26：20）。也正是在这期间，这位刚刚皈依的信徒受了洗（9：18）。他传讲

---

① James D. G. Dunn, *Unity and Diversity in the New Testament: An Inquiry into the Character of Earliest Christianity* (Philadelphia: Westminster Press, 1977), 66. 汉森提出了一个非常类似的方案，见 R. P. C. Hanson, *Tradition in the Early Church* (London: SCM Press, 1962), 10ff.

② 如 Donald Guthrie 在 *The Apostles* (Grand Rapids: Zondervan, 1975) 一书75页中提出的假设。

弥赛亚,立刻产生了影响,据说扫罗的宣传越发有能力,甚至驳倒了犹太对手(9:22)。这些事情似乎都发生在去阿拉伯之前,即《使徒行传》的9:22和23之间,在那以后,据说保罗去了大马士革,① 后来又去了耶路撒冷(9:26)。这表明保罗第一次"领受"基督的福音——即基督死了,被埋葬,第三天又复活了——是在一个信仰的团体中发生的,在那里他接受洗礼并得到了信仰方面的最初指导。

第二,没有必要认为在作为启示的福音和作为传统的福音之间存在着张力。对于保罗来说,二者之间只存在人为的区分,因为福音源自地上的耶稣,并由使徒传播开去,同时也得到了升天的主的证实,那升天的主向保罗显现。结果,启示与传统不过是一枚硬币的两面。② 新约由启示产生,对于启示过程来说,传统不仅不是反神学的,而且福音传统也是一项重要的手段,借着圣灵的工作,升天的主通过这个手段将他的启示赐予人们。

当然,保罗由特殊启示获得的一切都是确证无疑的,并且使徒见证了他在耶路撒冷向彼得和雅各学习(加1:18)。毫无疑问,这是保罗所传讲信息的一个重要部分(林前15:2以后),他又以相同的口吻说给帖撒罗尼迦人听,据说帖撒罗尼迦人从保罗那里"领受了"(*paralambano*)上帝之道的信息,"不以为是人的道,乃以为是神的道,这实在是神的道,并且运行在你们信主的人心中"(帖前2:13)。保罗和他们都是上帝活的传统形成的连续体的一个组成部分,在这个传统中他们被称为基督徒,并且直到今日站立不倒。所以保罗劝告帖撒罗尼迦人"要站立得稳,凡所领受的教训,不拘是我们口传的,是写在信上的,都要坚守"(帖后2:15)。

(1)**宣讲的传统**。传统的根本要素似乎是简要概括基督的信息,集中在基督的死亡和复活。这样一个认信性质的概括出现在《罗马书》6:4保罗对罪和恩典的讨论当中,又出现在"顺服了所传给你们道理的模范"(罗6:17)中。体现传统活力的一个杰出的例子是《哥林多前书》15章,保罗告诉哥林多人他给他们传讲的福音,"你们领受了(*paralambano*),又靠着站立得住"(1节)。他们"领受了"保罗领受的传统,保罗又将这传统"传给"(*paradidomi*)他们,即,"基督照圣经上所说,为我们的罪

---

① 《加拉太书》1:17没有提到保罗在阿拉伯停留了多长时间,只提到他"又"回到大马士革。

② Bruce, *Tradition*, 31—32, 根据 Oscar Cullmann 的 *The Early Church*(London: SCM Press, 1956), 66页以下。

死了，而且埋葬了，又照圣经上所说，第三天复活了"（3—4 节）。我必须再次借用足球的类比，以强调语言的互动和过程属性。如同运动中的球体，在运动的过程中，没有任何事物是静止的，同样地，使徒传道采取了具体的形式，概括和描述出对基督的崇拜，那对基督的崇拜由哥林多的信众"领受了"。除这个过程之外，"传道的传统"还包含一项内容，保罗允许我们一探究竟，并且还提供了一份耶稣复活后向门徒显现的名单（5—7 节）。

保罗并非没有觉察到使徒的传讲存在细微的差别，并且强调的重点有所不同。作为"外邦人的使徒"，他认识到关于传讲的基本内容及其伦理要求，使徒"栋梁"之间存在着一定的张力（徒 15；加 2：11 以后）。他清醒地意识到，作为"未到产期而生的人"和使徒中"最小的"（林前 15：8），他正在做出自己的贡献，以使使徒的传讲更加清晰。然而，保罗提出一个重要的论点，即哥林多人领受的信息是一致的："不拘是我，是众使徒，我们如此传，你们也如此信了"（林前 15：11）。尽管基督教群体之间存在许多内在的差异性，甚至使徒之间也存在差异性，他却能够说有一个本质的宣讲传统，像一根绳子，将传讲和不同的教会连接在一起。①

（2）教会的传统。《哥林多前书》11 章中，当保罗讨论主的晚餐时，他最全面地引用了耶稣的话，开头保罗这样说，"我当日传给你们的，原是从主领受的"（11：25）。② 此处，对口头传统的描述是不容置疑的：*paralambano*（领受）和 *paradidomi*（传给），表明传统的终极权威是主（"从主领受的"），这些词汇成为信仰教会的共同财富，也成为保罗"领受"的源泉。但是，教会传统的这一要素并非静止不变的。根据对观福音的记载，饼和杯的顺序是一致的，但是保罗的陈述说明存在一定的合并和修饰，或许反映了信众的实践。保罗是否做出了这些修订，或者这些话是不是他"领受"的一部分，我们不得而知。保罗的记载非常类似《路加福音》（11：19—20），③ 虽然他在耶稣拿起杯子的时候省略了一些话，"是为你们流的"，而是在耶稣拿

---

① Dunn, *Unity and Diversity*, 70.
② 保罗继续说，"就是主耶稣被卖的那一夜，拿起饼来，祝谢了，就擘开，说：'这是我的身体，为你们舍的。你们应当如此行，为的是记念我。'饭后，也照样拿起杯来，说：'这杯是用我的血所立的新约。你们每逢喝的时候，要如此行，为的是记念我。'"（23—25 节）
③ 这并不奇怪，因为路加加入了保罗第二次宣教旅程（徒 16：10，注明"我们"），并且一直与保罗以及他所创建的教会保持着密切的联系（提后 4：11；门 24）。二者存在相似之处，因为路加关于主的晚餐的记载基于他追随保罗的经历。

起饼之后增加了另一句话,"为的是记念我"。饼与杯相互对应的结语似乎反映了礼仪的用处,而并不仅仅是保罗本人的意图。

(3) 伦理的传统。保罗在集体和个人基督徒生活问题上使用传统的语言,与在基督教信仰问题上一样频繁。在《歌罗西书》中,他对信徒写道,"你们既然接受了(paralambano)主基督耶稣,就当遵他而行"(2:6)。他将他们领受的耶稣的传统与"人间的遗传和世上的小学"进行了鲜明的对比,因为后者根据的是空洞而虚妄的理学,而非根据基督(2:8)。相反,保罗郑重地将耶稣的生活作为信徒行为的规范。除了实际地引用耶稣的话(林前7:10;9:14),在很多情况下,保罗要求读者效仿他的举止,因为他在效仿基督(林前4:16,11:1;弗4:20;腓2:5,4:9)。作为一个"传播"基督教训的人,保罗声明,他的生命是一个器皿,将基督带给教会:"你们知道我们在你们那里,为你们的缘故我们怎样为人。效法我们,也效法了主"(帖前1:5b—6)。

事实上,保罗殷切地告诫他的读者,避免有弟兄"不遵守从我们所受(paralambano)的遗传(paradosis)"(帖后3:6)。注意,在这里"传统"的名词和动词形式都用到了,大概是要强调那些不接受保罗的人,其行为不仅违背他的教导,甚至违背整个教会的教导。罗马教会的一位长老克莱门在写给哥林多教会的信中也使用了同样的策略(公元96—97年)。克莱门告诫他们不要继续反抗教会领袖,那只会造成纷争,危害信徒的生命,他还告诫这些教会分裂分子放弃徒劳无益的念头,"回到传统那荣耀而神圣的统治"(7.2)。最后,他们双眼看到基督为他们献祭,他们深深地忏悔,从人性深处做出回应。因此,是"传统"(而不是克莱门)积蓄的力量召唤他们做出回应(参58.2)。

应当指出,学者们区分宣讲的传统与教会实践或伦理传统的方法,实际上是人为的产物,为的是阐述起来比较方便。从严格的意义上讲,这样的分类对保罗来说是陌生的。使徒保罗坚决地把信仰和实践结合在一起,将二者看做可区分之正统的一对不可分割的双生子。教会传道的教导就是按照传道的要求生活,就像耶稣展现出来的那样。所以保罗提出,免了做罪和有罪的生活的奴仆,是"从心里顺服了所传给你们道理的模范",罗马新皈依的信徒已经接受了这些道理(罗6:17)。因此,耶稣的 *paradosis*(传统)是信仰的模范和行为的模范之间的辩证关系(参提前1:5;4:3),二者之间相互加强,并使人们认出哪一位信徒是基督的门徒。

保罗与圣灵的自由

保罗用了一个很有趣的词语来描述耶稣传统的共同遗产，特别是基督的伦理学，这个词语就是"基督的律法"（加 6∶2；林前 9∶21）。保罗选择的词语是不容商榷的，尽管不能理解为使徒把传统看作一套循规蹈矩的对皈依者具有约束力的规范。保罗本人有神授超凡能力（charismatic），并且意识到信徒在基督里拥有的自由，因此他不能颁布一套强制性的教条和命令："主的灵在哪里，哪里就得以自由"（林后 3∶17）。根据保罗的观点，忠心的基督徒生活要向圣灵开放，并由圣灵带领（罗 8∶4；加 5∶18，25），摆脱律法主义思维的束缚（罗 6∶14；林前 7∶6），依靠圣灵的恩赐（罗 12∶4—8；林前 12；弗 4∶11—13），并呈现出圣灵所结的果子（加 5∶22—25）。因此，保罗是最不愿意将"奴隶的枷锁"套在信众颈项上的人。而这同一位传道人将自己的角色形容成传统的承载者和搬运工，他说基督徒的信仰和生活就是建立在这样的标准之上。

对多数新教徒，特别是自由教会的新教徒来说，将传统的权威和圣灵的自由结合起来，乍一看好像是矛盾的概念。常常信徒借着基督在圣灵里的自由，是他归信过程中的一个鲜明特点，他的归信完全不接受一套既定的信念和实践。毕竟，耶稣对门徒唯一的要求就是遵循他的道，因为道是真理，"真理必叫你们得以自由"（约 8∶32）。这样的张力引起了几代人之前的教会历史学家的关注，其中最著名的有鲁道夫·索姆（Rudolf Sohm）和阿多夫·冯·哈纳克（Adolf von Harnack），他们假定最初的基督教群体的特点是由圣灵带领，遵循耶稣的道，其组织是不系统的、满怀热情和完全自发的。这并不排除传统的地位，但是这最初的灵性应该包含了一些教会的结构，其教义的内容作为"信仰的法则"还不确定，这样的情况允许信徒拥有最高程度的自由。只有到了回应诺斯替主义和其他内在的挑战时，基督教福音才出现了教义表述，这就意味着，圣灵的启示和自发的热情消失了，取而代之的是"大公主义"的形成。对哈纳克来说，这是一个不幸但又不可避免的过程。当形形色色的教训将要淹没教会的传讲时，基督教的单纯的灵性就被转化了，确立传统成为最主要的任务。①

然而，对保罗来说，早期基督教圣灵的和灵恩的特点从来没有否定教会传统的权威及其发展。② 虽然他没有使用过"大公性"一词，但是大公性与圣灵带领的教会是并行不悖的。基督徒获得了自由，因此他们"行在圣灵中"，但是这必须在具体而清晰的语境下进行理解，信仰传给每一位信徒，他们接受并持守着：

> 你从我听到的那纯正话语的规模，要用在基督耶稣里的信心和爱心常常守着。从前所交托你的善道，你要靠着那住在我们里面的圣灵牢牢地守着。(提后1：13—14)③

不仅在圣灵中的生活与具体化的传统之间不存在两极分化，而且耶稣传统的内容与传播都由圣灵掌管。

因此，保罗交托给我们的基督教传统，并不是可以不必遵守的。帖撒罗尼迦人被告诫，他们的成圣所依靠的是遵守从保罗那里"领受的"教训（帖前4：1—3）。属灵生命的成长的确是通过圣灵在信徒生活中不可思议的工作达到的。同时，还需要信仰的外在形式的指引和教导，信仰的外在形式赋予传道、信条和组织——它们使基督徒被称为基督独一无二的身体——以具体的内容。

共识

想要不发现传统在整个新约文本中展现出不同的内容是不可能的。考虑到最早期教会的教训和崇拜生活，"一次交付圣徒的真道"后来采取了实践的形式，看起来是顺理成章的，这便于信条（confession）的表达和保存。可以说，信仰开始采取具体的形式并不是偶然的，而是借着信仰群

---

① Adolf von Harnack, *History of Dogma*, trans. N. Buchanan (New York: Dover, 1961), II. 25.
② Gerhardsson, *The Origin of the Gospel Traditions*, 29—32.
③ 坦白地说，我接受三封教牧书信的作者都是保罗的观点，约翰逊的论证十分可信，Luke Timothy Johnson, *Letters to Paul's Delegates*: 1 Timothy, 2 Timothy, Titus (Valley Forge, Penn.: Trinity Press International, 1966), 3—26.

体的需要而产生。他们传讲福音，接受洗礼，培养信心，祷告，并形成了基督教的上帝论，将耶稣理解为既是人又是上帝的道。这并不意味着，我们在使徒书信和福音书里看到了基督论的完整论述：那些还只是基督论的一部分内容。即使这样，我们也不难看出，传统变得强大起来，形成了共识（homologia）和简短的教义概要，甚至是赞美诗。①

如果遵循从简单到复杂的原则，那么正确的说法应该是：最早的关于信仰的表达是只有一句话的基督论。最普遍的句子似乎是"耶稣是主"，保罗在《哥林多前书》12：3中就是这样说的，"若不是被圣灵感动的，也没有能说耶稣是主（Kurios Iēsous）的。"在《罗马书》10：9中他又说，"你若口里认耶稣为主，心里信上帝叫他从死里复活，就必得救。"我们并不清楚什么情形使得保罗说出这样的话，但是有人认为《罗马书》中的经文是暗指新信徒在受洗的时候要承认基督是主。② 新约中的其他经文也不断重复这一表述（如，徒8：16；19：5；林前6：11），这就表示这一宣告在仪式中占有一定地位，并且被用作更大的信仰表达的一部分。《腓立比书》2：11和《哥林多前书》8：6还出现了这句话稍稍改变的形式（"有一位主，就是耶稣基督"），表明在一个类似礼仪的场景中这一信条被经常性地宣认（参西2：6）。

使徒保罗讲得很清楚，"基督是主"是他传道的中心（林后4：5），而且一个人被圣灵感动，其显著的标志就是说"耶稣是主"（林前12：3）。在一个充斥着神祇、英雄和行神迹者的文化中，认耶稣为主是一个具决定性的尊崇举动。在旧约中，"主"被用来称呼上帝，有一些间接的说法也清楚地表明，使用从前用于造物主的名字宣告基督是主，其动机是突出基督的神性。③ 不仅如此，鉴于罗马帝国的社会和政治背景，当时凯撒也被宣称为主，因此不难理解，为什么从这一认信中能够轻易地辨认出什么是真正的基督教。对波利卡普（Polycarp）殉道（约155—156年）的记载令人激动，据说这位年事已高的牧者被胁迫只要承认"凯撒是主"就可以免去牢狱及杀身之灾。这等于直接否定对基督的认信，波利卡普在斗兽场上

---

① 保罗·布拉德肖（Paul Bradshaw）警告说，现在出现了一种趋势，即在没有任何根据的情况下，认为信经合礼仪的规定出自使徒时代，他的警告是很有益处的。见 *The Search for the Origins of Christian Worship* (Oxford: Oxford University Press, 1992), 35ff.

② J. N. D. Kelly, *Early Christian Creeds* (New York: Longman, 1972), 15.

③ I. Howard Marshall, *The Origins of New Testament Christology* (Downers Grove, Ill.: InterVarsity Press, 1976), 106—108.

拒绝妥协表明了这一点："我已经侍奉他有八十六年了，他从来没有亏待过我。我怎么能够亵渎那位拯救我的王呢？"①

另一个关于基督论的简洁陈述是强调耶稣的弥赛亚身分，即"耶稣是基督"。《约翰一书》坚称，谁不承认"耶稣是基督"，谁就是撒谎之人和敌基督（约一 2：22），但凡是爱父的人就相信"耶稣是基督"（约一 5：1；参约二 7）。可以想见，这一条信仰在犹太人圈子里影响何等之大，在犹太会堂，这句话成了检验异端的试金石（约 9：22）。在《使徒行传》第 2 章，当彼得向涌到耶路撒冷过五旬节的各色犹太人宣讲弥赛亚的时候，他敦促他们承认上帝已经立耶稣为"主和基督"，还敦促他们"要悔改，奉耶稣的名受洗，叫你们的罪得赦"（2：36—37）。彼得也是基于承认耶稣是"基督"最先表明了自己的信心（可 8：29；太 16：16）。我们也发现，在马太的叙述中，他频繁地使用"弥赛亚"的称呼，以此来确认耶稣的身分（太 1：17；2：4；11：2；16：20；23：10；24：5；参照"大卫之子"，9：27），而《马太福音》写作的对象就是犹太人。

在希腊世界和散居的犹太人当中，描述基督信仰所使用的更普遍的语言是宣布耶稣是神子。这句话被用在受洗的时候，一个值得注意又出现稍晚②例子就是腓利和埃塞俄比亚的太监（徒 8）。这位太监说，"我相信耶稣基督是神子"，这句话表明了他的信心。保罗在大马士革传道，也是以这句话作为开场（徒 9：20），并且坚持耶稣是基督（第 22 节）。在《马可福音》中，这句话成了作者一项重要的写作技巧，以阐明他的神学立场："神的儿子，耶稣基督的福音"（1：1）。十分讽刺的是，这一称呼第一次是出自被耶稣驱赶的污鬼之口，后来污鬼又这样称呼过耶稣（3：11；5：7）。耶稣本人从来没有把这个名字用在自己身上，尽管这个名字与他提到的儿子之间的确存在一定的联系，耶稣用儿子来表明他与父之间的特殊关系（9：7；12：6；13：32）。罗马百夫长在十字架下承认，"这人真是神的儿子"（15：39），这时福音书达到了高潮。在《希伯来书》4：14 中，这个称呼被用来表明基督徒的信心，书中敦促读者承认神的儿子耶稣是大祭司，因此，"当持定所承认的道 [*homologias*]。"

---

① *The Martyrdom of Polycarp* 8.2；9.3. 译文出自 *Early Christian Fathers*, ed. C. C. Richardson (New York: Macmillan, 1970), 152。

② 《使徒行传》8：37 并没有出现在最早的抄本中，因此可能是后来增加的。然而，这句经文的见证与当时已经使用的信仰宣誓并不一致。

传道片段

大量基督论的表述表明，它们只是众多信条的冰山一角。新约中许多零散的证据说明，当时还同时存在着更多的基督论表述。一个人务必谨慎，不要将简单的原则运用到复杂的事物上，而没有认识到教义的发展并非沿着一条直线进行。这表明"一句话的基督论"并非孤立的，它也离不开大量的关于上帝在基督里做了什么的叙述。我们可以从《哥林多前书》15：3及其后的经文看出，教会的传讲提炼成了一句话，保罗称之为"福音"。显然，这句话强调的是上帝借基督所做的救赎之工，基督"为我们的罪死了……埋葬了……第三天复活了"。① 此处，这种精简的形式已经显示了教理或福音的目的。保罗的意图是提醒人们铭记他们所理解和实践着的福音传统。与这种"使徒宣讲"（kerygma）相呼应的，还有保罗的其他书信（罗1：3—4；帖前4：14；提后2：8），其中都反复讲述了基督救赎的精选事件。

《彼得前书》3：18—22也以同样的方式讲述了拯救的故事：

> 基督也曾一次为罪受死，就是义的代替不义的，为要引我们到上帝面前。
>
> 按着肉体说，他被治死；按着灵性说，他复活了。他藉这灵曾去传道给那些在监狱里的灵听，就是那从前在挪亚预备方舟、上帝容忍等待的时候，不信从的人。
>
> 当时进入方舟，藉着水得救的不多，只有八个人。这水所表明的洗礼，现在也拯救你们……
>
> 藉着耶稣基督的复活拯救你们，耶稣已经进入天堂，在上帝的右边，众天使和有权柄的，并有能力的，都服从了他。

---

① 这句基本的素材成了后来确立信经的模式。在使徒信经和尼西亚信经中，我们看到了出自《哥林多前书》15：3—4的话。关于二者的比较，参阅 Philip Schaff, *Creeds of Christendom*, vol. 2 (Grand Rapids: Baker Book House, 1983), 45ff.

说这些话的场合，显然与洗礼有关①，而且凯利（J. N. D. Kelly）提出，这段话读起来就好像节选自一篇洗礼前教导的部分释义和部分引用。②穿插在 20 节中的比喻，解释了"大洪水"的水与洗礼的水之间的关系，表明这句经文乃是根据或出自一篇教理说明。

但是，礼仪实践中教会传统最令人惊讶的例子是《腓立比书》2：5—11 中的一段著名的基督论经文。同样地，保罗引用了一首著名的诗歌（或诗歌片段），以解释他提出的训诫，即要把他人的利益放在自己的利益之上（2：3—4）。新国际版圣经还为这些诗句划分了节。腓立比人是否熟悉这首诗歌，我们不得而知，但是在保罗使用之前，这首排列富有韵律的诗歌似乎已经用于集体崇拜和诵读了。

作为另一种典型的基督论，这段经文给出了一个关于耶稣献祭受难和复活胜利的简要概括。我们从中可以辨认出两个阶段，（1）基督降卑为顺命的仆人，尽管他拥有上帝的形象（morphe），以及他的道成肉身和死亡，（2）他地位的升高，整个宇宙都承认他是主。这里的逻辑十分清楚：耶稣不是通过自我标榜（pretention），而是通过他的献祭展现出他真正的神性。除了作为一个整体所表现出来的意义，每一句经文都具有教育意义，对基督的身分勾画出了一幅完整的素描，他的先存和神性是其余宣称赖以建立的基础。

根据推测，这段经文是用来供古代基督徒吟唱的，我曾经将其运用到乐曲中，为此我咨询了教会的乐师。经过一番考察，她发现《上主是我坚固保障》的曲调最合适。我们将这首曲子用在星期天早上的崇拜中，效果很好，有助于大家牢记关于基督本人和他的工作的教导。实际上，我们还偷偷加进了基督论的一些关键内容，使信众能够理解，却没有使用"神学"一词。当然，这也是早期基督教的目的，即将使徒传统加入认信和唱诗的形式中。通过将正统信仰的重要内容配以音乐或韵律，③一种高度有效的方法被确立起来了，这一方法有利于维护和传播信仰，使其便于理解又不易忘记。我们不必假定崇拜者是有文化的人，当时人们的文化程度比当今的西方社会要差得多。其实，西方的赞美诗就是这样产生的。公元

---

① Richard Longenecker, *Biblical Exegesis in the Apostolic Period* (Grand Rapids: Eerdmans Publishing Company, 1975), 85.
② Kelly, *Early Christian Creeds*, 18.
③ 押韵通常适用于平行思想的组合，而不只是适用于听起来相似的不同词语。

386 年的复活节刚过,米兰的安波罗修(Ambrose of Milan)和他的会众被围困数日,皇帝的士兵包围了教堂,他们试图为皇帝夺取这座建筑,而皇帝十分仇视尼西亚信仰。① 一位亲身经历此事的人讲述了主教如何用"东方教会的颂词和诗篇"(*hymni et psalmi*)教导人们,以缓解信徒的紧张情绪并帮助他们保持信心。② 这时使用的赞美诗并非仅仅是为了引起一种激动而崇敬的感受——安波罗修太聪明了,他不会错失这样一个机会。这些赞美诗还告诉人们符合公教会正统"主流"标准的三位一体上帝的神学真理,增强人们反异端的信心,勇敢面对被围困的状况。神学家将教义谱成诗歌,以便信徒易于接受和传播,这已经不是第一次。自公元 350 年以来,牧师—神学家写了大量的赞美诗,例如大概由勒美西亚那的尼塞塔斯(Nicetas of Remesiana)创作的《感恩曲》(*Te Deum*),流传至今。马里乌·维克托里努(Marius Victorinus)完成的赞美诗集旨在捍卫尼西亚信仰,在名气上稍逊一筹。维克托里努是罗马城的修辞学教师,晚年皈依基督教,之后写了几部哲学著作,同时代的人称,他的作品只有非常有学问的人才能读懂。③ 他的赞美诗(现存的有三首)则不同,句子简单,但却有着深刻的内涵,鉴于此,他的赞美诗或许十分有助于在教会中传播三位一体的教导。他的"第一赞美诗"的开篇是这样的:

> 真光,保守我们,
> 上帝,全能的父啊
> 从光出来的光,④ 保守我们,
> 上帝的奥秘与大能!
> 圣灵,保守我们,
> 父与子的纽带!
> 静止的时候,你是父,
> 行动的时候,你是子,

---

① 关于这一事件的重建,参阅 D. H. Williams, *Ambrose of Milan and the End of the Nicene-Arian Conflicts* (Oxford: Oxford University Press, 1995), 210—215。

② Augustine, *Confessions* IX. Vii, 15. "从那时直到今日,这一做法一直保留着,许多人,包括世界各地大多数信徒都在效仿。"

③ Jerome, *On Illustrious Men*, 101. 有人猜想,正是出于这个原因,这些著作才极少被后来那些支持尼西亚信经的作者引用。

④ 这里指的是圣子,尼西亚信经(其根据是更早的信条)将其描述为"从神出来的神,从光出来的光,从真神出来的真神"。

将两者连结为一，你是圣灵。①

尽管没有证据，但是我们能够想象，这首赞美诗被罗马及周围的信众使用，如此，他们对崇拜的对象有更全面的认识，这也是保罗极力想让腓立比人做到的。

在结束本章之前，教牧书信中还有另外两处认信片段，值得我们注意。第一处就是《提摩太前书》3∶16，以富有韵律的形式表达了传统（paradosis）的核心：

　　他在肉身显现，
　　被圣灵称为义，
　　被天使看见，
　　被传于外邦，
　　被世人信服，
　　被接在荣耀里。

到2世纪末，一位不知名的作者使用了这几句经文，并对其进行了阐释："由于这个原因，父派遣道来到世上——道遭到选民的轻视，使徒传讲他，外邦人相信他。"②

通过观察，这段经文是以三对相反的事物为框架建立起来的，这时我们更明显地发现它来自诗歌或赞美诗。在每一对事物中，在天上的/属灵的和地上的/属肉体的对照中，耶稣传统的内容被呈现出来。很显然，经文的重点是上帝在基督里显现他自己的过程：

1. 与道成肉身有关的——上帝在肉身显现/被圣灵称为义；
2. 与宣讲福音有关的——被天使看见（他的出生和复活）/被传于外邦；
3. 与他来临的后果有关的——被世人信服/升到天上。

如同一颗中子星，在这首诗中使徒宣讲的（kerygmatic）内容被压缩到很小的篇幅，只告诉了人们关键的事实，即基督在真实世界的肉身显现与他在天上的来源和目的具有同等的实在性。寥寥数行，大有信心的作者

---

① *First Hymn* 1-7, *Marius Victorinus*: *Theological Treatises on the Trinity*, trans. Mary T. Clark (Washington, D. C.: Catholic University of America Press, 1981), 315.
② *Epistle to Diognetus* 11. 3.

宣布了基督位格的普遍性，同时又避免了过分高举耶稣的神性而牺牲他的人性，直到 1 世纪中叶，耶稣的神性和人性问题都不是一个重要问题，这个问题的提出是由于诺斯替主义的影响。

《提摩太后书》2：11—13 是另一处例子，表明使徒采用当时已知的礼仪资源，以加强他的论点。此处强调的重点并非集中在基督，这种情况十分少见。保罗勉励他的门徒，像他一样，为了福音真理的缘故忍耐苦难。首先，提摩太被要求"记念耶稣基督，从死里复活，他乃是大卫的后裔"（2：8）。这是承前启后的一句话，保罗催促提摩太回顾福音传统，福音乃是他得救的根据，保罗又提到一段"可信的话"（logos），共有四句，每一句都以条件连词"如果"开始。第一句显示"可信的话"可能是受洗誓愿或洗礼时吟唱的诗歌的一部分：①

> 如果我们与基督同死，
> 也必与他同活。

这句话的表达非常类似保罗的风格，保罗在《罗马书》6：8 描述洗礼的意义时说："如果我们与基督同死，就信必与他同活。"在这种情况下，信徒被告知要治死"老我"，借着受洗，"老我"已经在基督里死了；在《提摩太后书》中，受洗的人被劝勉应靠着活在"基督"里持守信心。作为一个有条件的誓愿，新归信的信徒有可能拒绝誓言，以致"罪在必死的身上作王"（罗 6：12），从而"违背他"。上帝的仁慈十分稳固，即使在我们失信的时候仍不会消失，经文的最后一句乃是鼓励而非煽动：

> 如果我们失信，
> 他仍是可信的，
> 因为他不能背乎自己。

三元认信

新约中有数量惊人的经文展现出一种迹象，即传统已经或正在形成类

---

① 第一句的开头是这样的，"For if..."这表明在保留所记载的这部分之前还另有前文。

似信经或唱诗的表达方式。我们考察过的这些经文，如同多数的使徒著作一样，是以基督论结构为框架展开的，而他们的基督论是上帝与基督的二元（binitarian）。也就是，关注的焦点通常围绕着基督的位格和（或）工作与天父的关系（例如，罗 4：24）。保罗在其书信开篇的祝愿："愿恩惠、平安从我们的父神并主耶稣基督归与你们"（罗 1：7；林前 1：3；加 1：3；弗 1：2；腓 1：2；多 1：1），以及他的祝福（罗 16：27；弗 6：23；帖前 3：11）是最好的例子。二元结构是早期基督教最突出的思想。《雅各书》的作者形容自己是"上帝和主耶稣基督的仆人"（1：1），《彼得前书》2：5 也说"藉着耶稣基督的奉献，上帝所悦纳的灵祭"（参彼后 1：2；约二 3；启 1：2）。

但是，清晰的三元结构也在新约里出现了，尽管不太普遍，而且神学意义也不那么明确。三元（triadic），在本质上并非三一论（trinitarianism）①，三元的表述在《哥林多前书》12：4—6 中清晰可辨："恩赐原有分别，圣灵却是一位……职事也有分别，主却是一位……功用也有分别，神却是一位，在众人里面运行一切的事"（另见加 3：11—14；林后 1：21；彼前 1：2）。有两处的表述方式最为清晰，第一处是保罗在《哥林多后书》13：14 结尾的祷告，"愿主耶稣基督的恩惠、神的慈爱、圣灵的感动，常与你们同在。"第二处是《马太福音》28 章的"大使命"一段，"所以，你们要去使万民作我的门徒，奉父、子、圣灵的名给他们施洗"（19 节）。第二段经文可能是用于洗礼，由此为耶稣的话提供了生动的背景，它们是在教会里被记念和引用。有一本名为《十二使徒遗训》（Didache，部分章节写于 1 世纪末或 2 世纪初）的教会秩序手册反映了基督教的宗教事务。《十二使徒遗训》的作者似乎知道《马太福音》，这种表达形式被自然地用于洗礼：

> 现在讲一下洗礼：即怎样洗礼。向听众讲解这些内容，之后"奉父、子、圣灵的名"在流动的水里浸洗。如果没有流动的水，你可以用其他水洗礼。如果不能用凉水，那么可以用温水。如果什么都没有，可以"奉父、子、圣灵的名"把水倒在头顶三次。②

---

① 在 2 世纪末的德尔图良（Tertullian）之前，还没有人发表过关于三位一体的"教义"，他也创造了一个新词，*trinitas*（*Against Praxeas* 2）。但这并不表示在这之前基督教中不存在有关"三位一体"的想法，参考 Theophilus, *To Autolycus* II. 10; Justin, *Apology* I. 13.

② *Didache* VII. 1—4.

看起来好像洗礼的方法不如适当地认信上帝是父、子和圣灵来的重要。而且，我们万万不可认为三重称呼预设了上帝是三位一体的系统解释。直到2世纪末才出现三一论的雏形，尽管还没有相应的词汇和概念。只有到了4世纪中叶（尼西亚会议后足足过了25年），我们才可以谈论三一神学，那时三一神学已经有了清楚的表述，并得到了普遍接受。然而，构成传统的"基础"包括对三一论的认识，表明教会已经充分意识到上帝显现的三重方式，通过这三重方式，人们能够接近上帝。

结论

我们看到，最早期的基督教还没有接受使徒传统包含旧约圣经之外的启示真理的观念，而使徒传统是借助有关耶稣的宣讲和教训逐步形成的。人们了解口传的道与成文的道之间存在着差异，但是其影响甚微。毫无疑问，在保罗和福音书作者写作之前，基督教中已经流传着关于耶稣言行的文字记载①，尽管人们似乎更偏爱口头见证，而口头见证得到了很好的保存和传播。到第二代基督徒时，使徒文献已经载入了这一传统，并与旧约以及基督中心论的诠释学一道形成了一套神圣的文本（参阅彼后3：14）。毋庸置疑，从宣讲、伦理以及教会崇拜中体现出来的基督教传统远早于基督教著作，并且在新约形成之前具有完全的权威。

所以，耶稣并没有坚决拒绝"传统"的作用，尽管他毫不犹豫地批判那些过度的解释以及与律法书相冲突的地方。我们有理由猜想，第一代信徒业已接受的关于传统的概念和语言能够反映耶稣的大体态度。保罗的书信显示出传统正在悄然形成，而他也参与了传统形成的过程。

我们已经找到了重要的证据，在信仰和认信的教会中，使徒传统怎样通过洗礼誓愿、类似信经的表述以及赞美诗具体形成了。这些途径是基督教将基督教训与灵性传递给信徒的主要方式。从一位名叫小普林尼（Pliny, the younger）的罗马官员的通信中，我们可以瞥见早期基督教聚会是怎样进行崇拜的，在大约公元112年普林尼写信给皇帝图拉真（Trajan），

---

① J. C. O'Neill, "The Lost Written Records of Jesus' Words and Deeds Behind Our Records," *Journal of Theological Studies* 42 (1991): 483—504.

请教皇帝该如何处置那些被控告为基督徒的人。在信中他讲到，这些基督徒习惯于在固定一天的天亮前聚会，"他们轮流唱诗，赞美基督，如同赞美一位神，他们又庄严地发誓，不做任何恶行，不欺诈、偷窃或奸淫，也不做伪证……之后他们各自散开，又重新聚集起来，吃食物——那只是普通且清白的食物。"[1] 从拉丁语原文（*carmenque... dicere*）来看，不确定是"唱诗"还是"朗读经文"，但不管是哪个，这里使用的都是类似礼仪性的用语，在这个仪式中参加礼拜的人交替向神圣的基督宣誓。这里是一幅将传统付诸实践的画面；缺少成文的文本并不能阻止道在信徒的生命中扎根。在那样的环境中，他们所能做的就是聆听、朗诵和吟唱真理。对他们来说，获得使徒信息的真理是至关重要的：一些人因为坚持对信仰的告白而被普林尼折磨和处死。

身处在自由教会中，并不意味着我们可以远离历史传统，历经岁月，传统的各种表现方式都被信仰的教会保留下来。同样，寻找圣灵的大能，让圣灵指引我们的生命，万万不可无视过去的基督徒形成的信仰，那是辨认真基督教信仰的途径。对于新教福音派来说，是时候以更加严肃的态度重新思考圣灵在整个教会历史中的工作。这就意味着我们将会明白，圣灵传道不是出现在个人生命中的力量，但主要行动者（primary Actor）却出现在教会的实际传统中（*actus tradendi*），教会传统是在基督的身体里生动地传播和接受使徒的信息。通过这样共同的和"水平的"过程，我们个人（"垂直"）与圣灵相遇得到了塑造和培育。如果离开了教会历史上那些被圣灵引导的男女圣徒的指导，门徒之道就无法作为**基督教**门徒之道起作用。那些追求个人或小团体灵性的人，将面临眼花缭乱的选择，有些是仿造的基督教。但是借着圣灵以及共同的传统，信徒就能够找到在教会正统信仰庇护之下的灵性生活。

---

[1] *Epistle* X. 96. 普林尼所说的"普通且清白的食物"实际是指罗马当局怀疑社会边缘的人群聚集在一起进行不同寻常的活动。有谣言称，基督徒举行爱宴（agapé meal），他们在仪式上屠杀婴儿，并将其吞食。Tertullian, *Apology* 7—9; Minucius Felix, *Octavius* 9.

3

定义与捍卫传统

> 根据德尔图良的法则,先出现的事物总比后出现的事物更受到人们的喜爱,如果他的说法是真的,那么教会了解历史就变得十分必要,那样才能知道什么是先发生的,什么是后发生的;因此,古代的作者称"历史"(historia)是时代的见证、真理的光芒、记忆的生命、生命的教师,以及古老的显示,等等。不知晓历史,我们的人生便是盲目的,很容易陷入各种错误的泥潭。
>
> ——约翰·福克斯(John Foxe),《殉道史》(Acts and Monuments, or Book of Martyrs)①

我本人对使徒后时代基督教的了解,主要是通过德尔图良(约155—220)的残篇,德尔图良是 2 世纪末一位杰出但有点古怪的神学家、护教士和辩论家。他终其一生都生活在迦太基,其婉转曲折的拉丁文写作、机智而尖刻的风格,使他在与罗马异教徒、犹太人、基督教异端甚至教会同道的斡旋中受益良多。除了奥古斯丁以外,德尔图良是早期西方教会出现的最具天才性的人物。西普里安(Cyprian),德尔图良之后的一位迦太基牧师,在要求阅读材料时,就说,"将大师递给我",人人都明白他指的是谁的书。历史上的基督教得益于德尔图良,他给我们留下了许多基本教义

---

① 1563 年首次出版,主要讲述了英格兰新教徒遭受迫害的事。中文本 2011 年由北京三联出版。——译者注

的清晰论述，包括三一论、基督论、人性论以及教会的实践活动，例如洗礼、祷告以及为义受逼迫。在教父文献之中，最令人动容的一段文字是德尔图良写给几个基督徒的信，他们因为为基督所做的见证刚刚被投入监狱。他写到他们的状况，"周围一片黑暗，但你们就是光亮；四面处处牢笼，但上帝令你们自由；那里臭气扑鼻，但你们乃是最甜美的芳香；审判官每日等待，但你们将审判那审判官；那世界欢笑而他还在叹息的人，悲伤属于他……当思想在天上，双腿就感觉不到枷锁。你的心灵在哪里，你的宝藏也在哪里。"①

但是，德尔图良的聪明才智有些变化莫测，从而导致了某些失衡行为。晚年的时候，他与一场自称为"新预言"的激烈运动牵连到一起，当时该运动的发展横贯整个罗马帝国西部。运动的追随者声称，圣灵或保惠师，最近通过一个叫孟他努的人和两位女先知的预言才得以完全显现。从教义的层面上说，他们的教导并不违背正统，但是他们自命具有说预言的权威，由此挑战了教会里的其他权威，而且他们的预言乃是倡导更严格更纯洁的基督教伦理。不久之后，孟他努被认定为威胁到教会的稳定，因此遭到谴责。这就激起了德尔图良的怒火，他极力想要证明孟他努预言的合法性。

这个人物引起我好奇的地方就是他是一个不断追寻的人——不断追寻权威的确定性：他想确定无疑地弄明白，维持使徒信仰的标准是什么，以及怎样建立这样的标准。与今天关注的问题截然不同，德尔图良试图解决的问题是在一个宗教多元的世界里寻求上帝教训的确定性。

一个人不必深入阅读德尔图良的作品就能发现，德尔图良具有一种认识真理和捍卫真理的热情。基督教的上帝是真神（*deus verus*），找到他的人就找到了圆满的真理。基督也是真神，他在肉身中显现，为的是让人们认识真理（*in agnitionem veritatis*）。② 尽管精通哲学和文学，但是论到离开了圣经和教会的人类理性，德尔图良的看法十分黯淡，因为异教哲学家常常滥用理性，异端分子的思想中也能够找到理性。在创建神学的过程中，他还是使用了哲学思想，因此不可完全相信他最常被引用的一句话，"耶路撒冷和雅典有什么相关？"即使这样，他仍然宣称，真理唯一的根据就是神的启示。但是，当一个人想要通过可见的途径验证真理的时候，他

---

① Tertullian, *To the Martyrs* 2.
② Tertullian, *Apology* XXI. 30.

该怎么办呢？

　　一个人应该求助于教会里牧师的传承吗？他们中许多人向前追溯几代都可以回到使徒那里。像前人一样，德尔图良认为，教会内部共同信仰显而易见的连续性表明它们是出自使徒的。他从来不同意牧师职位本身是正统性的保证，尽管他认为牧师职位是具有权威性的。然而，当德尔图良越倾向于孟他努主义时，他就越不相信这个观点。到了晚年，他确信在教会实践方面教会领袖（不是教会）已经完全脱离了基督的教训。那时，他倡导更长时间和更严格的禁食、更严酷的苦修，不论什么原因，绝不允许再婚，等等——这些都是根据孟他努的预言。然而，尽管与当地的牧师发生了争吵，但是德尔图良永远不会说真教义可以与教会分道扬镳。

　　一个人应该求助于圣经吗？到 2 世纪末的时候，我们现在认定的圣经正典差不多都已经完成了，尽管各地教会开列的书目略有不同，许多书目包括的书籍——即所谓的旁经——新教圣经里是没有的。① 翻译也是一个问题。在德尔图良的时代，若干个拉丁版本的新旧约圣经同时存在，译文质量和准确性都差强人意。拉丁文的旧约并非译自希伯来语，而是译自希腊语的七十士译本，虽然受到高度赞誉，但本身却仍受到质疑，这个版本已经在犹太社区里使用了几百年之久。② 而且，拉丁文的新约来源不明，并经过频繁修订，结果出现了众多版本。③ 对德尔图良来说，圣经是无可置疑的记载，见证了使徒的传道。圣经是正统教训的宝库，正如他在反驳对手时明确表示的："如果圣经里没有，那些从圣经上加添了或删去了什么的人，灾祸要降临在他们身上了。"④ 在圣经里，人们能发现完全的神圣权威。

---

　　① 《新约》最为著名的一份书目就是穆拉托利残篇（Muratorian fragment），包括了《彼得启示录》、《所罗门智训》、《黑马牧人书》，而后者仅供个人灵修阅读。

　　② 直到哲罗姆（Jerome）翻译旧约圣经的时候，人们才开始查阅希伯来语手稿，以修正拉丁文的译本。由于他的重新翻译，七十士译本原有的一些书卷，例如《所罗门智训》、《耶利米书信》、《三童歌》、《彼勒与大龙》（被认为是《但以理书》的一部分）、《犹滴书》以及《马加比传上下》，都没有出现在新的拉丁版本中，不具有和其他书卷同等的正典地位。

　　4 世纪的一些基督徒坚决反对由希伯来语译出的更准确的版本取代七十士译本。奥古斯丁的态度十分典型，他称七十士译本具有"最高"权威，拒绝任何修正或以其他版本替代，"即使我们发现希伯来语的版本与他们的记载有出入"（*On Christian Teaching*, II. 55.）。

　　③ Catherine B. Tkacz, "*Labor Tam Utilis*: The Creation of the Vulgate," *Vigiliae Christianae* 50 (1996): 45.

　　④ Tertullian, *Against Hermogenes* 22. 对于他间接引用的部分，请参照《启示录》22：18—19。

但是他也明白,那些手拿圣经的人随意说什么都行,诺斯替主义者已经这样做了,提出异端思想的基督徒同样如此。一群马西昂主义者特别偏爱保罗书信,他们的神学完全建立在保罗之上而抛弃了旧约以及其他使徒的作品(除了经过删节后的路加著作)。① 有这种偏好的,并非只有他们。相当多的基督徒深信,对于福音的传讲和应用来说,旧约已经变得无足轻重。另一些人倚重使徒约翰的作品,约翰描绘了基督全然神性的位格和工作。毫无疑问,德尔图良确信圣经神启的特点并其完全的权威以及内在的明晰性,但离开了教会传统,圣经不可能提供必要的反驳。应该在什么样的背景中,又以什么为根据恰当地运用圣经?

我要提前警告读者,随着这些问题得到回答,将出现许多不为我们所知的历史人物和术语,本书也将进入比较专业的部分。这实属无奈。对于古代传统的教父遗产,多数福音派信徒要么一无所知要么知之甚少(多数天主教信徒的情况同样如此),因此,我们无法省略重要的细节和发展时刻,这样做的意义稍后将会显现出来。传统通过具体的途径在教会中展现,我们需要解释这些途径有哪些,它们又是怎样运作的。本章内容将表明传统不是外在于使徒信仰的一堆细节,传统是教会信仰和生活的教义核心。

定义使徒性

使徒时代形成的类似信经的片段和信仰的告白为后来的基督教群体明确和传播信仰确立了模式。早期基督教运动的一个主要问题就是应该如何自我描述;自《使徒行传》15 章的耶路撒冷会议以来,耶稣的追随者就竭力将他们与犹太教以及诺斯替教义分别开来。回答"我们是谁"的过程,促使下个世纪的基督徒努力寻求他们的独特身分包含了哪些内容和要素。由于内在的和外在的原因,教会肩负起了确立使徒性标准的使命,以便使教会能够区分真教训真实践和假教训假实践。

早期的教导中已经出现了这类的标准,主要是表达上帝在基督里的显

---

① W. H. C. Frend, "The Gnostic-Manichaean Tradition in Roman North Africa," *Journal of Ecclesiastical History* 4 (1953): 21.

现。这是一幅教义的镶嵌画，2世纪的教会力图通过它保留使徒的见证。从伊格纳修（Ignatius）给以弗所人的信中我们能够看到这样的表达，"我们的神，耶稣基督，由马利亚孕育，按照神的计划，他既来自大卫，又来自圣灵"（18.2）。另一处直接的描述出现在他写给特雷里安人（Trallians）的信中（9.1）：

> 耶稣基督，来自大卫，来自马利亚；他真实地出生、吃饭、喝水；他真实地在彼拉多手下受逼迫；他真实地被钉十字架，又死了……他真实地从死里复活，如同他的父将使我们这些信他的人从死里复活。①

这里强调的神学重点是基督论，伊格纳修的所有著作都十分注重运用基督论，他初步说明了关于既是神子又是人子的那一位，信徒当如何受教，持守什么。三位一体之类的说法似乎已经成了教会崇拜和宣讲的一部分（参照 To the Ephesians, 9.1; To the Magnesians, 13.1）。

在许多情况下，有意地重复使徒的传统，其目的在于确定使徒性的界限，以反驳异端思想。对于诺斯替的教导，尤其是幻影说（即基督只是看起来像人），以及"犹太化信徒"，伊格纳修十分忧心，这是他不断申明教义思想的主要动力。幻影论者（"披着人形的野兽"）称基督的受难是假装的，他的复活只是精神性的事件。为了反驳幻影论者，伊格纳修反复重申福音的基本"事实"：耶稣作为人由一位童贞女诞生，从约翰受洗，在彼拉多手下被钉十字架，为我们的缘故真实地受苦，以及身体复活，这些都是实在发生的事情。② 为了证实耶稣具有完全的人性，他的人性并没有由于神性而变得模糊不清，拯救故事的历史实在性被特别强调。我们会发现为了反对诺斯替的神智论（theosophy），2世纪的基督教作家也同样强调耶稣的人性。

犹太化信徒，大概属于《启示录》3：9批判的犹太化运动的一部

---

① 参照 Ignatius, To the Smyrneans 1. 1—2。
② 对于所有这些事件，伊格纳修都进行了简要的概括，见 To the Smyrneans 1；1—2. See E. Glenn Hinson, "The Apostolic Faith as Expressed in the Writings of the Apostolic and Church Fathers," in The Roots of Our Common Faith: Faith in the Scriptures and in the Early Church, ed. Hans-Georg Link (Geneva: World Council of Churches, 1984), 116。

分[1]，他们代表了基督论错误的另一个极端，即牺牲基督的神性而过分夸大他的人性。对此，伊格纳修坚持基督是上帝的道，"他来自父，又始终与父为一"（*To the Magnesians*, 7.2）。基督不仅被先知预言，他还将使他们从死里复活，如同他自己从死里复活。

与教会区分正统与异端教导密切相关，随着对信仰进行概括以指导新归信者，使徒信仰通过教理问答的方法得到表述和澄清。R. P. C. 汉森正确地宣称教会自其存在以来就是一个教导人的教会。[2] 我们万万不可低估了保持和传播使徒记忆的重要性，它们对后使徒时代以及 3 世纪的教会产生了重大影响。教会从未间断过向提问者和学习者灌输基督的知识。使用这样的方法对信徒进行伦理和神学上的教育，证明教理问答"在指导信徒理解基督信仰方面发挥了难以估量的作用"。[3]

古代教会十分重视教理问答，即耐心引导新信徒或准备加入教会的人学习基督信仰的基本教训，福音派可以从中学到很多。在其基督徒指导手册的序言中，尼撒的格列高利（Gregory of Nyssa）声称"虔敬的教理问答是教会领袖的重要职责，引导信徒了解'虔敬的奥秘'（提前 3：16）。借此，得救的人数增加了，教会的规模也扩大了，同时那些不信的人也听到了'所教真实的道理'（多 1：9）"。[4] 无怪乎格列高利坚持认为教导新信徒或新成员是第一位的，其重要性超过了教会领导层的结构和信徒组织制度、管家问题、了解宣教声明或简要的教派概述。引导年轻人或新信徒进入耶稣基督的教会，是为他们打开使徒信仰的宝藏，使徒信仰的内容超过了任何一个教派或教会声称它们所拥有的，日久弥新并源远流长。我们常常想当然地以为，教会的潜在成员已经知晓了信仰的基本内容，但实际上他们还不能解释那"纯正话语的规模"（提后 1：13）的基础。真理装备的需要不能被某人的个人见证代替，就如对信仰的理性把握不能代替个人信仰经历。如果像使徒说的，教会真的是"真理的柱石和根基"（提前 3：15），那么，教会带领人就无可推诿地要向基督徒灌输真理，或向宣誓要成为基督徒的人教授教义，这些都是十分重要而又很耗费时间的工作。塑

---

[1] 《启示录》3：7—13 是给非拉铁非教会的信息。伊格纳修在《致非拉铁非人书》（*To the Philadelphians*）6.1 中告诫一个类似的运动，这并非偶然。

[2] R. P. C. Hanson, *The Tradition in the Early Church* (London: SCM Press, 1962), 52.

[3] Hanson, "The Apostolic Faith," 117.

[4] Gergory of Nyssa, preface to *An Address on Religious Instruction*.

造有神学和圣经修养的人是十分重要的，无事能出其右。

非常幸运，从 2—3 世纪留传下来的文献中我们发现了大量各种形式的证据，使我们洞悉了当时的教会都在教导些什么。如同我们在上一章看到的新约经文，教理问答的性质是相当灵活的，涵盖了建立基督徒行为与信仰的规范。

教理问答的作用

最古老的教理问答之一是一条被称作"两条道路"的基督教伦理规范，2 世纪中期流传于东方。在《巴拿巴书》18—19 章、《十二使徒遗训》以及《使徒宪章》（Apostolic Constitutions）① 第七卷中，我们见到了它的三个版本，开头是这样写的，"有两条道路，一条是生命（或光明），一条是死亡（或黑暗）；两条道路之间有天壤之别。"随后是一系列道德诫命，其根据是登山宝训，直接引自《马太福音》5 章和《路加福音》6 章。耶稣关于为迎接神国信徒该采取怎样的生活方式的教导被赋予了深远价值，并被奉为真基督徒的生活准则。这些诫命在信徒之间发布，充分表明了其教理问答的性质：读者被要求尊敬那些"向你们传讲上帝之道的人"（4.1），任何形式的分裂都是被谴责的（4.3），聚会时在祈祷之前悔罪被说成是"生命的道路"（4.14）。在《十二使徒遗训》和《使徒宪章》中，"两条道路"之后紧接着对洗礼的介绍，这表明了它原本就是被设计成一篇教理问答。

我们在保罗的著作中发现的他所提及传统的活力和要旨也广泛存在于后使徒时代。这就表示教会传讲的教导直接起源于使徒的教导本身。这也是波利卡普对腓立比人的劝诫的含义，"因此，离弃众人的虚空和错谬的教导，让我们回归那自开始传给我们的道。"② 教义是教理问答的主要部

---

① 《巴拿巴书》和《十二使徒遗训》表现出一种十分接近的平行性，而 4 世纪出现的《使徒宪章》则不同，"两条道路"被扩展成供受洗候选人学习的预备材料。三个版本都显示出其文本经过了增减和修饰，因此我们也无从得知原本的"两条道路"究竟讲了些什么。

② Epistle to the Philippians 7.2.

分，教导的内容关乎独特的伦理规范，并作为"传统"被传授给归信者。①如我们在新约中看到的情况一样，传统的表达形式多种多样，既有关于信仰的，又有关于实践的。对早期教会来说，将二者分割开来是无法理解的，因为离开了真正的基督教教义就没有真正的基督徒生活。一个人的所作所为不可避免地与他的所思所想联系在一起。正确的信仰是正确的行为的根基。

已知的一本该时期的教理问答手册是爱任纽的《使徒宣道证明》(*Proof of the Apostolic Preaching*)，这是一部2世纪晚期的著作，我们今天看到的版本只是16世纪亚美尼亚的译本。② 这本书的对象是一位叫马西昂的人，他被告知本书简要提供了"证明上帝之事的证据"，目的是"简要地给出关于真理的讲道"，即集中解释上帝已经展开的拯救计划。对上帝拯救活动的精简叙述采取了教导的方式，自然地服务于教理问答的目的。与这一方式一脉相承，爱任纽以三位一体为框架展开讲话③，虽然乍一看，他的兴趣在于提供以基督为中心的圣经历史，即基督在旧约中有预言，并通过道成肉身在历史上显现了。④ 我们要解释爱任纽的意思，其困难在于作者在使用教会礼仪或信仰告白时，试图将其置于一个更宏大的教学计划中。两种方法都与文本的其他内容相辅相成。

一开始爱任纽便宣布信仰"告诫我们要铭记我们受洗为的是减轻罪恶，洗礼奉的是上帝父的名，道成肉身、死了又复活了的神子耶稣基督的名，以及圣灵的名"（第3章）。在洗礼的规定之后，又详细论述了教义的

---

① 因此查士丁在开始描述基督教的基本教导之前这样说，"我们从传统中获取知识……并被教导"（*I Apology* 10）。

② 最好的译本是 J. P. Smith, *St. Irenaeus*: *Proof of the Apostolic Preaching*, Ancient Christian Writers no. 16 (New York: Newman Press, 1952)，该书还附有对文本历史的全面讨论和分析。

③ 对本书的结构可以进行如下的划分：
前言 1—2
三位一体，创世，以及救赎 3—7
父 8—29
子 30—88
圣灵和教会 89—97
结论 98—100

出自 Everett Ferguson, "Irenaeus' Proof of the Apostolic Preaching and Early Catechetical Instruction," *Studia Patristica* 18. 3 (1989): 127。

④ 如 Ferguson 在 "Irenaeus' Proof" 中的讨论，128—129。

细节，高卢教会显然已经接受了信仰宣誓的做法。这时爱任纽给出了"我们信仰的基础，大厦的基石，生命之道的坚固基座"：

> 上帝父，非被造的，理性不能理解，肉眼无法看见，万物的创造者；他是信仰首要的和最主要的一项内容。信仰的第二项内容就是上帝的道，神子，基督耶稣我们的主，按照先知的预言，并按照上帝的启示，基督被显现出来；借着他，万物被造。到了时间的末了，他也将成为众人中的一位，看得见摸得着的，为的是消除死亡并带来光明的生命，也带来上帝与人类的交融。信仰的第三项内容是圣灵，借着他，先知发布预言，祖先们也领受了关于上帝的知识……到了时间的末了，他也将以一种全新的方式被浇灌给全地的人们，为上帝更新人类。（第6章）

三位一体的论述方式，或"信仰的三项内容"，并非爱任纽的发明；更有可能的是爱任纽结合了一种洗礼时表达信仰的形式，该形式在当时的西方已经被广泛采用了。① 这三项内容成为爱任纽教理问答手册余剩部分的主要支柱，因此，他在总结时警告读者，万万不可在有关"上帝父，我们的创造者……神子及其道成肉身的启示，乃是使徒教导我们的……还有圣灵的恩赐"等问题上犯教义性的错误（第99章）。

关于重新构建信仰的内容，更深远和更全面的证据来自雅典的亚里斯蒂德（Aristides of Athens），他是2世纪一位名不见经传的护教士；以及希坡律陀（Hippolytus），他是2世纪末（死于235年）罗马一位杰出的神学家和论辩家。② 公元125年或稍后，③ 亚里斯蒂德斯创作了他的《护教辞》，这是给皇帝的一封信，在信中他陈述了自己的信仰，为基督徒受到的错误指控辩白。其中的一段文字列出了当时普遍接受的基督论教导，亚里斯蒂德将其称为"真理的教义"，由使徒传讲，直到他那时仍被奉行："基督徒将他们的信仰起源追溯到主耶稣基督。借着圣灵的启示，人们认识了基督，他是至高神的儿子，为了拯救人类，从天上下来。由纯洁的童

---

① 在100章中，爱任纽再次提到了这段文字，称其为"我们的三项封印"，清楚地表明这段文字乃是用作洗礼前的指导。

② 传说他是爱任纽的弟子，参阅 The Library of Photius CXXI。

③ 这取决于一个人怎样理解该著作的叙利亚文标题，这封信的收信人有些不确定，不知道是皇帝哈德良（125年他在雅典）还是皇帝安多尼努·庇护（Antoninus Pius, 138—161）。如果是庇护，那么写作的时间应该在138年之后。

贞女所生，是非受生和无玷污的，他取得了肉身……在十字架上尝了死亡的滋味……三天后，他复活并升天了。"①

这显然不是一个确定的表达形式，亚里斯蒂德可能借助了一份更加成熟的教义列表，除此之外，我们再想不到其他情况。我们有理由猜想，他对基督教传统的概括来自当时教会的口头教导，这个教导表述的方式并非不像我们在这里讲的形式。

在众多归于希坡律陀名下的著作中，一本名为《使徒传统》(*Apostolikai paradosis*)的书对罗马教会的崇拜和有组织的实践提出了颇有见地的看法。他的观点包括某些刻意保守甚至顽固的方面，因为希坡律陀的写作正是为了反对他所认为的教会教导中新出现的一些东西。② 因此，我们无法确知，这里出现的教导是罗马教会的指导，或只是一个人自己的观点。将《使徒传统》与其他的信仰告白和仪式比较，我们大概有理由相信，这篇文章反映出的基督教的教导更为广泛，正如它明白无误地宣称的那样，它所记载的都是业已存在许久的形式与习俗。

经过为期三年的教育和考察之后，学习教义的人将接受洗礼，他或她站在水中，回答如下的问题，以确定其信心：

> 你相信大能的上帝父吗？
> 你相信基督耶稣，上帝的儿子吗？
> 他由圣灵和童贞女马利亚所生，
> 他在彼拉多的日子被钉十字架，
> 死了（又被埋葬了），
> 第三天从死里复活，
> 升到天上，
> 坐在父的右边，
> 将要审判活人和死人。
> 你相信圣灵，圣教会，以及身体复活吗？③

这种类型的询问模式来自于洗礼时的表白，有别于我们在前面见到的教理

---

① Aristides, *Apology* 15.
② 见 G. Dix, *The Treatise on the Apostolic Tradition of St. Hippolytus of Rome* (London: SPCK, 1937).
③ *Apostolic Tradition*, XXI. 12—18.

问答或教学的方式。看起来希坡律陀引用的是老罗马信经（Old Roman Creed）的早期版本，即所谓的使徒信经的范本。多数学者相信，早期信经有一个逐渐发展的过程，不同于业已存在的肯定句的教导形式。这些稍后的、更加流畅的信仰表达方式或教理问答概要是2世纪中期使用的信仰法则的雏形，用来检验信仰的正统性。有证据表明，异端分子很乐意从新约或后来的赞美父、子、圣灵赐生命活动的信经中借用信仰的表述。然而，他们却无法借用信仰的法则，因为信仰的法则更加准确地勾画出了正统信仰，而信经只有一个提纲。特纳（H. E. W. Turner）写过一段文字，当中一位名叫狄奥多图斯（Theodotus）的诺斯替主义者提出父、子和圣灵是"大能者的名，借着他们的名诺斯替从堕落的力量中得到释放"。① 信经语言的基本内容也容易以偏离使徒信仰的方式被解释。

相异性与非连续性

总而言之，当一个人追踪使徒逝世之后的历史和神学发展的时候，他或她会发现定义和教导信仰的任务在本质上并未发生改变。对持守使徒真理的关注没有消退，也没有违背信仰所采取的更加具体的形式。然而，非常不幸，在新教学者和牧师中有一种趋势，即在"使徒时代"和教父时代之间画了一条粗线，好像从新约完成到随后的时期早期基督教的教义和结构都发生了急剧的变化。画这样一条线是基于某些历史的和教条的预设——即，新约时代是一种类型的"历史"，而教父时代则是截然不同的另一种"历史"。使徒的作品与后使徒时代的作品也被赋予了完全不同的特点：前者是描述神启或对神启的见证，而后者则非也；在实践中，这就意味着前者对基督徒的信仰是至关重要的，而后者则是可有可无的。在某种程度上，这种区分满足了新教改革者的需要，他们急切想要表明圣经高于那些教父解经家，而整个中世纪都认为教父是具有权威性的。从教条层面上讲，这种区分是为了强调，与后来的基督教形式相比，新约基督教具有独一无二、与众不同的性质。因此，后来的基督教必定与新约基督教存

---

① H. E. W. Turner, *The Pattern of Christian Truth* (London: A. R. Mowbray and Co., 1954), 154.

在质的不同，无法与之比拟。约拿单·史密斯（Jonathan Smith）一针见血地指出，这种语调是新教历史编纂模式的一种版本：本真而原始的基督教后来遭到了"腐蚀"，因此变成一种迥然有别的基督教。①

从本身来说，这样的区分并不是不证自明的，而且显而易见，后使徒时代的作家都十分敬重使徒文献的权威。就我所知道的，没有一位教父作家不承认圣经最高和独一无二的权威。然而，问题是新教的假设是否有效，即使徒教会是一个独特的实体，只有它拥有神启经历，因此完全与后来的基督信仰毫无连接。这样理解正典形成的过程是有缺陷的，导致许多新教徒切断了新约时代与其余教会历史的关系。在当今大多信徒的想法中，以后教会的信仰和生活与使徒时代毫无干系，这也就不足为奇了。结果是他们认为圣经及其诠释孤立于其后的教父时代。

特别意味深长的是，坚持画这样一条分割线，与神学研究内部学术分科的发展（或多或少基于新教的模式）有关，并变得越来越稀有化和专门化。尽管例如克莱门一世的"教父"著作与新约的最后一卷书（《启示录》）同时写于1世纪的最后十年（或许二者相差只有几年时间），但是新约与教父学的学术研究和二手资料却朝着完全不同的方向发展。其中一个结果是每个领域发展出了各自不同的方法并产生了偏见，以致在一些大学和学术团体中"圣经研究"完全不涉及那些研究教会历史之人的作品。各方一致同意这两个领域的划分是人为的，非历史的，但是这条界线还是成了一条学术分界，使学者无法以整体的方法研究基督教的起源。

虽然很少有人会反对使徒文献所特有的神启特性，但维护新约的神圣性似乎又以夸大1世纪与后来的信仰在类型和内容上的差异为代价。② 当然，那些在使徒逝世后奉行使徒信仰的人也不可能理解或赞同我们划分其历史的行为。对他们来说，使徒是卓尔不群的教师，其权威使他们成为与众不同的一群人，但是这并不意味着教会的传道、教理问答和护教与教会早期存在天渊之别。我们也能够发现到了2世纪和3世纪初教会的教义和组织取得了某些发展（这一点我将在下一章讲到）。

---

① Jonathan Smith, *Drudgery Divine*: *On the Comparison of Early Christianities and the Religions of Late Antiquity* (Chicago: University of Chicago Press, 1990), 43. 见下文第四章。

② 实际上，20世纪多数对早期教会的研究已经认同了自教会形成开始基督教就存在着多种观点。认为从使徒时代到后使徒时代是一个从统一到分散的过程，这样的看法是十分做作的。简要讨论见 L. Goppelt, *Apostolic and Post-Apostolic Times*, trans. R. A. Guelich (Grand Rapids: Baker Book House, 1980), 146ff。

教会权力结构的神学含义变得越来越高深和复杂，并被冠以"大公"的称号，结果教会的历史从此分道扬镳，成了"使徒的"和"大公的"，或"圣经教会"对"主教教会"。这些概念范畴起源于一种流传至今的理解教会的方式，旨在证明早期教会在灵性和组织方面的单纯性，不同于后来取而代之的宗教技术统治。① 对历史的这种理解方式，没有看到从一个世纪到下一个世纪的连续性远超过了差异性，现代人对他们所画的界线信以为真，实则是虚假的，对古代教会的完整性来说也是不公正的。相反，我们应该想象有一条线"贯穿"新约以及后来正典、教义和组织的发展。

后使徒时代的基督教领袖也绝不会宣称他们自己拥有与基督第一代门徒同等的权威，而是认为他们的信仰和信仰的传承与使徒保持着一致。他们宣称自己拥有正统性，所根据的观点乃是在他们和使徒之间可以形成一种可见的连接，如同罗马的克莱门和爱任纽在其使徒统绪理论中强有力地论证的那样。

我们有充分的理由称使徒逝世之后的两到三代人的时期为"使徒教父"时代。② 我们不再假设这一时期的每一位作者都认识或受教于一位使徒，2世纪的信徒确实与早期教会存在一定的联系。我们不止一次地发现，1世纪末和2世纪前半叶产生的作品在风格、种类以及教牧性上与新约文献十分接近。前者证明了早期教会继续产生并分享了众多的教牧通信、天启异象、讲道教导，而且也面临着反异端和反异教的需要。不仅如此，我们也没有理由怀疑士每拿的牧师波利卡普是使徒约翰的弟子，他写给腓立比人的书信以及关于他殉道的描写都留传了下来。③ 克莱门似乎是

---

① 例如，所谓的"耶稣研究会"（Jesus Seminar）的拥护者就追随这样一种方法，竭力区分历史上的耶稣的言行与教会的演化。见 Robert Funk, *Honest to Jesus*: *Jesus for a New Millennium* (San Francisco: HarperSanFrancisco, 1996), 19世纪德国的自由派学者假设早期教会败坏和扭曲了耶稣教训的本意和特点，由此对"耶稣研究会"进行了某些修订。信仰的表达方式以及教义的兴起代表了某些外来的因素，乃是评价历史的障碍，需要加以清除。

② 古代基督徒并未使用过这一称呼，它起源于7世纪法国的教父学学者科泰利尔（J. B. Cotelier），他写了 *Patres aevi apostolici*, 2 vols (Antwerp, 1672)。某些特定的作品属于这一范畴：《克莱门一书》、《克莱门二书》（实际是一篇布辞辞而非书信，而且作者不同）、巴拿巴的一封书信（托名的）、伊格纳修的七封书信、波利卡普的一封书信、记载波利卡普殉道的一篇文字以及《黑马牧人书》。《十二使徒遗训》和给丢格那妥的一封信是后来增加的。

③ Eusebius, *Ecclesiastical History* V. 20. 5.

罗马的第三位牧师①，而爱任纽是安提阿的第二位牧师②，信徒最早在安提阿被称为"基督徒"（徒 11：26）。与使徒的这种个人联系常常得到强调，有时甚至有些夸大其词，但都是为了证实教会的确持守了耶稣基督真福音的宣告。

当一个人超越了使徒教父时代之后，对于"大公教会"——大约公元115年左右，这个词最先由伊格纳修和波利卡普使用——的超越一切的关注便仍是在教义上忠于圣经（旧约）和使徒的教导。当然，当我们考查不同的作者和不同的教会时，会发现教义问答、讲道和辩论文献信息表述的方式存在一定的变动。对教义的理解并非千篇一律。而且，早期教会意识到了基督教信息的"核心"或实质要素，如同在一团杂乱无章的物体中存在着一个重心。一位学者写道，"第二世纪的成功表明存在一个真福音；这比任何具体的福音描述都来得重要。"③

信仰的法则

现在我们转向德尔图良探索权威标准的过程。我们陈述他的探索过程并不是钻进故纸堆的行为。当他问"一个人该从哪里寻找使徒信仰"，是因为恶劣的环境迫使他这样做。诺斯替领袖自称拥有基督教圣经与传统，在托勒密（Ptolemaeus）写给一位名叫弗罗拉（Frola）的信徒的信中我们找到了证据，托勒密敦促弗罗拉要"配得上使徒的传统，我们通过前后相继的传承获得了传统……来自救世主的教训"。④ 在四周的文化都敌对基督教的背景中，信徒有必要牢固地掌握使徒信仰的关键教义，以抵抗异端的威胁以及其他形式的社会—宗教压力。在使徒信经或普世信经出现很久之前，我们发现信仰法则在教会中发挥着规范性的作用，它详细阐述了神学的最为重要的观点，直到今日福音派基督徒还在这样信仰和认信。

---

① Eusebius, *Ecclesiastical History* III. 15. 34。声称克莱门认识使徒彼得和保罗，是假设他与《腓立比书》4：3 中的克莱门是同一个人，但是这样的关联仅仅是出于猜想。

② Origen, *Homily VI on Luke*.

③ Eric Osborn, "Reason and the Rule of Faith in the Second Century AD," in *The Making of Orthodoxy*, ed. R. Williams (Cambridge: Cambridge University Press, 1988), 58.

④ Trans. Robert Grant, *Second Century Christianity: A Collection* (London: SPCK, 1946), 36.

对德尔图良来说，信仰的法则起源于使徒传道本身，这是不言自明的事情。在《驳马西昂》（Against Marcion）中，他称保罗归信以后上到耶路撒冷，与其他使徒比较"他的福音法则"。① "从福音的开始，同一个法则就传给了我们。"② 它是使徒的过去与现在之间的链条；它指的是使徒所传的最初消息，来自上帝的启示，指的是耶稣那时教会所传讲的消息。信仰的法则不止是为了反驳异端思想，它还有更积极的意义，它引导人们走向真理，指出信仰宣称的真理是什么以及如何辨认。

实际上，在与德尔图良同时代的稍为年轻的一位名叫爱任纽的人那里，我们第一次听说了"信仰的法则"这一说法，他称之为"真理的法则〔或法典〕"，或者有时候只是"传道"、"信仰"或"传统"。在《使徒宣道证明》的开篇，他声明基督徒必须严格遵守"信仰的法则"，因为它是由使徒及其弟子传给我们的③，也因为它"告诫我们要铭记为了罪得赦免的缘故我们已经"奉父、子和圣灵的名"领受了洗礼"（第3章）。因此，我们有理由认为，信仰的法则源自牧师教授初入教会之信徒的上课提纲。④ 这些法则开始是共同信仰以及教学方式的口头表述，后来具有了双重职能，成为抵御异端的武器。由于这个原因，信仰的法则不能与信经混为一谈，现在的学者认为二者在古代教会生活中的起源有一定联系但却是不同的。⑤ 法则不是信经，不是准则，只是教义的缩写，清楚地阐释了基督教的真正内容。

在一篇题为《驳异端》（Against Heresies）的反诺斯替的作品里，爱任纽与诺斯替主义针锋相对，反驳其拥有耶稣神圣而真实教训的宣称，在该文中他以这种或那种形式多次提到了信仰的法则。考虑到他要驳斥对手的平台，他迫不得已区分了圣经与传统，既然他们对二者都不赞同（III. 2.2）。尽管爱任纽热心于引用圣经权威来展现诺斯替主义的错误，但他也认识到他们自相矛盾的释经学可能会使他的方法不起作用。他说："他们

---

① Tertullian, *Against Marcion* V. 3. 1.

② Tertullian, *Against Praxeas* 2.

③ 此处爱任纽想到的无疑是波利卡普。

④ L. William Countryman, "Tertullian and the *Regula Fidei*," *The Second Century* 2 (1982): 221—226. Ferguson 提出，接受《使徒宣道证明》的人，不是新加入教会的信徒，而是一位教理问答老师，因此他从爱任纽那里接受了进一步的教师培训（"Irenaeus' Proof of the Apostolic Preaching," 131）。

⑤ P. Smulders, "The *Sitz im Leben* of the Old Roman Creed," *Studia Patristica* 13 (1975): 409—421.

无视圣经的顺序与联系，破坏了真理。"（1.8.1）为了说明这个问题，他要求读者想象一幅国王佩戴宝石（即圣经）的美丽镶嵌画，然后将这幅画打乱重新排列，结果那宝石看起来就像一只狗或狐狸（诺斯替主义的解释）。最后，爱任纽说如果不借助圣经之外的事物一个人就无法用圣经来进行证明。

爱任纽提出的问题是，如果一个人想要找到真理，他或她应该到哪里找。假设使徒没有为我们留下浩如烟海的文字——一种想象的并且是最糟糕的情况——人们该如何保存使徒的教导（III.4.1）？他的答案是真理应该到使徒的传统中寻找，使徒传统通过教会留传下来。爱任纽的一段文字阐明了传统即信仰的法则：

> 教会，分散在世界各地，甚至到达了地极，她从使徒及其弟子那里获得了信仰：[她相信]一个上帝，大能的父，天、地、海洋以及万物的创造者；相信一个基督耶稣，上帝的儿子，为了我们的得救他道成肉身；相信一个圣灵，他通过先知传达上帝的启示，基督降临，从童贞女出生，受难，从死里复活，以及升天……以及他将来在父的荣耀里从天上显现。①

爱任纽的特点是强调教会在传播使徒信仰的过程中占有中心地位。② 离开了圣经和传统就不会有启示，并且只有在耶稣基督的真教会里这种启示才能传递下去。教会不仅是仲裁者，判断一个人该如何理解并运用信仰；教会还是接受者和保卫者，通过主教的传承接受并保卫信仰。③ 1世纪使徒亲自设立了监督（即牧师或主教），使徒的教训正是通过他们才得

---

① Irenaeus, *Against Heresies* I. 10 (Ante-Nicene Fathers, I. 330). 其他的对于该法则的引用，见 V. Ammundsen, "The Rule of Truth in Irenaeus," *Journal of Theological Studies* 13 (1912): 574—580, 附有简单的评论。

② *Ibid.*, III. 3. 3; V. 20. 1.

③ 爱任纽扩展了安提阿的伊格纳修的观点，他认为通过被按立的领袖的传承，信仰的纯洁性显现出来。使徒创立了主教（或牧师），委托他们讲道和传福音，所以使徒的教训才能不被玷污，并流传至今。通过领袖传承建立起的教会的古老性，与传道的统一性一起，保证了基督教真理永恒不变。

我们应该记得，鉴于诺斯替主义对教会所产生的分裂作用，教会统一性的理论是在辩论的烈火中锤炼的。其价值在于提出了使徒性的论点，《驳异端》提供了关于教会及其信仰的理想观点，即使按照爱任纽的标准也是如此。这位高卢主教熟知东西方之间分裂教会的张力，例如关于复活节日期的争论，或者关于预言的恩赐与主教职务之间关系的争论（Eusebius, *Eccles. Hist.* V. 7; 23）。

以流传至今。① 使徒性被解释成教会在神学和历史传承上追溯到使徒的能力。正如罗马教会和小亚细亚教会这两个例子所表明的，对爱任纽来说，教会及教会牧师传承的概念是十分有形的。"单单属灵"的解释恰好给了对手可乘之机，他们强调的正是对开化的基督徒（即诺斯替主义者）进行真理的属灵传递。爱任纽隐含的意思就是教会是恰当解释信仰的唯一语境，因为教会是信仰最初的领受者。教会是可见的场所，在那里可以找到福音，在那里信仰得到了维护。

爱任纽声称仅有传统已足够，或追溯主教的传承以此来证实使徒性，这些推到极端都是他使用的辩论技巧。实际上，对爱任纽来说，理想的权威结构是多层次的：圣经、传统和教会。如同三条腿的凳子，三个部分都是信仰的根基，决定着正统教义的内容，又是信仰的平台，这样认为的不仅只爱任纽一人。② 这三者之间存在着内在的互补性，共同保证了基督教真理的地位，并向每一位信徒提供了在空间和时间中安置真理的方法。我们不要忘记，爱任纽和同时代的许多思想家和作家一样也是一名牧师，因此他也有教牧的考虑。爱任纽指出权威囊括了圣经、传统以及教会的主教传承，并对三者进行了清晰的论述，他的目的并非炮制一种教会学理论，虽然爱任纽的思想常常被用于教会学。他的方法是一种权威的途径，借此信徒能够在面临挑战的时候确信拥有救赎的真理："只有从那些将福音传给我们的人那里才能获知救赎的计划，他们曾公开地宣讲这计划，后来又因着上帝的旨意写在圣经里传递给我们，成了我们信仰的基石和支柱。"③

无论一个教会领袖怎么宣称拥有权威，他的说法都需要接受使徒信仰的三焦透镜的检验。这样的安排类似灵性的"制约与平衡"机制，引导教会正确地做出决定，并保护教会在有人发布全新或特殊的启示，或对圣经做出新奇解释的时候不受蛊惑。关于基督教真理的问题，信徒万万不能模棱两可；信仰的正确性通过圣经、教会传统及牧师得到了维护和传递。

关于使徒性的构成，德尔图良也会给出相同的论证，以反对异端对手。他的问题与爱任纽十分相似。诺斯替教师，如瓦伦廷、巴西里德与马

---

① Irenaeus, *Against Heresies* III. 3. 2.
② Victor Walter, "Beyond Sola Scriptura: Recovering a More Balanced Understanding of Authority," *Touchstone* 4 (1991): 15—18.
③ Irenaeus, *Against Heresies* III. 1. 1.

西昂，正忙于播散基于诺斯替主义圣经诠释的福音传统①——实际上是另一种声称建立在神圣启示基础上的权威结构。因为大公信徒（或"主流的"基督徒）与各种各样诺斯替主义的形式之间在圣经解释问题上争议很大，所以德尔图良渐渐明白，要维护纯洁的教义，单单依靠圣经是不可能做到的。于是德尔图良着手解决权威的问题。他说异端使用圣经来为他们的立场提供支持，对此我们不必感到奇怪。德尔图良说，《驳异端的良方》（*Prescription of Heretics*）的目的是解决一个问题，即"谁是圣经的真正拥有者？"为了回答这个问题，德尔图良表示，

> 我们不一定要诉诸圣经……首先要明白的一点，即谁拥有圣经所属的信仰，使人成为基督徒的教导来自谁、通过谁又在何时传给了谁？只有在真基督教教导和信仰显明的地方才能找到真圣经、真解经以及真传统。②

并没有人诽谤圣经的卓越性，但是要论证教会历史教导的权威有必要绕过圣经，因为圣经本身就是争论的焦点。德尔图良排除了任何关于圣经或解经的争论，而是让我们关注亟待回答的首要问题。有必要先找到权威建立的基础，这样一个人才有资格讨论圣经的问题。在声称圣经的权威之前我们必须先证明这一优先顺序（*praescriptio*）。

的确，任何圣经所否定的事物，传统都不能被称为其权威，然而就其自身来讲，"争论圣经将一无所获，只能令人胃疼和头疼"，因为圣经可以被用来支持任何教义。所有人都同意如果不借助基本的教导就无法恰当地理解圣经，而基本的教导正存在于使徒的教会中。

教会信仰的内容（*fiedes quae creditur*），一种"纯粹的基督教"，可以在 *regula fidei* 或信仰的法则中找到。正如"法则"这一名称所暗含的，法则的作用是确立正统的标准或法典。更准确地说，法则不仅是信仰的标准；它还是传统的精华所在，在这个意义上，法则与使徒信仰是同义词。③ 这一点可以从德尔图良称法则为"信仰的律法"得到证实，也可以

---

① 马西昂的追随者被称为追随另一个"法则"（*Against Marcion* IV.17, 11）。
② Tertullian, *On Prescription of Heretics* 19.
③ B. Hägglund, "Die Bedeutung der 'regula fidei' als Grundlage theologischer Ausslagen," *Studia Theologia* 12 (1958): 23.

从他对背教者的定义得到证实，他认为背教者就是"背离了信仰的法则的人"。① 事实上，法则是基督教教义的产物，同时也代表了基督教教义。所有的教会人员，不论地位高低——主教、执事、寡妇，等等——都要服从法则。德尔图良称，按照个人的意思解释圣经而忽略或放弃了法则，就是偏离了基督教的信仰。②

像爱任纽一样，我们发现在德尔图良那里法则就是对基督教基本教义的灵活总结，这并非他的发明，而是早已存在的事物，他只是加以引用。与福音书的四种表述方式类似，各个版本的信仰法则在内容的安排上也略有差异，但没有损害其正确性。不仅如此，法则似乎从来没有形成单一的或主要的版本，它在形式上是可变的，以适应教导或辩论等处境。在德尔图良遗留下来的文集中，我们发现了三段对法则的长篇引用③，用词几乎毫不相同，长度各异，其内容显然是适应三种不同的情形。但同时，三个版本却具有共同的基本结构，即由两部分构成，虽然《驳异端的良方》和《驳帕克西亚》还含有一个关于圣灵的从句。④ 显然，2世纪和3世纪仍然反映出二元的和三元的表达方式存在着一定的关联，我们在新约文献中早已见到过。下面一段文字是《驳异端的良方》里对法则最为全面的一个引用：

> 你要明白，信仰就是相信只有一位上帝，只有他而非别的神才是世界的造物主，借着道他从无中创造万物，道是万物中最先产生的；道被称为子，在上帝的名之下，被祖先看见，被先知听见，最后借着圣灵和父的大能来到圣母马利亚腹中，取得了人形，从她出生，就是耶稣基督；此后他传讲天国的新律法和新应许，行神迹；他被钉十字架，第三天复活；升天，坐在父的右边；他差遣圣灵，代替他引导信徒；他将在荣耀中再临，带领圣徒进入永生的喜乐和天国的应许，惩罚罪人进入永火中，虽然圣徒和罪人都复活，身体也复活。这个法则

---

① Tertullian, *On the Veiling of Virgins* 1; *On Prescription of Heretics* 3.

② Tertullian, *On Prescription of Heretics* 3.

③ Tertullian, *On Prescription of Heretics* 13; *On the Veiling of Virgins* 1; and *Against Praxeas* 2. 德尔图良对法则的引用也有几处较简短和具体的段落，如 *On Prescription* 37; *Against Praxeas* 30; and *Against Marcion* IV.

④ 即便如此，Countryman 还是提出，关于圣灵从属于圣子的活动的从句，表明两个一组的概括是显然的（"Tertullian and the *Regula Fidei*," 210）。爱任纽与奥利金一样，使用三个一组的表达方式，*On First Principles* I. praef. 4.

正是基督所教导的……

信仰法则的来源究竟是什么，我们不得而知。从其用词的自由与内容的灵活来看，不可能存在一个确定的表达形式。德尔图良常常说法则无论如何是不可更改的，然而就他对法则的使用来看，我们知道事实情况并非如此。看似矛盾的地方可能就有了解释。第一，不可否认德尔图良偏爱夸张的说法，他的有些语言具有这个特点。第二，他引用法则具有一定的自由性，为的是适应辩论的场合或孟他努主义。而且，这位古怪的善辩者写作时怀着一种对法则的敬意，这样的敬意也是他的读者所共有的，他的读者依靠法规作为一个稳定点。如果说法则的具体表述形式允许改变，那么这些形式所代表的根本传统则不允许改变。这表明，第三，德尔图良和他的读者十分熟悉法则的一般和必要结构，因此知道哪些修改是可以接受的，哪些是不可以接受的。正如威廉·康特里曼（L. William Countryman）解释的那样，"德尔图良期望大公信徒接受一种观念，即存在某些不可更改的信仰真理，而且真理被概括成精简的、清晰可见的构成。"[①]

以上我们就德尔图良和信仰的法则所做的大部分论述不应该与其他教会团体展示传统的方式分离开。在《早期教会的传统》（*Tradition in the Early Church*, 1962）一书中，R. P. C. 汉森比较了爱任纽、德尔图良、希坡律陀、奥利金、西普里安、诺瓦替安、亚历山大的狄奥尼修斯以及《十二使徒遗训》（*Didascalia apostolorum*）对信仰法则的引用，该书至今仍被认为是关于该问题的根本性讨论。这些文本之间存在着令人诧异的相似性，尽管使用的语言、写作的地点和时间有些差异。同时，每位作者都对法则进行了轻而易举的改造，以适应自己的目的，不论是思辨性的阐述还是作为给信徒讲课的材料。汉森总结说，法则并非相关经文的简单罗列，也不是一个静止不变的形式。相反，它是教会讲道或教导的内容，采取一种口头方式，分为不同的谈论主体。[②]

早期护教士令我们相信，法则肯定没有静止的或固定的形式，因为从性质来讲，它是动态的，需要一个成长、修改和磨砺思想的过程。另一方面，法则也不是"一股随意流淌的小溪"，或宗教历史（*Religionsge-*

---

① Countryman, 213. "composition" 一词是指传统传播过程中的一个特殊时刻，在信仰团体内部传递信仰的一种行为，如果你愿意。

② Hanson, *Tradition in the Early Church*, 93.

schichte) 的简单展开，与过去的联系只是辩论时的人为设计。法则是教会传统生动性和灵活性的另一个例证，是一套标准的教义，是教理老师以及护教士信手拈来的素材。

法则与圣经

多年来学者在圣经与教会法则的关系上争论不休，尤其是法则是否能优于圣经的问题。但是这个问题令人迷惑不解。德尔图良或他同时代的人从未想象法则可以离开圣经独自运作，同样，圣经离开了法则和教会也不能发挥作用。其实，它是一个背景问题。查看他们的文章我们会发现，圣经和传统的权威位置会互换，取决于面临危险的是什么问题。正如我们前面看到的，在驳斥异端的时候，单凭圣经是不够的。

> 他们以谎言向我们推荐真理，他们守护的是什么样的真理？瞧，他们确实讨论圣经，从圣经里提出他们的观点！他们的确是这样做的。在信仰的事情上，除了信仰的记载，他们从哪里提出论点？[①]

对德尔图良来说，这个问题并不表示圣经的权威低于传统。对于宣告上帝的真理，圣经已经绰绰有余，圣经所教导的一切都是绝对真实的。但是他又不止在一个地方提出，反驳异端的急迫性要求对一方的强调要高于另一方。事实上，二者是不可分割的统一体，否认传统就是否认圣经，反之亦然。一个人不能使用圣经却不服从传统的教训。同样，一个人也不能声称传统支持某条教训，而圣经却拒绝或不支持它。

圣经与传统共同存在于教会之中，二者之间是休戚与共的关系。教义历史学家将其称为"共有性"（co-inherence）（或"共存性"，coincidence）[②]，因为使徒传统的内容与圣经的内容是共有的。展现在法则中的传统是独特

[①] Tertullian, *On Prescription* 15.

[②] G. H. Tavard, *Holy Writ or Holy Church* (London: Burns and Oates, 1959); A. N. S. Lane, "Scripture, Tradition and Church: An Historical Survey," *Vox Evangelica* 9 (1975): 37—55, and Richard Bauckham, "Tradition in Relation to Scripture and Reason," in *Scripture, Traditon and Reason: A Study in the Criteria of Christian Doctrine*, ed. R. Bauckham and B. Dewey (Edinburgh: T. & T. Clark, 1988), 117—145.

的，但是却不能离开圣经或在圣经之外，这一点对我们的理解十分重要。弗里斯曼·冯·利尔（Flessman van Leer）提出一个重要的观点，即信仰的法则没有被当作来自圣经之外、用于释经的形式原则，信仰的法则就是圣经的教导。① 换个说法即它是圣经教导的要旨。爱任纽、德尔图良、奥利金和其他人都深信圣经的作者一致赞同教会的传统或信仰的法则，原因很简单，因为他们相信法则就是圣经启示的规范（ratio），或如阿塔那修所说的"范围"。这样，法则就体现和代表了基督教真理主体的要义或要旨。那些讨论法则的古代作家，每个人都有自己独特的表达方式，但他们都同意法则的内容完全与圣经契合，并且他们阐述法则时都借助圣经来支持。

从历史上看，信仰的法则就是教会宣讲的内容。它是带有生动色彩的传统，如同我们在《使徒行传》中看到的教会传讲——在会堂、市场、船只和马路上的口口相传。在新约完成和被确定为正典之前，传道就是这样进行的。但是即便新约写成了，它自己也没有传讲和解经的能力。圣经并不像录影带或压缩光盘；它远为丰富和超越，因此需要有人来讲解。如果我们认为法则就是教会对如何表达信仰和如何解释成文文本的总结，那么更准确的说法是"教会的信仰法则是被传讲的信仰"。②

存在一个在教会内口头传播圣经却从未提及，基本信仰法则也不支持的真正的使徒传统，这种想法对于早期教会是陌生的。③ 各种信仰法则的版本中没有任何内容表明教会坚持的教义或教条是圣经里没有记载或肯定的。实际上，对于圣经否认的事物，传统不能称之为权威。这正是16世纪的改革家用来反驳中世纪天主教会的论点。随后我们将会看到，早期改革家与罗马之间的冲突不是圣经对抗传统，他们乃是在传统变成了什么或传统的不同概念上意见不一。

---

① E. Flessman van Leer, *Tradition and Scripture in the Early Church* (Assen: Van Gorcum and Co., 1954), 127.

② R. P. C. Hanson, "The Church and Tradition in the Pre-Nicene Fathers," *Scottish Journal of Theology* 12 (1959): 27.

③ *Ibid.*, 25. Hanson 说 2 世纪只有一个例外即亚历山大的克莱门，他称自己接触到了这样一种传统。克莱门将"诺斯"解释成真正的大公信仰的传播，从他这种独特的说法我们可以得知部分的原因。

结论

我们有足够的证据表明 2 世纪和 3 世纪的教会已经充分意识到了自己的责任，即根据它所接受的使徒宣讲呈现出清晰连贯的信仰信息。以信仰法则形式出现的传统并非一套新奇的实践，附加于圣经之上。它也不是来自信仰之外的。相反，传统被当作"使徒教会的神圣宝库"；德尔图良说道，"我们看一看哥林多人从保罗那里喝到了什么样的乳汁；为了纠正加拉太人，他们被给予了什么样的（信仰的）法则；腓立比人、帖撒罗尼迦人、以弗所人从中读出了什么；罗马人说了些什么"（Against Marcion IV.5）。与圣经一样，传统也是由基督传给使徒，再由使徒传给教会。传统是对使徒最初的宣讲的描述，与教会群体中带有地方特色的人的传统截然不同。这并没有否认某些古代作家会论证一项具体的实践为"传统"①，尽管他们都对那些教会自古代以来获得的传统与核心教导之外的次要内容之间存在的差异特别敏感。

法则也不是正典之外的启示来源，因为它只是对圣经，即旧约和新约已经证实的核心信仰内容进行的概括和总结。由于这个原因，如何解释圣经应该由使用法则作为信仰的标准来决定。正如一位学者所描述的那样，"如果一个人在（教会的）信仰上有份，而教会的信仰被概括成'信仰的法则'，那么他也在圣灵里有份，并因此有资格解释圣经。"② 我们看到，法则就是与圣经同时存在的一个缩略版的基督教信仰，而圣经却是完整的基督教信仰，也是解释法则的主要依据。这也是奥利金的观点，他在《论首要原理》（On First Principles）中解释道，制定教义需要"教会传统和使徒"的引导，这些内容都在信仰的法则中得到了陈述，其证据可以在圣经中找到，而且圣经教导的逻辑推理结论也可以证明。③

---

① 最著名的例子是德尔图良提到的三次浸洗和基督徒献身的其他做法，对此他说，"如果圣经没有规定，那么那些从传统延伸出来的习俗无疑已经加以肯定了"（The Chaplet 3）。他继续为这些做法辩护，尽管他已经知道了通常的要求是任何基督教的仪式都要在圣经中找到记载。他的反对意见表明圣经与传统是决定教义与实践的共同准则。

② Peter Stuhlmacher, "Ex Auditu and the Theological Interpretation of Holy Scripture," Ex Auditu 2 (1986): 6.

③ Origen, On First Principles I. praef. 10.

尽管最近有些福音派的作家竭力教导"唯独圣经"是早期教会的真实意图①，可是，毫无疑问，信徒心目中还是认为，圣经能够并且应该脱离教会传统在信徒生活中发挥作用。如果真是这样，那么我们就无法确定是否能够建立起正统的基督教信仰。虽然圣经的许多部分有其固有的清晰性，基本不需要凭借外来的帮助就能理解，但是后使徒时代的信徒还是会诅咒巴斯韦尔提出的系统神学原则，"规则就是在你的思想中给圣经一个机会，让他自我解释，"② 因为他的原则是为异端搭台。

考虑到教会通过教理问答培养信徒的需要以及驳斥异端维护信仰的需要，信徒被要求相信的教义内容显然不只是圣经，而是由教会解释的圣经，教会就是保存真信仰的地方。从形式的意义上说，是传统保持了圣经的完整性；是传统阻止了马西昂抛弃旧约和一部分新约的行为；也正是传统决定了一些诠释圣经的人正确而另一些人错误——传统确保了教会宣布正确与错误的权利。并非每一种解释圣经的方法或途径都是有效或有用的，现代浩若繁星的解经出版物就证明了这一点。如果没有了解释的引导作为神学的"申诉法庭"，那么诠释学的分崩离析会是唯一的结果。

对早期教会来说，信仰法则成了"真理的准绳"，它所涉及的真理包括启示明确证实的创世和拯救的事实。③ 通过它传统建立起了具体的标准，也使一个人能够在基督教的意义上正确地阅读和理解圣经。没有了这个准绳，圣经就会陷入个人和团体的随意解释中。也许这正是为什么浸信会、贵格会、灵恩派和循道宗的信徒都宣称相信圣经所说的，坚称拥有圣经已足够，但是没有任何两派在圣经到底说了什么的问题上意见一致的原因。

3世纪中叶之后，我们很少听说存在着作为有别于圣经的口传真理的法则。事实上，仅诉诸口头传统严格限制于地方教会的实践。这一发展趋势的原因不能仅用正典文献地位变得日渐重要来解释。在确立圣经权威之后，传统根本不过时。基督教思想家肯定还会提及信仰的法则，也肯定会提及教会传统的作用，但是他们所指的并不完全是一回事。到

---

① 见附录二。

② J. Buswell, *A Systematic Theology of the Christian Religion* (Grand Rapids: Zondervan, 1962), 25.

③ Hägglund, "Die Bedeutung," 9.

了 4 世纪，这些概念都被纳入了教理问答、洗礼告白、崇拜用语以及后来的普世信经中了。在后面的两章，我们将看到君士坦丁之后信仰告白仍然是作为圣经教导的延伸得到表述和捍卫。如同信仰的法则一样，后来一个世纪的信经也是教会生活的产物，其信仰也体现了圣经的主旨。

4

教会的败坏和传统

> 如果古代的教会有过失,那么[今日的]教会就是堕落的。
> ——帕斯卡尔(Blaise Pascal),《思想录》(*Pensées*)

> 一个漠视历史的福音派信徒是肤浅的。
> ——兰姆(Bernard Ramm),《福音派的遗产》(*The Evangelical Heritage*)

为什么众多的福音派在反思其信仰遗产的时候竟如此轻易地从新约直接跳到了宗教改革,丝毫不考虑二者之间发生了什么?一个人怎么能够参加自由教会的崇拜长达数月甚至数年而从来没有听到过与早期教父思想相互作用的唱诗或祷告?毕竟,前五个世纪数以百计的布道、注释和赞美诗都被保留下来并翻译成英语。一个人可能偶尔听到一段出自加尔文圣经注释的引文,却不可能听到奥利金或哲罗姆的圣经注释。我本人属于浸信会,在少数情况下,我会向信徒介绍一些教父的神学或灵修学,每逢这时,我遇到的反应不一而论,有的是接触到新思想的欣喜,有的是夹杂着谨慎的好奇,担心教会正在推行的东西是圣经以外的。为什么古代教会哑然失声了呢?

我要重申我的想法,即无数自由教会和福音派信徒都怀疑教会的教父传统是否依然真实可行,这与他们对后使徒时代基督教负面的或矛盾的看法直接相关。1世纪的信徒受到极高的赞誉,因为他们传讲和保存了福音的原始信息,但是之后的时代,人们认为教会的信仰被败坏了,因为他们遵循的一些实践和仪式是新约中没有的。因此，教会后来的历史被看作是出问题的历史。

本章关注的重点是以下认识的依据，即使徒时代之后的某个时刻教会"堕落"了，由于这种堕落的状况，涌现出背离信仰的事物（通常被看成是罗马天主教，以及教阶等级、信经与公会议、节日、圣事，等等），这一认识在 16 世纪宗教改革期间和之后变得普遍起来。然而，在教会衰落的这几个世纪里，并非所有人都迷失了方向。硕果仅存的真信徒在每个时代都能发现，他们高举着福音的火炬，却常常被建制的教会拒之门外。最后，新教改革爆发了，新约时代的圣经信仰得以恢复，一切都回到了原初的轨道。

对广大的教士和平信徒来说，这样的描述就是教会的现实；他们认识的教会及其历史就是如此，只是他们的认识还不那么清晰。然而，以上的描述没有考虑到一个关键因素，即作为解释教会历史的一种范式（paradigm）——一种业已形成的形式或模式，它本身也有其历史，它的历史由某些使之产生和兴旺的动机所决定。因此，作为一种范式，它不是看待教会过去的唯一方式，它也应该接受修正。

这一范式包含着许多假设，乃是当代的新教信徒还没有意识到的，但实际上已经造成了某些后果，（1）在新教与教父传统之间造成了一道鸿沟，（2）形成了对教会历史的漠视历史的解释，其根据是五旬节（《使徒行传》2）和今日教会在灵性上的直接传承，超越了历史的教会的外在形式。第一个假设给人留下了一种错误的印象，即新教的发展独立于教父的（或中世纪的）教会，而第二个假设则为我们如何与使徒时代相连提供了一个反历史（counter-history）的解决方法，其根据在于我们在灵性上是与"真教会"的历史联系在一起的。在本章和下一章中，我们将会看到这样的认识既没有早期的一手材料支持，也没有更好地获得对基督教信仰的正统理解。不仅如此，教会历史本身被错误地看作可以牺牲的物品，一个人应该在基督里利用信仰并做今日的门徒。除非看待教会历史的"堕落"范式得到修改，或至少受到限制，否则福音派就很难接受早期教会"共识的传统"（consensual tradition）。① 只要对多数的教会历史持一种负面的

---

① 由托马斯·奥登（Thomas Oden）提出，见他的 *After Modernity... What? Agenda for Theology* (Grand Rapids: Zondervan, 1990)，尤其是 106 页、160—164 页，系统神学第一卷的序，*The Living God* (San Francisco: Harper & Row, 1987)，或者是将由 Eerdmans Publishing Company 出版的 The Church's Bible 等计划，旨在鼓励福音派回到古代遗产。

观点，就无法与前宗教改革的传统融会贯通。仅仅了解早期教会传统是信仰的基石并具有丰富的生命力是远远不够的，必须要重新贯通教会的过去。而要完成这样一种贯通，我们需要仔细审视中世纪晚期和宗教改革时期与早期教会的关系。那么我们会发现长期以来在神学和历史上分裂宗教改革和教父并中世纪时期的观点实在是被夸大了。

教会的"堕落"

对于新教的人来说，教会堕落的观念是作为不证自明的真理来接受的。早在 16 世纪前半叶，对后使徒时代的教会自何时开始衰落就有许多不同的观点。某些早期重洗派的改教家尤其是闵采尔（Thomas Müntzer）认为，自使徒的弟子逝世后不久，基督的教会就丧失了纯洁而沦为荡妇，因为教会的领袖腐败了①，其表现就是那些热衷于聚敛财富和权力的神职人员得势了，而他们并不关心属灵美德的获取。对此属灵派改教家塞巴斯提安·弗兰克（Sebastian Franck）由衷赞成，他提出使徒之后不久基督外在的教会就消失殆尽了，因为他称之为"狼"和"敌基督们"的早期教父使战争、地方官的权力、什一税、祭司制度等成为合理。② 他了解第一手的教父著作，他称他们是"罗马教会的博士"，但是（与大多数的同时代人不同）他完全蔑视他们。他声称，他们是基督羊群里的"狼"，

> 他们的作品证明了这一点，尤其是克莱门、爱任纽、德尔图良、西普里安、克里索斯托、希拉利、西里尔、奥利金等人的作品，那不过都是小孩子的游戏，③ 全无使徒的精神，满是诫命、律法、圣事和人的发明。……他们写的是一派羞辱和诋毁之言。④

尽管自由教会的多数领袖对早期历史的看法并非如此阴暗，但是弗兰克对

---

① Thomas Müntzer，"Sermon Before the Princes"（Allstedt，13 July 1524），in *Spiritual and Anabaptist Writers*，ed. G. H. Williams，vol. 15 of Library of Christian Classics（Philadelphia：Westminster Press，1957），51.

② Sebastian Franck，*Letter to Campanus*，in *Spiritual and Anabaptist Writers*，151—152. 写于 1531 年或 1541 年。

③ 另一种版本说，"满是胡言乱语，全无意义"。

④ *Ibid*.，148—149.

早期教会的描写对后来的自由教会产生了重大的影响。①

然而，对于中世纪和后来的改教时期的绝大多数人而言，教会作为一个组织，其关键的转变发生于君士坦丁成为皇帝并归信基督教之时。那些看似对教会生活大有裨益的时刻实际上正是教会堕落之时。在名为"不义的秘密"的讲道中，著名的约翰·卫斯理（John Wesley）非常强调这个观点：

> 最沉重的打击是4世纪的君士坦丁大帝，他称自己是基督徒……这样，担心受迫害的恐惧消失了，做基督徒将得到财富和荣耀，基督徒不是逐渐地沉沦，而是一头扎进了十恶不赦当中。那时，不义的秘密不再隐而不现，而是在光天化日之下招摇过市。因此，到来的不是教会的黄金时代，而是烂铁时代。②

自337年君士坦丁驾崩之后，基督教的历史学家就开始努力处理他的统治对教会产生的影响问题。他并非第一位宣布容忍基督教的皇帝，但是到312年③，罗马世界看到一位皇帝认同基督教信仰到一个地步，甚至相信对"神"正确的崇拜对帝国的利益是至关重要的，并把自己看作上帝的仆人。④君士坦丁"归信"的社会和政治影响是相当深远的：基督徒之前在迫害期间遭受的损失从帝国的国库里得到了补偿，基督教的教士免除了

---

① Franck 的编年史影响特别巨大，*Chronica. Zeitbuch vnnd Geschichtbibell von anbegyn bisz in diss gegenwertig* (Stuttgart, 1536). 1560年Obbe Phillips提到了Franck的编年史，作为介绍重洗派主要人物（尽管Franck对一切有组织的教会都持批判态度，包括重洗派）思想的参考书，并为 *The Chronicle of the Hutterian Brethren* (1665) 一书的作者提供了历史方面的指导。重洗派作家Pilgram Marpeck引用了 *Chronica* 一书，认为它关于教父的观点十分受用（*The Writings of Pilgram Marpeck*, trans. and ed. W. Klassen and W. Klassen [Scottsdale, Penn.: Herald Press, 1978], 285)，门诺·西门在其写于1539年的 "*Foundations of Christian Doctrine*" 中亦有引用，见 *The Complete Writings of Menno Simons c. 1496—1561*, trans. L. Verduin and ed. J. C. Wenger (Scottsdale, Penn.: Herald Press, 1956), 138。

② John Wesley, *Sermon* 61. 27. in *The Works of John Wesley*, vol. 2, ed. A. C. Outler (Nashville: Abingdon, 1985), 463.

③ 312年10月28日发生了米尔文桥之战（Battle of Milvian bridge），此一战役君士坦丁战胜了马克森狄（Maxentius），从而控制了西部帝国，达到了统治的鼎盛时期，根据优西比乌和拉克唐修稍有出入的描述，君士坦丁经历了上帝的显现，使他信奉基督教。这次经历如何成为"归信"应该考虑如下事实，即君士坦丁已经拒绝迫害基督徒并自觉回避多神教，正如他的父亲康士坦丢在不列颠和高卢做的一样。

④ 关于这个题目，更有益的研究见 A. H. M. Jones, *Constantine and the Conversion of Europe* (Toronto: University of Toronto Press, 1978); T. D. Barnes, *Constantine and Eusebius* (Cambridge: Harvard Press, 1985); and H. Pohlsander, *The Emperor Constantine* (London and New York: Routledge, 1996).

繁重的公共义务并且不能接受民事法庭的审判,基督徒的贵族更容易被选拔担任高官,基督教大教堂——耶路撒冷和君士坦丁堡的基督教大教堂极尽奢华——由公共资金建造,个人被允许立遗嘱死后将财产捐献给教会,主教公会议时由帝国负责主教们的交通和食宿,公会议颁布的决议由国家机构执行,君士坦丁堡禁止所有异教符号和碑文,最后,君士坦丁死前在尼科米底亚(Nicomedia)接受了洗礼,从而完全归入基督教。① 尽管可能是他的政治意图导致了他对基督教的同情②,但是我们还是要略加说明,君士坦丁真诚地相信上帝已经授意他让整个罗马帝国归信基督教。③ 更重要的是,教会与帝国的关系发生了根本的变化,基督教从一个遭受迫害的教派成为地中海世界最有势力的宗教,教会领袖也成了司法事务和军事冲突的仲裁人。

多罗茜·塞耶斯(Dorothy Sayers)的《君士坦丁皇帝》(*The Emperor Constantine*)一剧或许是对的,她认为基督教不再只是一个小教派,这是不可避免的,如果没有君士坦丁也会有其他的途径,这样,"诅咒和刀剑的权力"都必然掌握在基督教手中。④ 随着基督教的迅速成长以及渗入罗马社会的各个角落,基督教被皇帝信奉并主宰整个帝国的宗教和社会只不过是时间问题。但是发生这样转变的代价是什么?对于教会在社会中所扮演的耶稣基督福音的承载者和传达者的角色来说,它取得的社会和政治胜利意味着什么?这些问题的答案形形色色,并最终与怎样看待教父遗产直接相关。

范式的形成

新教提出的基督教在君士坦丁之后就陷入堕落并迫切需要改革的思想

---

① 在 4 世纪和 5 世纪的基督徒中,将洗礼推迟到生命的晚期进行是很常见的,尤其是在贵族当中(如米兰的安波罗修以及他的兄弟萨提洛斯),除非突然身染重疾。

② 例如,在钱币的图案上,君士坦丁继续使用对"不可征服的太阳"(Sol Invictus)的崇拜,315 年为他竖立的凯旋门的象征和碑文在宗教上都是中立的(部分原因可能是因为凯旋门是由罗马议会赞助建立的),具有异教色彩的称号"大祭司长"(Pontifex Maximus)一直保留到他去世。君士坦丁到底如何理解基督教我们不得而知,尽管我们可以发现从 312 年获胜到 324 年征服东部帝国他的理解有所发展。而且,这位皇帝出席了一些教会会议,最著名的就是尼西亚会议,表明他对神学问题具有名副其实的兴趣。

③ *Oration to the Saints*, 11. 1.

④ Dorothy Sayers, *The Emperor Constantine: A Chronicle* (London: Gallancz, 1951), 5.

几乎不算新奇，阿西西的法兰西斯（Francis of Assisi）和让·热尔松（Jean Gerson）在讲道中都曾经提到，不过并不是以如此造成分裂的形式出现的。12世纪和13世纪①涌现了大量鼓吹改革的言论（其目标主要指向教士和修道制度），具有高举圣经和强调回到使徒信仰的特点。那些倡导改革的思想，其核心是原始教会具有朴素与简单的特点，与后来的教会截然相反。教会现今陷入败坏的事实表明后使徒时代切断了与使徒的联系。这样的观点在许多中世纪的思想家那里都可以找到，例如法兰西斯属灵派、奥卡姆的威廉（William of Ockham）、菲奥雷的约阿希姆（Joachim of Fiore），以及更多很受欢迎的新教运动，如韦尔多派或使徒兄弟会。他们的看法是借助历史引入一种批判的态度看待建制的教会，在这个意义上，教会便不再是自古以来永恒不变的存在。早期教会与现在的教阶制度之间不存在一贯的联系，相反，中间出现了断裂并且教会随之陷入衰落。②这种历史的方法以及回到使徒信仰的想法将成为15世纪和16世纪反对教皇合法性的主要武器。那时这一观点成了教会改革的重要方法，但是它并没有要求抛弃传统或罗马教会的根本结构。它批判的是偏离原始教会真传统的做法，而真正的传统在圣经里。对于那些怀着与法兰西斯派同样理想的人［如奥利维（Peter John Olivi）］来说，罗马教会等同于"肉欲的教会"或"巴比伦"，高高在上的教皇与敌基督联系在一起（程度不同）③，在他想象中末世的使徒教会仍然包括了教皇作为其首领，虽然是以一种理想化的形式。连彼得·韦尔多（Peter Waldo）和他的门徒（韦尔多派）都自一开始就谨遵教会的传统概念，虽然他们有自主权，可以创建独立的崇拜团体。他们的用意只是"给真教会更大的空间以聆听福音，他们想在罗马教会里实现的也是这一点"。④ 尽管教皇制污染了它本身，但是对于韦尔多派以及胡斯派来说，教会仍然是罗马教会，其圣品教阶制仍然传达着使徒与教父的信仰，可能只是以一种无声的方式。

为什么众多的中世纪材料都将教会在道德和灵性上的衰落归咎于4世

---

① 生活在这个时期的基督徒深信他们生活在一个改革的时代。见 Giles Constable, *The Reformation of the Twelfth Century* (Cambridge: Cambridge University Press, 1997)。

② G. Leff, "The Making of the Myth of a True Church in the later Middle Ages," *Catholic Historical Review* 68 (1968): 1—2.

③ Ibid., 7—9.

④ A. Molnar, *A Challenge to Constantinianism: The Waldensian Theology in the Middle Ages* (Geneva: World Council of Churches, 1976), 43.

纪君士坦丁的即位,这有待于我们进一步考查。例如,威克里夫(约1325—1384)和胡斯(1369—1415)认为,教会欣然接受君士坦丁的扶植是教会渐渐丧失了原始的使徒特性而衰退的开始,包括非圣经习俗的增加以及对现世权力的渴望。但是君士坦丁时代究竟如何被臆想成为教会丧失纯洁性与罗马教皇权力兴起的罪魁祸首,实际上与 4 世纪没有太大关系。相反,这在很大程度上与 8 世纪颁布的一条教令有关,即《君士坦丁赠礼》(Donation of Constantine),这一教令产生了深远而广泛的影响。① 这是中世纪最大的文字恶作剧。

这份文件背后还有一个令人称奇的故事,即当时已经广为流传的关于西尔维斯特的一则传说,西尔维斯特于 314 年成为罗马主教。那时,据说君士坦丁还是异教偶像的崇拜者,迫害城中的基督徒。因为反对上帝的人民,他染上了无法治愈的麻风病。异教祭司建议他用三千婴儿的鲜血沐浴,但是他不忍心杀害那么多无辜的生命。由于他的仁慈,天上的异象指引君士坦丁召见西尔维斯特,迫害期间西尔维斯特隐藏在教士中间。这位罗马主教来了,使皇帝归信了基督教,并为他洗礼,因此皇帝病愈了,然后整个罗马都信仰了基督,包括议员和平民。

这一富有传奇色彩的描述后来被用在一个公共法令里,据猜测是君士坦丁皇帝在他受洗后的第四天发布的。8 世纪中叶的某个时候,一个名不见经传的团体撰写了《西尔维斯特的生平》(Life of Sylvester),并将其附会在君士坦丁身上,称君士坦丁御赐给西尔维斯特及其继承人许多教会和政治权利,作为他治好麻风病的奖励。② 赐予"彼得的宝座"及其继承人的更有意义的特权是罗马的拉特兰帝国宫殿(据猜测君士坦丁就是在那里受洗的),对罗马城、王侯、整个意大利和西部城镇的统治权;至关重要的,还有对全世界一切教会拥有至高无上的权威,包括亚历山大、安提阿、耶路撒冷和君士坦丁堡的主教。事实上,《君士坦丁赠礼》是在向教皇的权威致敬,不论是在神圣领域还是世俗领域。因此罗马教皇享有宗教的和民事的司法权与历史上的君士坦丁或 4 世纪的主教制毫无关系,与此

---

① 关于西尔维斯特和《君士坦丁赠礼》最全面的研究,见 J. J. Ign. von Döllenger, *Fables Respecting the Popes of the Middles Ages*, trans. A. Plummer (London: Rivingtons, 1871)。

② "Edictum Domini Constantini Imperatoris," *Patrologiae Latinae* CXXX. 245A—252B(约 850 年第一次收入了伪伊西多尔教令集,Pseudo-Isidorian)。其摘录在多数管理教会和社会生活的教会法中都能找到,但是完整的版本则收录于《格拉提安法令》(*Decree of Gratian*)。《君士坦丁赠礼》出现在《格拉提安法令》第一部分 96 节的 13—14 章。

相关的是中世纪早期加强罗马教皇制的理论，即管理帝国应该完全倚靠教会的领袖。① 因此，君士坦丁被说成是赐给了西尔维斯特帝国的象征——王冠、紫色长袍以及权杖。

欧文·查德威克（Owen Chadwick）认为，"伪造《君士坦丁赠礼》的人一定知道想要把教皇变成法兰西、莱茵地区和不列颠的国王乃是非分之想。"② 不论查德威克的看法是否正确，都不相关。《赠礼》一文的影响贯穿整个中世纪并一直延续到了16世纪。《赠礼》及其传说与已知的历史细节不符，这使一些聪明人十分困扰。③ 但是，这个故事在中世纪的文献中随处可见，最多地出现在《教皇手册》（*Liber Pontificalis*）收录的西尔维斯特传记④，以及沃拉钦（Jacobus de Voragine）特别流行的《黄金传说》（*Golden Legend*）中。⑤

虽然许多人都愿意赋予《赠礼》以历史真实性，但是它为使教会攫取世俗权力和财富的意图过于明显了。在但丁《地狱篇》（*Inferno*）的十九篇，一个人看到了它的致命后果：

> 君士坦丁呀！从你生出许多的罪恶，
> 并非因为你改变了信仰，
> 实在是因为那第一个富有的教父接受你的赠礼太大了！

教皇制的有力支持者，12世纪的明谷的伯尔纳（Bernard of Clairvaux），承认基督教遭遇的道德衰败应该追溯到《赠礼》。⑥ 对韦尔多派来

---

① W. Ullmann, *The Growth of Papal Government in the Middle Ages: A Study in the Ideological Relation of Clerical to Lay Power* (London: Methuen, 1970), 416—417.

② Owen Chadwick, A *History of Christianity* (New York: St Martin's Press, 1995), 60.

③ 君士坦丁从来没有得过麻风病，312年受洗之前也从来没有迫害过基督徒——那时西尔维斯特还要两年才担任主教！君士坦丁也不是在罗马由西尔维斯特施洗，而是337年在尼科米底亚由一位"阿里乌派"主教优西比乌施洗。真正具有讽刺意味的是西尔维斯特对教会或教皇制没有产生任何持久的影响。Richard McBrien 说，"作为一个主教，他没有做过的事情比他做过的事情影响更加深远。" *Lives of the Popes: Pontiffs from St. Peter to John Paul II* (San Francisco: Harper, 1997), 57.

④ L. Duchesne, ed., *Liber Pontificalis*, vol. 1 (Paris: E. de Boccard, 1955), 170—187. 或许这种说法部分地根据680年"第六次普世"大公会议，当时会议已经听说了《西尔维斯特的生平》并且声称尼西亚会议是由皇帝君士坦丁和教皇西尔维斯特召开的。

⑤ 关于圣徒传说的记载是按照教会历法编写的，大概完成于1260年。由于西尔维斯特治好了他的病，因此君士坦丁颁布了七项法令，其中的第四项就是"皇帝是世界的统治者，而罗马教皇应当是其他主教的统治者"。

⑥ M. D. Chenu, *La théologie au douzième siècle* (Paris, 1957), 81.

说，教会的衰落开始于 4 世纪，那时教皇西尔维斯特和皇帝君士坦丁成了伪基督教的设计师，使基督教与世界结合起来。威克里夫在他的《论教会》(De ecclesia) 中也否认教皇的权威以及整个教皇体系，因为建立教皇制的是君士坦丁而非基督。①

尽管现已发现的意大利人文主义者罗伦佐·瓦拉（Lorenzo Valla）②在 1440 年曾经证明《赠礼》是完全的伪造与欺骗，但是八百年的教会习惯已经积重难返。一个世纪以后，加尔文仍然不得不驳斥《赠礼》的有效性（《基督教要义》，IV. 11. 12）。罗马天主教杰出的历史学家贝拉尔米内（Bellarmine）和巴罗尼乌斯（Baronius）仍然有显然的理由相信这个故事的历史真实性，尽管到了启蒙运动末期它的非法性已经暴露无遗，毫无疑问它是伪造之作。然而，永久的历史"伤害"已经造成了：许多改革运动的基础就是建立在后君士坦丁时代的基督教之上，那样一种基督教的形象部分地或在很大的程度上是由对 4 世纪及以后的基督教的扭曲看法造成的。在真正的使徒信仰和后来兴起的错误的教阶制度之间，在耶稣基督的教会与由人的权力和传统炮制的罗马教会之间，被画上了一道分隔线。这样的形象加剧了对教会权力与习俗的滥用，而中世纪的教会的确存在上述情况并且亟待改革。

按照重洗派改革家的说法，自君士坦丁起教会就开始了背叛信仰的历程，因而基督教需要进行重大的变革或回到原初的状态。霍夫曼（Melchior Hoffmann，约 1530 年）大概受到了法兰西斯属灵派末世论的影响③，他将教会历史划分为七个时期，每个时期分别由《启示录》2—3 章中的

---

① 他的"四十五条"（1412 年 7 月 10 日遭到谴责）的第 33 条写道："Silvester papa et Constantinus imperator erraverunt ecclesiam dotando"（通过他的捐赠，教皇西尔维斯特与皇帝君士坦丁将教会带入歧途）。

② 见 C. B. Coleman, *The Treatise of Lorenzo Valla on the Donation of Constantine*（New Haven: Yale University Press, 1922）。瓦拉十分清楚他的指控将要带来的后果，正如他本人在序言中所说的，"我写的东西反对的不仅是死人，还有活着的人，不仅是这个人或那个人，而是大多数的人，不仅是个人，而是权威。什么权威！甚至是至高无上的教皇本人……"参照 R. Fubini, "Humanism and Truth: Valla Writes against the Donation of Constantine," *Journal of the History of Ideas* 57 (1996): 79—86。

③ 最明显的是 Peter John Olivi（1248—1298）的 *Readings on the Apocalypse* 以及 Joachim of Fiore 对启示论的解释。见 W. O. Packull, "A Reinterpretation of Melchior Hoffmann's Exposition against the Background of Spiritualist Franciscan Eschatology with Special Reference to Peter John Olivi," in *The Dutch Dissenters: A Critical Companion to Their History and Ideas*, ed. I. B. Horst (Leiden: Brill, 1986), 49—50。

七个教会代表。第一个教会，就是以弗所教会，被认定是使徒时代的教会，第二个士每拿教会是"殉道的教会"，指 2 世纪和 3 世纪遭受迫害的教会。然而，别迦摩教会（启 2：12—17）象征着被上帝摒弃的教会，也是教会堕落的开始。霍夫曼特别将君士坦丁的遗产看作灵性衰落的起因。他似乎知道《君士坦丁赠礼》，当然他接受其真实性，并认为《赠礼》一文将异教的罗马与敌基督的教皇教会联系到了一起。① 由于这一联系罗马教会崛起了，并带来了教会的衰落，因为教会实行独身制、用弥撒取代主的晚餐并引入了婴儿洗礼。

《胡特尔兄弟会编年史》（一位重洗派信徒的描述，开始于 16 世纪 60 年代）精确地指出了早期教会从使徒之初的受苦的教会变成罗马教会的具体时间：

> 西尔维斯特为第四十三任皇帝君士坦丁做见证，并阿谀奉承赢得了他的宠信，还为他施洗接受他为一名基督徒……欺诈的流毒在黑夜里蠢蠢欲动，而破坏的瘟疫却在白天里横行无阻，他们抛弃了十字架却锻造出了剑。这一切的发生都借着古老毒蛇的欺诈。②

历史恰恰是按照这种方式展开的。罗马主教获得了绝对的权力，高居其他教会以及国王之上，任何人胆敢口出狂言反对他们都会被判定为异端并被置于利剑之下。由于后君士坦丁时代的基督教偏离了使徒的初衷，因此迫切需要重新评估耶稣基督教会的观念。

教会堕落观念的核心是我称为反教会历史（counter-church history）的发展，即坚持认为后使徒时代的败坏并没有导致福音的完全失落，事实上，通过游离于罗马教会组织之外的甚至常常遭受罗马教会迫害的运动，福音被保存了下来。如果罗马教会成了新约教会与宗教改革时期联系中断的起因，那么必须找到另一个方法以保证二者之间的联系依然存在。这就是"重写"神圣的历史，即界定许多新教徒的身分以及他们对历史的看法。

回到《编年史》，书中将那些被教会认定为异端分子的人描写成罗马

---

① *Ibid*., 53.

② *The Chronicle of the Hutterian Brethren* or *Das grosse Geschichtbuch der Hutterischen Brüder*, trans. and ed. By the Hutterian Brethren (Rifton, N. Y.: Plough Publishing House, 1987), 31. *Chronicle* 指责教皇对圣经置之不理却是用"教皇的教令"作为其权威的基础。

体系的异见者,因为他们反对罗马和教皇,这本身就是宗教改革的雏形。这些"异见者"的神学可能真的是异端,或 4 世纪不存在教皇制,或婴儿受洗很少实行,等等因素一概没有考虑。这样一种教义(反)历史哲学给出的结果着实令人吃惊!据书中记载,3 世纪迦太基的一位分裂主义者名叫多纳徒(Donatus)①,教授和写作反对教皇的内容,把教皇说成是最令人深恶痛绝的东西。臭名昭著的阿里乌(Arius),他关于基督神性的观点在尼西亚会议上(325 年)遭到了谴责②,《编年史》却把他粉饰成另一个人,给予极大的称赞;他被称为"杰出的学者","勇于抨击罗马教会的错误……"③ 这二人都受到了赞扬,因为他们为那些离开罗马教会的人重新施行了"真正的洗礼",也因为他们受到了教皇的痛斥。他们是一长串与教会持不同意见之人的先行者——阿拉贡的彼得(Peter of Aragon)、诺瓦拉的多尔西诺(Dolcino of Novara)、韦尔多、胡斯、威克里夫——通过他们真理之光被保留下来,若干世纪之后,真理又完全体现在改革教会中。当我们看书中处理这些人物尤其是早期教父的方式,我们感到作者的意图显然已经掩盖了历史与神学背景的价值,他在解释教会历史的任务中完全没有考虑历史与神学的背景。

广为流传的《殉道者之镜》(Martyrs' Mirror)采纳了类似的解释思路④,该书编纂于 17 世纪,目的是表明重洗派而非罗马教会才是真教会并与使徒时代紧密相连。书中所描述的是一种属灵传承说。作者在序言中称,"重洗派信徒,或者与他们有同样信仰的人,从耶稣那时直到现在,

---

① "多纳徒派"得自多纳徒的名字,多纳徒大约于 313 年被持异见的多数派任命为主教,多纳徒派是天主教内部的一场洁净主义和严格主义运动。它拒不承认任何在迫害期间放弃圣经(叛教者)的主教或由这些主教任命的人员。因为恰好与北非基督教的严厉气氛相投,在许多城市里多纳徒派教会常常代表了大多数,包括奥古斯丁所在的希坡。但是多纳徒派对国家怀有敌意,与"大公"对手一样,他们也是按照主教制建立的,并声称多纳徒派的主教职位是从使徒彼得那里继承的。

② 或许是引自他的信件,尼西亚信经结尾处的咒诅显然是想清除一切与阿里乌有关的神学:"任何人说'存在他不在的时候','在他产生前他是不存在的','他从无中来',或者任何人妄称神子是'另一种实质'(hypostasis),或是'被造的',或是'可变化的',或是'不稳定的',大公的和使徒的教会都要对其进行咒诅"(Letter of Eusebius of Caesarea to his Church)。

③ The Chronicle, 43.

④ Thieleman J. van Braght, The Bloody Theater or Martyrs' Mirror of the Defenseless Christians Who Baptized Only Upon Confession of Faith, and Who Suffered and Died for the Testimony of Jesus, Their Saviour, From the Time of Christ to the Year A. D. 1660, trans. J. F. Sohm (Scottsdale, Penn.: Herald Press, 1938).

每个时代都存在着。"对历史上有建制的教会完全避而不谈，真教会有两个显著的标志：信徒的洗礼以及因信仰而遭迫害。书中按照时间顺序列举了从 1 世纪到 16 世纪的一长串人物，以证明重洗派具有古老的历史——使徒、迦太基的多纳徒（他本人"被称为重洗派，他的追随者也是重洗派"）、4 世纪的许多教父①、里昂穷人派（The Poor of Lyrons）、阿尔比派、韦尔多派、胡斯、威克里夫等等。《殉道者之镜》对异见者的理论并不感兴趣，书中旨在强调通过教义的传承保证了从使徒时代直到现在的连续性，所谓教义的传承就是指重洗派的信仰，包括公理制、信徒的洗礼、受罗马天主教逼迫。与宗教改革的作者相比，这些历史编纂家陈述历史的方式给人们留下了最为持久的印象，从而促成了"堕落"范式的形成。

范式的自主性

经常会有这样的事情发生，即一个过去的事件经过塑造之后比历史事实本身更容易为人们所接受。我们很熟悉钓鱼的故事，每讲一次，钓到的鱼就变大一些。毫无疑问，在后来的自由教会中，在理解教会历史时使用"君士坦丁堕落"的模式已经变得影响深远且无处不在。这主要是因为该模式自称源于古代，在历史中的存在具有活力，并成了一个人解释古代资源时首选的方法。一旦这样的假设被接受为"历史的"，那么它在随后的时间里就很容易得到扩充和深化。

随后对教会的解释通常采用堕落的模式，以及与此相关的复原意义上的教会历史。② 结果，新教改革变成不是对先前的（天主教）进行的改革，而是向使徒"黄金"时代的回归，所以就按照复原主义的意图要么跳过中

---

① 与弗兰克和胡特尔派的编年史不同，《殉道者之镜》一书改造教父的贡献，使其符合重洗派的策略，通过这样的方法，竭力重新树立教父的权威。尽管教皇制度被说成是 4 世纪就出现了，君士坦丁被说成是接受了信徒的洗礼，西尔维斯特被说成是同意重洗派的观点。但是有一点很重要，即这些编年史的作者所提供的关于早期历史的信息都是二手的或三手的。

② Dennis Martin 给"复原主义"下的定义是这样的："它拒绝传统的前现代的历史，为的是重建'真正的历史'；并且它不是把'真正的历史'放在传统或教会的奥秘中，而是放在已经失落但可以恢复的'事实'中。这一理论认为通过研习新约，一个群体或个人可以比另一个（腐败的）群体或个人更接近最初的耶稣或真正的耶稣或真正的保罗。""Nothing New Under the Sun? Mennonites and History," *Conrad Grebel Review* 5 (1987): 5.

间的历史要么选择性地挑选某些事件和人物，最后的效果是一样的。一种建制的教会历史与真信徒的教会历史之间的二元论开始流行起来了。

因此，敬虔派历史学家霍德弗里德·阿诺德（Godfried Arnold，他赞同并扩展了胡特尔派的立场）在他的《教会与异端的公正历史》（Impartial History of Church and Heresy，1699）①一书中告诉人们，4 世纪对基督教进行了严格的重新定义，有权势的教士开始相信只有他们拥有真理，结果任何人敢于反对他们或反对他们滥用职权的话，都被定为了异端。这些异端才是真信徒，他们保持了基督教导的朴实性，并且因为反对教会的制度而遭到迫害，他们的表现证明了他们才是使徒统绪的真正见证人。这是真教会的统绪，由圣灵建立并赋予生命力。相反，君士坦丁集团的主教们将神学纳入到既狭小又蹩脚的定义中，他们的神学不是建立在圣经之上，而是建立在符号与会议的声明上，根据他们的说法，一切真理都要接受审判。

通过反思《殉道者之镜》中的论点，自由教会历史学家路德维格·凯勒（Ludwig Keller）发展出了他自己的传承论的解释方法，涵盖的历史从早期教会直到宗教改革。②随后启发了恩斯特·特洛尔奇（Ernst Troeltsch），使他在其鸿篇巨制《基督教会的社会教导》（Social Teaching of Christian Churches，1911）中使用了二元论的方法描述教会历史。同样，浸信会效仿他们的先驱约翰·斯迈斯（John Smythe）也采取了类似的方法，斯迈斯一再拒绝相信外在的传承——即教皇、主教等等——声称"外在的教会没有传承，所有的传承都是从天上而来……"③信仰的延续性在

---

① *Unparteiische Kirchen-und Ketzer Historie vom Anfang des Neuen Testaments bis auf das Jahr Christi* 1688 (Frankfurt am Main, 1699). 感谢 Peter Erb 对阿诺德介绍性的导论，见 *Pietists: Selected Writings* (New York: Paulist Press, 1983); 以及 *Pietists, Protestants, and Mysticism: The Use of Late Medieval Spiritual Texts in the Work of Gottfried Arnold* (1666—1714) (Lanham, Md.: Scarecrow Press, 1989).

② Ludwig Keller, *Die Reformation und die älteren Reformparteien* (Leipzig, 1885). 韦尔多派是自由教会的先驱，他们的起源可以追溯到耶稣和使徒，以及后来那些因为反对西尔维斯特和君士坦丁政策而被定为异端的人都包括在内。埃伯哈德·阿诺德（Eberhard Arnold，死于 1935）也同意这一方法，他本人是德国胡特尔兄弟会的成员。

③ 转引自 W. M. Patterson, *Baptist Successionism: A Critical View* (Valley Forge, Penn.: Judson Press, 1969), 15. 最后，斯迈斯得出结论，复原的教会已经在门诺派中实现了，他本人也加入了门诺派。浸信会和基督的门徒的历史学家特别热衷于在各个时期发现遗留的真信徒。D. F. Durnbaugh, "Theories of Free Church Origins," The *Mennonite Quarterly Review* 41 (1968): 85f.

于神圣真理的传承而不在于制度化的教会。尽管为数众多的浸信派的历史学家都曾（准确地）告诉人们 17 世纪英格兰和荷兰的清教徒运动标志着现代浸信会的开始①，但是那些宣布他们的起源可能穿越时代到达新约时期的人其影响仍然十分巨大。根据后一种说法，浸信会不是宗教改革的一支，它的历史要早得多，自使徒之后的每个时代都可以发现浸信会信徒。

本世纪早期一本流行的小册子又助长了这种观点，即卡罗尔（J. M. Carroll）的《追寻有史以来基督徒的血迹》（*The Trail of Blood Following the Christians Down through the Centuries*）。② 尽管使徒的传承有些不可信（作为一种主教制度），浸信会信徒指出了一条自基督以来不曾中断的线索，主要是借助公理制、信徒的洗礼、独立于国家以及逼迫——"血迹"来找到这样一条线索。使徒之后不久，使徒教会就开始出现腐败了，随着主教制度和婴儿洗礼的兴起，"最初的民主政策以及早期教会的管理"就衰落了。但是当君士坦丁成为一位基督徒皇帝，教会便与罗马帝国沆瀣一气，并用属灵权力换取世俗权力。

> 最后，为了结成一种非神圣的联合，召开了会议……联盟结成了。教阶制形成了。在这个制度中，基督被罢免了教会首领的头衔，而君士坦丁皇帝则摇身一变成了教会的首领（虽然只是暂时的）。③

"教阶制"的发展受到了教会大公会议的影响，根据卡罗尔的说法，"教阶制"是天主教会的开始。应当注意，上文提到的"会议"大概指的是尼西亚会议，代表的不是圣经基督教而是国家与教会的混合物，以立法程序取代了使徒的信仰与神恩。那些拒绝出席古代会议的人，也拒绝了将主教制

---

① Robert Torbet, *History of the Baptists* (Philadelphia: Judson Press, 1950); H. Leon McBeth, *The Baptist Heritage: Four Centuries of Baptist Witness* (Nashville: Broadman Press, 1987); William Brackney, *The Baptists* (Westport, Conn.: Greenwood Press, 1988).

② 本书的全名值得关注：*The Trail of Blood Following Christians Down through the Centuries, or The History of Baptist Churches from the Time of Christ, Their Founder, to the Present Day* (Lexington: Ashland Avenue Baptist Church, 1931). 书的最后附有两页的图表，追溯了自基督到当时教阶制的或"天主"教会与真信徒教会的发展。

这本书看似英国一位浸信会牧师的理论在 20 世纪的普及版，即 G. H. Orchard, *A Concise History of Baptists from the Time of Christ, Their Founder, to the Eighteenth Century* (Lexington: Ashland Avenue Baptist Church, 1838). 他的作品于 1855 年再次发表，名为 *A Concise History of Foreign Baptists... from the Establishment of Christianity to the Present Age*。

③ *Trail of Blood*, 16.

嫁接在绝对权力之上，或者也拒绝了任何将集权政府抬高到个人信徒之上的做法，这样的人被称为"浸信会信徒"。按照传承论的模式，如果不局限于名称，"浸信会信徒"在使徒时代之后的每个时期都能找到。不仅如此，解释历史的范式变得固定下来，那些被认为是浸信会雏形的群体就更多了。现代的理论家在每个时代都能找到教义上的先驱——孟他努派、所谓的"诺瓦替安派"（Novatians）、多纳徒派、圣帕特里克（St. Patrick）、鲍格米勒派（Bogomils）、阿尔比派、罗拉得派（Lollards）、韦尔多派，当然还有重洗派。①

独立教会的历史学家詹姆斯·狄弗里斯特·默奇（James DeForest Murch）提出了一种几乎一模一样的模式，他指出罗马所具有的至高无上的权力是在君士坦丁的协助和鼓动下实现的。如同基督门徒会的主要建立者亚历山大·坎贝尔在一个世纪前的看法那样②，他认为教会的等级和组织取代了它的生命和灵性。这一举动明显地偏离了新约基督教。

> 在自我辩护中产生了最早的教会的信经、教条和官方规范。接下来的趋势却是信仰成了教义声明，以致个人不能委身于基督，也不能与基督交通。那些熟悉神学与教会传统的人则占据了当地教会的显著位置。③

而且，默奇还声称，"自公元30年在耶路撒冷建立第一个教会以来直到现在，自由教会就从来没有间断过。"④ 最让人触目惊心的是他令人想起了阿诺德的理论——异端构成了这条"从未中断的"链条的各个环节：孟他努

---

① 自由教会的传承论的影响十分久远，这在后来驳斥历史的出版物中表现得十分明显。Patterson, *Baptist Successionism*; J. E. McGoldrick, *Baptist Successionism: A Crucial Question in Baptist History* (Methuen, N. J.: Scarecrow Press, 1994).

② "Spirituality and true charity amongst the leaders expired in the council of Nice [Nicaea], when the first creed received the imperial subscription." *The Christian Baptist*, 5. 1 (6 August 1827): 7.

③ J. D. Murch, *The Free Church: A Treatise on Church Polity with Special Relevance to Doctrine and Practice in Christian Churches and Churches of Christ* (Louisville: Restoration Press, 1966) 29. 门徒教会与基督教会的历史学家在多大程度上赞同默奇的说法，现在我们还不得而知，因为他们对是否适用于早期教会还没有普遍的看法。自由教会中缺乏一种关于教会历史的"更长久的"看法显然是个问题。

④ Ibid., 36. 关于普利茅斯兄弟会和七日复临会的传承论神学，请参阅 E. H. Broadbent, *The Pilgrim Church* (London: Pickering and Inglis, 1931); Ellen White, *The Great Controversy between Christ and Satan* (Washington, D. C.: Review and Herald Publishing Association, 1911).

派、马西昂派、普利西里安派（Priscillians）等等，其（错误的）根据就是他们的聚会形式以及受迫害的遭遇。没有人关心这些早期团体的历史背景，而只是随意地将他们归入自由教会的范畴。自重的圣经学者不会允许有人这样对待旧约和新约！

　　威廉·帕特森（William Patterson）对连续模式的批评不算过分，他说这些理论过度使用并依赖二手材料[①]，表现出对一手材料缺乏了解，完全不考虑历史背景地利用过去的团体或组织，为要附会他们的预设。二手材料被当作无可置疑的权威，证明教会的堕落以及传承论命题，由此"历史"证据的假象就建立起来了。这些命题依赖或出自一个范式的事实却不被人注意。另一种说法就是这种范式是自明的，已经没有必要检验其真实性。或者，堕落范式证明其本身具有真实的力量，并且直到今天还有效。

针锋相对的历史版本

　　当我们认识到这样一种范式在很大程度上是作为新教辩论的手段发展起来的时，它的一个很重要的动机就显现出来了。作为反对罗马天主教神学武器库中的核心，教会的"堕落"与"重建"成了新教历史描述的不可或缺的一部分，并且若干世纪以来得到保留和加强。换句话说，在基督教人文主义的圈子之外，恢复教父思想以此来更新教会的想法迅速被分化成了"新教的"与"罗马天主教的"，每一边都声称自己源于使徒教会，教会改革被解释成了针锋相对的历史版本。

　　在一本名为《神圣的苦役》（*Drudgery Devine*）的书里，约拿单·史密斯表明了后宗教改革时期关于基督教起源的探讨在多大程度上演变成了新教反对天主教的护教学。17世纪和18世纪新教学术界都认可的一个假设就是有害的教义、哲学和实践悄悄潜入了耶稣朴素的福音，于是变身成

[①] Patterson, *Baptist Successionism*, 24. 如果有人抱怨我很少使用当代的资源去描述自由教会对待早期教会历史的态度（例如，卡罗尔、默奇等），我会回答说他们对历史和神学的看法继续主导着自由教会对自己的认识。有迹象显示有人已经意识到早期教会在自由教会身分形成过程中所扮演的重要角色。见即将出版的论文集，*The Free Church and the Early Church: Bridging the Historical and Theological Divide*, ed. D. H. Williams. 然而，多数自由教会的团体生活还是很少接触教父资源和早期教会历史，这表明我们还有很长一段路要走。

了罗马教会，或任何高度组织化的宗教形式。史密斯解释道：

> 将德国的宗教改革描述成用圣经对抗传统的斗争并不恰当。他们使用的手段是历史。由此他们发现教会早已与它的起源不同，教会是一个败坏的、堕落的、腐朽的组织。诉诸圣经本身并不是推动改革的泉源，而是衰落感的结果。正如人类堕落的教义是人类的关键，教会败坏的教义也是教会史的关键。①

我们看到《殉道者之镜》一书使用的就是类似的原则，这个例子表明意识形态的力量塑造了自由教会编纂历史的方法。这份长篇累牍的文件不仅是一个记载那些为真信仰牺牲的殉道士的编年史。其目的是重新书写教会历史，使之符合耶稣基督真教会的最初记号，并否认罗马天主教或其他新教有组织的教会拥有耶稣的起源。这种历史修正论并非重洗派所独有。林林总总的历史重建变成了早期新教撰写历史的特色，尤其是在罗马天主教痛斥新教的标新立异的时候。我们可以看到这些力量在约翰·福克斯（John Foxe）的《事迹与丰碑》（Actes and Monuments，1554）② 中发挥了作用，这是英国人首次试图建立起从使徒时代到宗教改革原新教虔敬（proto-Protestant piety）的连续性。他回顾了数百信徒因为反对败坏的教会而遭受折磨，这既表明了罗马天主教的腐朽，又追寻到一个新教之前的传承关系，最著名的就是阿尔比派和韦尔多派，他们的信仰精神跨越数个世纪与使徒教会相连。③ 17 世纪的清教徒或异见者（Dissenters）也谴责多数的教会历史是反基督的教皇主义，他们认为自君士坦丁以来教会的教阶制就急转直下，陷入了属灵衰落中。要到其他地方寻找真教会的根源。并非主教的传承而是前新教的异见者的传承是新教徒重建其悠久历史的途径，异见者的起源可以追溯到君士坦丁之前。

最早的由路德宗撰写的讲述宗教改革历史的著作《教会历史》

---

① *Drudgery Devine*: *On the Comparison of Early Christianities and the Religions of Late Antiquity* (Chicago: University of Chicago Press, 1990), 73, 转引自 M. Pattison, *Issac Casaubon*, 1559—1614, 2nd ed. (Oxford: Oxford University Press, 1892), 322.

② 书的全名是 *Actes and Monuments of these latter and perilous days touching matters of the Church, wherein are comprehended and described the great persecutions & horrible troubles, that have bene wrought and practised by the Romishe prelates*，或者更广为人知的名字是《殉道史》（*Book of Martyrs*）。第一个英文版于 1563 年出版（中文版 2011 年由北京三联书店出版）。

③ S. J. Barnett, "Where Was Your Church before Luther? Claims for the Antiquity of Protestantism Examined," *Church History* 68 (1999): 15—16.

(*Ecclesiastica Historia*，1574）坚持认为，自 2 世纪初教会在教会宪章和个别教义上已经开始偏离了使徒的真理，他称之为邪恶的奥秘（*mysterium iniquitatis*），天主教的第一个阶段（II. 109），该书由马提亚·弗拉维乌·伊里利库斯（Mathias Flavius Illyricus）监制完成（自 1775 年的第三版起更名为 *Magdeburg Centuries*，因为它每个独立的单元论述一个世纪的教会历史）。① 但是直到 4 世纪，即通过君士坦丁与他的继任者，教会与罗马帝国结成了联盟，教会见证了仪式与礼仪的兴起，那些仪式与礼仪多是借鉴异教的习俗，而并非来自新约。该书的论调过于倾向辩论了，其意图是反驳天主教的真实性，并表明路德宗是向使徒信仰的回归。

这一主题在由新教出版的早期教父的译著中反复出现。此处不拟罗列各出版著作的种类与差异，但是我们还是举一两个例证，沃夫冈·穆斯库勒（Wolfgang Musculus）在 1540 年将巴西尔的 *Ascetica magna* 译成了拉丁文，他想表明卡帕多西亚教父（Capppadocian）是宗教改革的直接迫害者，后来西奥多·贝扎（Théodore Béze）于 1570 年在希腊—拉丁版的《关于圣三位一体的五段对话》（*The Five Dialogues on the Holy Trinity*，他将其错误地归在了阿塔那修的名下）中提出改教家的三一论与阿塔那修更相符。② 可见，这一时期关于教会历史的作品或译著常常是出于表明信仰的目的，并在当时的新教和罗马天主教之间引起了极大的争议。对于早期教会的兴趣是出于重获神学"黄金时代"的目的或只是改革当前教会的手段，其实无关紧要，因为各方都声称面对长久以来的教会腐败只有他们才与新约基督教有联系。

意义

毫无疑问，由于各种原因，关于"君士坦丁之后基督教的堕落"的认识已经以不同方式渗入到当代的神学思考之中了，学术界和普通民众都难

---

① 关于《教会历史》一书中所陈述的历史重建的颇有见地的评论，见 Auguste Jundt, *Les Centuries de Magdebourg, ou la Renaissance de l' Historiographie Ecclesiastique au Seizième Siècle* (Paris: Librairie Fischbacher, 1883).

② Irena Backus, "Some Fifteenth-and Sixteeth-Century Translation of Basil of Caesarea and Justin Martyr," *Studia Patristica* 18. 4 (1990): 305—321.

逃其影响，这样的例子不计其数。莫尔特曼便使用了这一范式，他指出君士坦丁时代是基督教会承担政治性宗教角色的开始，即教会被纳入了罗马帝国的政治秩序。① 同样，马尔克姆·马格里奇（Malcolm Muggeridge）区分了基督教与"基督教王国"（Christendom）："基督教王国开始于皇帝君士坦丁时期。基督教开始于道成肉身。"② 因此，基督教王国是上帝最初事工的僵化和政治化的产物，在 4 世纪通过将基督教纳入国家的方式产生。

还有斯坦利·豪尔瓦斯（Stanley Hauerwas），他是一位具有循道宗背景的伦理学家（他曾自称"高派教会的门诺"），他将君士坦丁范式引入了自己的思想，用以批判当代的西方文化，尤其是美国新教。如同古代基督徒将罗马帝国与上帝之国联系在一起，许多美国人也将他们国家的民主以及资本主义政策与上帝的拯救计划混为一谈。③ 豪尔瓦斯提出，任何时候只要教会及其神学与国家的意识形态搅和到了一起，我们就认为是"君士坦丁的基督教"。每当基督教的普世性被包含在西方文明或国家中而非教会中的时候，这种情形便会发生。"教会不再代表可以辨认的人们，它首先表示等级制以及举行圣事的组织。"④ 与此不同，豪尔瓦斯声称教会意味着常住外国人的聚居区，其作用是一个作为对照的社会或城邦（polis）⑤，在那里教会与国家最感兴趣的事情有所不同。

我的研究并不是要否认到 4 世纪末基督教信仰的结构已经受到了深刻

---

① Jürgen Moltmann, *The Passion for Life: A Messianic Lifestyle* (Philadelphia: Westerminster Press, 1978). 在该书中，莫尔特曼高度赞扬教会的公理制（congregationalism），认为它最完美地实现了宗教改革信徒皆祭司的观念。教会的一切内部结构都是为了会众（congregation）。然而，他说，"随着罗马帝国的基督教化，教会丧失了其作为会众的独有的和可见的形式。因此教会的建立不再通过自愿和独立的集会，而是分属于不同的地区、地带、教区、行省教会、文化教会和国家教会"（如同他批判的德国国家教会）（121）。而且，将神职人员从平信徒中分离出来；实践信仰要通过参与公共事件；举行圣事不再是信仰群体的活动，相反，圣事成了牧师的官方行为；服事（diakonia）融入了国家的一般福利体系，由此教会也丢掉了自己的使命（122）。

② Malcolm Muggeridge, *The End of Christendom* (Grand Rapids: Eerdmans Publishing Company, 1980), 14.

③ "What Could it Mean for the Church to be Christ's Body?" in *In Good Company: The Church as Polis* (Notre Dame: University of Notre Dame Press, 1995), 58.

④ A. Rasmusson, *The Church as "Polis": From Political Theology to Theological Politics as Exemplified by Jürgen Moltmann and Stanley Hauerwas* (Notre Dame: University of Notre Dame Press, 1995), 222.

⑤ Stanley Hauerwas and William Willimon, *Resident Aliens* (Nashville: Abingdon Press, 1989), 69ff.

的影响，狄奥多西一世（Theodosius I，379—395）时期它从一个边缘化的小教派一跃成为罗马帝国的主要宗教。很显然君士坦丁主义已经超过了它在4世纪时的事件本身所包含的意义。我十分认同，教会试图将它的使命及历史意义与任何时代的国家或文化等同起来，这样的试探是基督徒在执行"去使万民做门徒"（太28：19）的使命中长期要面对的问题。最有讽刺意味的是任何成功实现了基督教化的社会都不可避免地要面对基督关于他的国不属于这世界的宣称。教会与主流文化结合，结果导致教会丧失了自身的身分，也无法对文化发出先知的声音。

对于道德神学而言，当面临教会在现代社会的角色变化等恼人问题时，或许有限制的君士坦丁主义是个很实用的模式。① 作为浸信会信徒，我对浸信会坚持教会与国家分离的传统并无异议。但是，正如豪尔瓦斯说的那样，"君士坦丁主义是一个'既成事实'（given）"②，这正是困难之所在。如果基督徒宣布要抛弃君士坦丁主义，那么他们实际抛弃的是什么？君士坦丁主义与教会的"堕落"存在历史上的联系，对多数自由教会的人来说这一事实的含义远超过了政治神学问题；它更是作为明明地或暗暗地放弃后使徒教会的神学和属灵历史的根据。君士坦丁模式结果是指控4世纪以及后来的基督教犯了严重的错误并抛弃了圣经的支撑点。那些想忠于基督信仰的人必定得绕过这一点才能行在正路上。

最有力的证明君士坦丁主义问题重重以及与圣经基督教相比它大多属于外来传统的证据是由约翰·霍华德·尤达（John Howard Yoder）给出的，此人是一位门诺派的学者，他的著作影响了20世纪自由教会研究的方向。一方面，尤达并不认同复原主义，即经由一系列与殉道者或异议者有关联的归信者追溯出真教会的组成。这种反历史编纂法的倾向就是"想象真正的联系并不存在，因此妨碍了对最接近实际的理由的研究"。③ 另一个问题就是假设所有受迫害的异议者的所有观点都是一致的；但实际并非如此，包括婴儿受洗在内，他们的看法并不相同。更根本的，尤达批判了复原主义的无历史性："如果公开的组织传承不能确保主流教会的忠信，

---

① 见另一个例子，Loren Mead, *The Once and Future Church*（New York：The Alban Institute, 1991）。

② *Ibid.*, 231. 对豪尔瓦斯而言，堕落范式是有作用的，但并不是在辩论或反天主教的意义上，他盛赞他自己的循道宗传统是"重新发现了约翰与查尔斯·卫斯理的天主教内容"。

③ John Howard Yoder, *The Priestly Kingdom：Social Ethics as Gospel*（Notre Dame：University of Notre Dame Press, 1984），133.

那么为什么秘密的组织传承能确保忠信的教会?"任何回避教会整个历史的批判都不是负责任的做法。为了向教会历史提供其他修正论的评判,一个人必须关注历史。关于教会历史的二元论认识是不充分的。

另一方面,尤达将新约教会的"堕落"等同于所谓的"君士坦丁之变",在基督教历史上这是一个很消极的转折点,从此教会由一个批判的、预言和受迫害的少数派变成了权力、福祉和等级制的立法者。简单地说,君士坦丁时期,福音的准则——即基督的故事与训言——遭到了背叛,4世纪的堕落产生了新的教会学,并且基督教的道德也随之急转直下。帝国的价值观以及社会和法律结构趋向于与基督教一致,"君士坦丁时虔诚与权力结婚了",由此缔造了基督教的罗马帝国。君士坦丁之前,暴力与强制是不符合道德的;君士坦丁之后,人们越来越接受帝国使用暴力以履行基督教的职责,镇压其他被定为异端的基督教团体。君士坦丁之变中教会接受的东西正是耶稣所反对的,教会从各各他来到了战场。此处的论述显示了尤达捍卫基督教和平主义的立场。

在这个新的教会学中,国家与教会之间的界线不再清晰;罗马社会成了笼统的教会。再也不可能清楚地区分真教会了。"基督徒"一词的含义发生了改变:其最初的道德和思想的含义由于社会与政治的压力已经丧失了。这对于教会内部结构的影响十分深远:

> 信仰的定义不再以信徒的集合为基础。结果那些寻求教会的人只得去找神职人员,尤其是主教,因此"教会"指的更多是教阶制而不是教会中的信徒。①

因此,"君士坦丁主义"就是教会作为有等级的组织兴起了,而作为信徒的共同体则倒塌了。实际上,当代的政治—社会议程已经取代了认信教会的教义发展。

随着教会身分的转变,表达在主要信条中的教会教义也受到影响。在一篇评论尤达关于4世纪教会的看法的文章中,赖默(A. J. Reimer)声称,尤达是否认为由尼西亚会议(325)和君士坦丁堡会议(381)确立的君士坦丁转变与三位一体正统属于同一个运动,这一点不是很明确,虽然尤达思想总的趋势是认为二者有内在的联系。例如,3世纪已经很有地位

---

① Yoder, "The Constantinian Sources of Western Social Ethics," in *The Priestly Kingdom*, 136.

的使徒信经被认为偏离了圣经的叙述，因为信经没有提到耶稣的生平与教训：从出生直接"跳到"了被钉十字架。信经也没有急促地呼召人们悔改并寻求赦罪，尽管信经承认基督教的信仰就是"罪得赦免"。"相反，"赖默说，"在信经中圣礼主义与形而上学推论已经初见端倪，这二者风行于中世纪的教会，并且天主教会本身成了信仰的对象。"①

尽管尤达的思想在构造上有许多微妙之处，在这里不能一一呈现，但是可以准确地说堕落范式得到了全力肯定：重洗派恢复了教会在新约中的模范状态，自君士坦丁以后，在权威主义的迷雾以及政治—教义的操纵中教会一度变得昏暗不明。尽管尤达提出了充分的理由不支持反教会历史的有效性，但是他还是鼓动人们从新约跳过若干世纪以来的腐败直接到达16世纪的彻底更新的教会。这与哈罗德·本德（Harold Bender）的名篇《重洗派的异象》（The Anabaptism Vision）不同，在文章中本德也反对属灵传承说。重洗派运动被描绘成宗教改革的顶点，是路德与茨温利最初异象的实现，是新约教会的再造，没有丝毫妥协之处，也实现了基督和使徒的异象。本德称，与1500年的教会历史和文化决裂比与新约决裂更可行。②

后果与影响

现在我们必须回到本章之初我提出的问题。4世纪以降定义和辩护信仰的方式出现了突变吗？我们找到使徒基督教的有效性以及它所宣扬的、在随后的几个世纪中被逐渐抛弃或压制的福音真理了吗？如我们看到的，新教的自由教会尽管在教义和历史发展方面缺乏统一性，但是对上述问题的回答却都是陈述教会的负面事实。这是一个不断堕落的故事，旨在贬低自使徒时期末到宗教改革的神学发展。尤其是后来的（教父的）传统涉嫌

---

① A. James Reimer, "Trinitarian Orthodoxy, Constantinianism, and Theology from a Radical Protestant Perspective," in *Faith to Creed: Ecumenical Perspectives of the Affirmation of the Apostolic Faith in the Fourth Century*, ed. S. M. Heim (Grand Rapids: Eerdmans Publishing Company, 1991), 136—137.

② Harold Bender, "The Anabaptist Vision," in *The Recovery of the Anabaptist Vision*, ed. Edward G. Hershberger (Scottsdale, Penn.: Herald Press, 1957), 37—41.

在简单的圣经启示之上增加了额外的解释,以带着政治目的的信经取代了关于耶稣生平和受难的直白描述,并产生出一种精英型的神学。结果成为基督教正统的基督论和三一论被认为是反映了君士坦丁教会,而不是基督教会的权力结构和理解方式。① 信经、礼仪、教理以及教会职分都是与使徒时代对立的事物,同样外在的或"天主"教会妨碍了将真信仰传递给后代的信徒。由此,堕落范式完成了。

在对君士坦丁时代具高度倾向性的解释中,阿利斯泰尔·基(Alistair Kee)毫不含糊地指出君士坦丁从来不是一个真正的"信徒",他所谓的归信基督教意味着教会的价值观被君士坦丁的价值观取代了,后者是由权力与财富的政治意识形态所主导的。教会被直接纳入了帝国的规划并成为帝国统一的工具。"历史上的耶稣的价值观现在被君士坦丁的价值观取代了,"因此,

> 他[君士坦丁]征服了基督的教会。这次征服是全面的,延伸到了教义、礼仪、艺术和建筑、社会风气、思潮和伦理。这是最大的讽刺,君士坦丁用友善得到了他的前任们用武力不曾得到的成就。不动一刀一枪,也没有引起任何人的怀疑,基督徒被俘虏了,而他们的宗教也变成一种新的帝国狂热崇拜。②

一旦基督教罗马帝国的驱动力被转化成权力政治,基督教的教义与伦理表述很快就反映出它所处的环境。教会公会议机制以及由受封的主教做出决定表明了教会组织正在世俗化。教义与实践都被污染了,因为教会偏离了新约以及使徒的源头。这就意味着 4 世纪的主要信经尼西亚—君士坦丁堡信经(381),以及 5 世纪的卡尔西顿信经(451),可以视为表达了被君士坦丁腐蚀了的传统,因此与确定正统基督教的任务毫无关系。

这样的观点给信经的起源问题投下了一道黑影,并且它还被理解成了对信经的普遍怀疑。历史上的自由教会都认为他们是反信经的——"没有

---

① 关于君士坦丁的"堕落"以及复原主义的其他例子,见 G. J. Heering, *The Fall of Christianity* (New York: Fellowship Publications, 1943); Henry Townsend, *The Claims of the Free Churches* (London: Hodder and Stoughton, 1949)。

② Alistair Kee, *Constantine versus Christ: The Triumph of Ideology* (London: SCM Press, 1982), 154.

信经只有基督"——只认可圣经以及圣灵的工作，对此我们不必感到惊讶。① 古代信经反映的是已经被抛弃了的等级制度和帝国制度，而在体现正统信仰上并无作为。因此，它们隐约体现了神学上的正统，正如尼西亚信经那样，它们也表明了 4 世纪时教会内部发生的政治和社会变化。这些信经被新教使用或至少被认为是教义纲要，主要因为这些信条得到了改教家的推崇，而与教父时代本身并无历史关系。

然而对于我们目前的任务更重要的一点是堕落范式具有一种倾向（有意的或无意的），即贬低或弱化教父时代后期在确定真信仰问题上的价值。这一立场十分有讽刺意味的是多数福音派都认可尼西亚—君士坦丁堡会议确定的三一论以及卡尔西顿会议确定的基督论，并且在阅读圣经的时候使用这些神学"透镜"作为真理。这一时期所形成的传统被认为既不是使徒时代的延续也不是前三个世纪的延续。教父时代后期订立的教会建制（如"等级制"）和信仰传承一定比圣经里的教会和信仰概念逊色，这是合情合理的，在有些情况下甚至需要悔改。

尽管表面看来福音派学者十分关注教义与历史，但是长期以来教会堕落的范式还是造成了人们以一种跳跃的和无历史的方式划分教会历史。他们完全无视 4 世纪以来内在的神学价值，唯一重要的"真历史"就是单单是真理或属灵传承关系，这是福音派神学和解经学的典型特色。一个人可能会偶尔听到尼西亚或使徒信经；然而君士坦丁时期基督教的教义历史及神学建构并不是今天讲道和教导的核心部分。虽然今天看起来还不直接，但我坚持认为堕落的范式（有或没有君士坦丁）已经成功地阻止了福音派将信仰奠基性的几个世纪纳入他们自己的历史。

这就意味着古代传统被完全忽视了，以致许多新教的机构在训练牧师或学者时很少或者完全没有接触到古代传统。多数研讨会都很难有历史神学的位置，而一般性研究或教派历史则占据了大部分可能的篇幅。美国的自由教会很少有学者熟悉教父文献，不过有越来越多的研究生开始学习教父学专业，这表明研究教父的学者人数在增加。

---

① 格伦·欣森（E. Glenn Hinson）是一位研究教父学的学者，从浸信会的角度写作，他证明了尽管浸信会不承认信经和教义的表达形式，但是实际上历史上的他们正是通过"信条"来确认信仰的，并且这些信条正是基督教的精髓。"Creeds and Christian Unity," *Journal of Ecumenical Studies* 23（1986）：25—36. 本着同样的目的表达门诺派观点的，见 Howard Loewen，*One Lord, One Church, One Hope and One God: Mennonite Confessions of Faith*（Elkhart, Ind.：Institute of Mennonite Studies，1985）。

从神学上讲，自由教会预设教父（以及中世纪）神学是按照帝国的或等级的模式而非按照圣经建构的，在自由教会的思想中最大的裂缝乃是圣经与传统是两个不同的且相互冲突的权威，彼此之间相互排斥。将传统解释为意在巩固主教制的非圣经的或纯粹人为的产物，我们看到这样的思路在自由教会中源远流长。如果重建教会的目标是回到圣经或使徒基督教，那么教会的传统不会成为教会重建过程中的同盟，而是成为教会"堕落"的副产品，妨碍教会的重建。

另一种进路

本章讨论的是堕落范式怎样发展成扭曲 4 世纪的教会和政治力量，其目的是为教会需要彻底回归提供强大的证据。这种扭曲的核心是"君士坦丁主义"的观念如何把早期教会教义的发展化约为帝国政治的附庸。这一范式几乎完全忽视了一个现象，即整个教父时期崇拜与认信的教会都充满了活力和延续性——包括君士坦丁之后的时期。早期教会宣扬和实践的信仰不是由皇帝和主教的政治阴谋决定的。基督教身分的基本表述和建构是 4 世纪**领受**的并通过解经和礼仪生活一直延续下去的事物，二者都反映在信经传统中。换言之，我假设后使徒时代与 4 世纪和 5 世纪所表达的基督教之间的连续性比自由教会的教会历史学所允许的更复杂更持久。多数对基督教君士坦丁化的批评总是从单一的维度得出结论，他们的焦点在于政治—公会议的权威如何影响了整个教会，以致忽视了基督教领袖和教会通过多种方式保护了教义正统，他们不依赖有时甚至是反对帝国权力。和任何世纪的基督教发展一样，关于教父时代后期的历史证据都比我们的模式所呈现出的更丰富更不雷同。

自由教会中有太多人对前宗教改革的教会抱有负面的看法，这使他们看不到基督应许要建立教会并使它战胜"阴间的权柄"（太 16：18），所指的教会也包括了教会历史的这一时期。这个应许不仅仅是给福音派教会的！基督自己是他的身体也就是教会的头（弗 4：16）。这是基督所爱的教会，他舍弃生命，为的是"藉着道把教会洗净，成为圣洁，可以献给自己，作个荣耀的教会，毫无玷污、皱纹等类的病，乃是圣洁没有瑕疵的"（弗 5：27）。如果拒绝看到基督在圣洁里建立教会是自他升天之后每个时代的一部分,而仅仅在属灵主义或末世论的意义上理解这些话,就不能正确地明白此段文字的含义。

宣告我信"圣而公之教会"就是:这一信仰的声明必须与我们所采取的任何教会堕落观相结合。声称自君士坦丁直到宗教改革除了很少的人外整个教会都陷入了完全的叛教,这样的说法使上述经文变得毫无意义,并且质疑基督为教会他的新娘所预备的。我们可能同意伦理学家所谓的"君士坦丁主义"具有一定的危险性,但我们应该期待上帝的护理统治罗马帝国,通过罗马帝国的力量和缺陷影响他的教会。在教会历史中我们选择强调的不应该与上帝所应许圣灵在每个时代的工作或者圣灵工作的缺失相混淆。正如尤达所说的那样,如果叛教是真的,忠信也必须是可能的。下一章我们将看一看忠信是怎样同时被保存和转化的。

5

由公会议和信经建立的传统

> 应该对这位皇帝表示深深的敬意,他的权力来自上帝,他的统治不受主教的审判,因为凯撒的归凯撒;上帝的归上帝。
> ——普瓦蒂埃的希拉利(Hilary of Poitiers),《驳华伦斯和乌萨修斯》(*Against Valens and Ursacius*)

> 正如罗马统治下的所有人都拥戴你是皇帝以及全世界的主,你也是全能上帝以及神圣信仰的仆人。
> ——米兰的安波罗修(Ambrose of Milan),《致瓦伦提尼安二世书》(*Epistle to Valentinian II*)

公元390年,一个以圣普汀提安娜(St. Pudentiana,现在被称为Santa Pudenziana)命名的教堂在罗马建成了,在教堂的后殿(apse)[①]装饰着一幅巨大而宏伟的镶嵌画,画上是耶稣坐在一个高背宝座上,手捧一本打开的书,书上写着"(我是)主,普汀提安娜教堂的守护者"。在耶稣两侧较低的位置坐着使徒,背景是长长的回廊,在回廊之上则是耶路撒冷城市的全景图。在这些隐约可见的形象之上是一个巨大的十字架,十字架矗立在山上,还有四个长着翅膀的动物,大概象征着四福音书。对参加聚

---

① 后殿是一个半圆形的空间,位于教堂正殿的后侧(或前侧),通常用于安放教堂的祭坛或高坛。该时期长方形廊柱大厅式(basilica)建筑都具有这些要素。

会的信徒来说，呈现在他们面前的是一幅令人敬畏的景象。基督像一块巨大的磁铁，被放在画的最中央，如同安坐在天和地的中心，把所有的注意力都吸引到他身上。

基督坐在宝座上，身穿罗马的金色长袍，他的"大臣"——就座——一幅富丽堂皇而又令人震撼的形象——多数艺术历史学家都将这个人物解释成皇帝的象征，这幅图景表现了教会篡夺了罗马皇帝的权柄，鼓吹它拥有统治罗马帝国的权威。此处我们又一次看到了他们所使用的假设，是我们在上一章常常碰到的，即自君士坦丁之后凯撒—教皇政治主宰了基督教的思想和志向。

我们也必须再次提出疑问，对于早期基督教之后多样而复杂的情况来说，这样的假设是否公正。圣普汀提安娜教堂的镶嵌画提供了一个重要的例子，显示出古代教会内部怎样在罗马帝国的背景下阐释自己的信仰。毫无疑问，基督和使徒的形象甚至耶路撒冷的形象都是按照4世纪晚期的文化标准来描绘的。但说基督被有意描绘成皇帝的样子，以进一步证明教父教会正在接受帝国的意识形态则是另一回事。在一本名为《众神的冲撞》（*The Clash of Gods*）论述如何理解早期基督教艺术的标志性著作中，托马斯·马修斯（Thomas Mathews）反对所谓的"皇帝的神秘气氛"（the emperor mystique），或在历史学家中流行的一种普遍趋势，即将后君士坦丁基督教被凯撒—罗马世界广泛接受的原因归结于教会模仿罗马世界。根据马修斯的说法，问题在于这样的假设使得学者们将早期基督教看作人为的产物，以致许多不合规律的事情以及显而易见的矛盾都被忽略了。①

135　　艺术历史学家一般认为4世纪是教会"建立"并被纳入帝国运行轨道的时期，并且他们竭力附会这一认识。但是根据历史事实，4世纪教会—政治取得的最显著的成就却是给出了教会与国家**分离**的定义。②

如果我们能够先去掉马修斯所说的前提再来审视圣普汀提安娜教堂的

---

① Thomas Mathews, *The Clash of Gods: A Reinterpretation of Early Christian Art* (Princeton: Princeton University Press, 1993), 11—22. "基督教描绘的帝国结构是一项十分神圣的教条，不可能轻易篡改。它被吸纳进英语、法语、意大利语以及德语的艺术史手册内，仍然代表了关于基督教艺术兴起的普遍想法"(21)。

② *Ibid.*, 89（强调部分是我加的）.

后殿，我们就会注意到基督这个形象缺少许多代表帝国的最重要标志，使徒在画中坐在基督两侧，而罗马议员则绝不允许坐在皇帝面前。①

总之，此处赋予基督的形象并不意味着要将他描绘成皇帝，而仅仅是为了显示他完全的神性，正如尼西亚信经在反对阿里乌主义时说的，"出于上帝而为上帝，出于光而为光，出于真神而为真神，受生而非被造，与父一体。"到4世纪末，尼西亚基督徒已经理解并全力捍卫道成肉身的基督不次于上帝，他不仅仅是地上的（较低的）统治者。圣普汀提安娜教堂的镶嵌画可能是出于神学动机，或许还是反帝国的，它将高高在上、拥有一切权威的基督描绘成一位哲学家—教师（上帝的道）以及圣普汀提安娜教会信徒的守卫者，反对一切人包括充满敌意的阿里乌派皇帝，他可能会破坏正统信仰。

再次重申，关于后君士坦丁教会在罗马帝国内该放在什么位置的证据林林总总，对圣普汀提安娜教堂截然不同的解释为我们解释这些证据的任务提供了一种模式。这一时期的教会"堕落"了以致主教等级制开始向会众的教义和属灵权利大发淫威吗？在4世纪和5世纪基督论和三一论信经成为正统反映了君士坦丁教会而不是基督教会的权力结构和认识吗？如同过去对这幅镶嵌画的描述，我认为自由教会在理解历史时所采取的堕落范式存在严重缺陷，需要进行调整。

在本章的开始首先要确立两个命题。第一，每个历史阶段的教会都对福音进行了回应，既有非常忠实于福音的，也有不太忠实于福音的。和教会历史上的其他时期一样，这一原则也适用于君士坦丁之后。我们可以肯定，在教父时代后期产生的教义中，使徒的教导既得以保存，也有不同程度的扭曲。同样，如果我们说教会在道德和政治上"堕落"了，那么我们最后会发现教会在最早一代基督徒时已经堕落了，包括在保罗的时代。我们看到有很多问题困扰着哥林多教会，次序与圣灵引导下的自由（林前1，12，14）、教义争论与异端（15章）、在不信的人面前彼此告状（6章）、滥用职权并拒绝基督爱邻人的呼召（13章）。与耶稣同时代的基督徒所处的位置十分关键，他们是福音的见证者和中介人；然而，福音的显

---

① Thomas Mathews, *The Clash of Gods: A Reinterpretation of Early Christian Art* (Princeton: Princeton University Press, 1993), 11—22. "基督教描绘的帝国结构是一项十分神圣的教条，不可能轻易篡改。它被吸纳进英语、法语、意大利语以及德语的艺术史手册内，仍然代表了关于基督教艺术兴起的普遍想法", 98—114。

明并不能避免堕落人性的顽抗以及它对基督教团体造成的影响。福音的信息是如此荣耀,然而它的荣耀却完全是在尘世的历史中展开的。

在此还要增加一点,当我们看到自使徒时代以来基督教已经在同化和改变罗马的文化世界时,"君士坦丁主义"理论的力度就不那么突出了。2—3 世纪的护教士曾提出基督教与最高贵的希腊文化的理念和美德相容无间。① 如查士丁(殉道者)、奥利金和亚历山大的克莱门等知识分子将耶稣基督描述成完全实现了古代哲学家特别是柏拉图所只能设想出一部分的上帝与世界。罗伯特·马库斯(Robert Markus)指出,基督徒对待异教世俗文化的态度并非完全一致,其中有一段错综复杂的历史。② 信徒总是需要确定其独立于世俗社会的身分,并判断异教的价值观哪些是可取的哪些是不可取的。君士坦丁宽容教会,或许开启了一个基督教受到尊重并在社会上占据优势的时代,但是这样的新形势也加剧了业已存在的教会与文化之间的紧张关系。

第二,也是更加重要的一点是,我们看到 4 世纪和 5 世纪教义和教会学表述的确立不能归因于以帝国为导向的主教们所发挥的一系列政治权力。相反,神学是从教父教会的笔下和大公会议上涌现出来的,他们熟悉新约的教训和语言,熟悉由当地教会信条建立的信仰权威,也熟悉当信徒试图用福音的意义来针对他们的文化和思想处境说话时所面临的普遍需要。不管一个人是否相信罗马帝国的命运与基督教的前途紧密相连,后君士坦丁时代的基督教都同样重视重新审视它对基督教身分的忠诚程度。③ 声称国家与教会存在一种关系的说法使教会更有必要自我省察,正如我们在奥古斯丁的鸿篇巨制《上帝之城》(*The City of God*)中看到的。

---

① 当然,对待希腊—罗马文化的态度也有例外的。早期基督教作家如塔提安和德尔图良并不迁就希腊罗马文化(尽管他们本人受过异教文学与哲学方面的良好训练),而且公然谴责信徒使用的异教风俗,认为那是不折不扣的妥协。

② Robert Markus, *The End of Ancient Christianity* (Cambridge: Cambridge University Press, 1990), 27.

③ 关于这个问题基督教的历史学家并没有一个一致立场。优西比乌的《教会史》之后,鲁非努斯(Rufinus)和奥罗修(Orosius)等作家将罗马帝国理解为宣扬基督教信息的工具。另一些人,如奥古斯丁和萨尔维安(Salvian),则热衷于将罗马帝国的兴盛衰亡与上帝的国的历史和未来分开。

作为活的传统的教义

我在第一章提到,早期教会的传统不是静止不变的,而是处在不断修订的过程中。到了 4 世纪的教会,由于神学争论的影响,教义灵活性的程度受到了严峻的考验。迫于急切的需要,当时的教义立场发生了深刻的变化。2 世纪时查士丁将基督描述为"第二位的"(在与父的关系上)或"天使",到了教父时代后期很少有人对此感到满意。同样,与卡尔西顿信经(451)相比,阿塔那修早期对基督人性的解释是有缺陷的,虽然很少有人提起这个问题。我们一定不要忘记,直到 4 世纪晚期和 5 世纪三一论、基督论以及圣灵论的教义才达成了一致并获得了普遍接受。① 由于基督教传统不断变化的特点,有少数早期被认为是正统的教义后来成了异端。最可靠的教义本身是圣经怎样被理解以及使徒信息怎样在世界中具体化过程的结果,对此帕利坎解释道:

> 基督教的教义是一些理念和概念,但又不止于此。基督教的教义是教会在祈祷和受苦、服事和顺从、庆祝和等待上帝的国到来时所相信、教导和宣称的。它也表达了基督徒信心和见证的不完整性,对使徒们所承认的真理的最明显的说明是《哥林多前书》13:12:"我们如今仿佛对着镜子观看,模糊不清……我如今所知道的有限。"②

问题在于,我们在考虑由后君士坦丁教会产生的信仰和信条时,必须避免两个极端,即把若干世纪以来教义的连续性看作一成不变的,或者相反,赞同一种推崇多样性和差异性的历史模式。教义具有连续性,这并不是说教义的发展是无边无际的、铁板一块的前后传承关系,因为基督教的教义不是一系列抽象的原则和推理。由于教义总是从教会的生活中来,它的连

---

① 基督教正统的基本语言以及对自身的理解来自四次"普世"公会议:尼西亚会议(325)、君士坦丁堡会议(381)、以弗所会议(431)和卡尔西顿会议(451)。这四次会议(及其信经)被路德接受为真正大公的和可靠的。其他指导早期教会信仰但不是出自公会议的权威有使徒信经和"阿塔那修信经"。关于这些信经的英译本摘要,见 Philip Schaff, *The Creeds of Christendom*, vol. 2: *The Greek and Latin Creeds* (Grand Rapids: Baker Book House, 1983)。

② Jaroslav Pelikan, *Development of Christian Doctrine: Some Historical Prolegomena* (New Haven: Yale University Press, 1969), 143—144.

续性从来不是整齐划一的；教义不仅要保留还要稍加改变，不仅要实现还要进行修正。汉森（R. P. C. Hanson）曾经暗示说理解教义连续性最好的方法是想象一艘船被一条长长的绳子拴在锚上。各时代的问题就像风和浪，可能使船驶向不同的方向，进入有益的或不利的航道，但是从来不会超过绳子的长度。"当圣经和教会的缆绳拉回冒险的小船的时候"，教会历史上也许有而且应该有"简化、删减、改革和再思"的时期。①

带着这样的想法，我要说后君士坦丁时代与上帝的护理（providence）是一致的，在解经学的发展以及教会最关键的教导上发挥了根本性的作用，当然这并不是我原创的观点。或者说得更激烈一点，我要说教父时代后期已经成为教义的标准，后来直到今天神学的发展都要以它为准绳。这一时代的伟大信经，三一神学和基督论的发展，圣经正典的成形，关于人的灵魂、人照上帝的形象被造、堕落与拯救、因信称义等教义，都可以在这一时期找到最初的（在许多情况下）和持续的支撑。后来神学的所有脚步，不论是肯定的还是否定的，都从早期教父的足迹开始。

如果我们说教会堕落了，那么我们必须明白教会已经是堕落的了，正如同样的教会被说成是神圣的，那么它在这一时期也是神圣的。君士坦丁之后神学的发展并没有颠覆圣经以及使徒信仰。相反，主要的信经和教义方面的考虑有意识地扩展了早期传统以及新约的教导，同时为应对新挑战竭力阐明基督教对上帝和救赎的理解。因此，我们不能全然抛弃已有的基督教正统，那是以后时代的教义标准。撇开全国或世界基督教协会所构想的议程，教父基督教给出了清晰、忠实的普世性，提供了自由教会必须重新恢复的身分"根源"。基督教会，无论新教、罗马天主教还是东正教，没有任何一派能做到忽视这一遗产而不必承受将来的损失。

材料的评估

或许在解释君士坦丁及其遗产的时候，最具争议性的问题是一位同时代的基督徒和热情洋溢的崇拜者即凯撒利亚的优西比乌（Eusebius of Cae-

---

① R. P. C. Hanson，*The Continuity of Christian Doctrine*（New York：Seabury Press，1981），83.

sarea）是如何描绘他的。我们知道的关于著名的君士坦丁皇帝的大部分事情都归功于这位牧者的努力。在他的笔下，君士坦丁成了上帝救赎历史不可分割的一部分，"由上帝钦定的大主教"①，他的事业堪比摩西。② 君士坦丁由上帝任命，因此他是上帝在地上的代理，受委任管理人间和教会的事务（II.28；IV.24）。基督教与罗马帝国之间的联盟就这样形成了。

说优西比乌影响深远的《君士坦丁的生平》（*Life of Constantine*）一书表明了教会的整体愿望或表明了教会与君士坦丁的实际关系时不要忘记，这部著作毫不脸红地对君士坦丁进行歌功颂德，"殚精竭虑地赞美这位有福的君王"。③ 此处涌现的图景可以说是代表了作者个人的新基督教帝国的理想，只是接近于历史的事实。教会的反应和对皇帝的刻画一样被理想化，而且，也不能证明4世纪和5世纪基督徒广泛阅读了优西比乌的书，而其他历史学家则没有。

上一章提到，更令人惊讶的是在阿利斯泰尔·基的著作中优西比乌歌功颂德的描述被当作恰切地代表了4世纪教会的想法来使用。基猜想优西比乌的著作中所展现出来的态度反映了广大基督徒对教会和帝国的理解，尽管后来的编年史对此存在不同的观点。④ 批判家需要这种关于早期教会的独断论解释才能轻易地把它打发掉。优西比乌的描述涵义十分广泛，后来包括古代的、中世纪的和现代的历史学家，才能够"填补"空白，造成教会接受君士坦丁基督教的印象。这一过程就如同约翰·亨利·纽曼（John Henry Newman）曾论到人们以虚构的方式描绘古代教会时所说的：

> 如果断言的事实没有发生，那么它们本应该发生（如果我可以这样说的话）；在一些情况下，它们就像可能发生了，或会发生；它们

---

① Eusebius, *Life of Constantine* II. 44.

② Michael Hollerich, "Myth and History in Eusebius's *De Vita Constatini*: *Vit. Const.* 1. 12 in its Contemporary Setting," *Harvard Theological Review* 82. 4 (1989): 421—445. Claudia Rapp, "Imperial Ideology In the Making: Eusebius of Caesarea on Constantine as 'Bishop,'" *Journal of Theological Studies* 49 (1998): 685—695; "优西比乌千方百计使摩西成为旧约的典范，而摩西正是君士坦丁在其事业转折点时效仿的对象"（同上，689）。

③ 同上，I. 11. 对优西比乌的《演说》（*Oration*）一书也可以说同样的话，在该书中君士坦丁被称为"道的好友与诠释者"，他的目的是使全人类都认识上帝（*The Oration of Eusebius of Pamphilus in Praise of the Emperor Constantine* II. 4）。

④ 关于拉丁基督教内部对这个问题的繁多历史陈述，见 H. Inglebert, *Les Romains Chrétiens face à l'histoire de Rome. Histoire, christianisme et romanitas en Occident dans l'Antiquitie tardive (IIIe-V^e)* (Cambridge: Cambridge University Press, 1998), 421ff.

属于被归诸其上的那一方，如果不是实际的就是潜在的……①

门诺派神学家约翰·特夫斯（John Toews）和丹尼·韦弗（J. Denny Weaver）在对早期信经进行概括的时候也犯了同样的错误。他们正确地指出了伟大信经的局限性，即它们谈论的只是与当时有关的问题，而没有涉及影响我们自己寻求理解历史上的耶稣的问题。然而，他们二人都声称教父信经传统的基督深受哲学的影响，以致圣经中所描述的受难和拯救的基督消失了。② 对韦弗来说，君士坦丁的影响带来的是一场戏剧性的逆转："上帝护理制度性的承载者由教会变为皇帝，与此相应，判断信徒行为的准则也由耶稣变为皇帝。"③ 现在基督教变成"帝国的宗教"，现实的问题不再是"耶稣将做什么？"（"What would Jesus do?"或"WWJD"），而是"WWED"，"皇帝将做什么？"（"What would the emperor do?"）韦弗声明，涉及到伦理学，其结果就是基督徒相信服从皇帝比按照耶稣的教导生活更重要。不仅如此，尼西亚信经和卡尔西顿信经成为新帝国教会的宗教平台，象征着新的教会建制。④ 一种定义基督教信仰的标准已经取代了另一种标准。

应当注意此处和上一章我们遇到的评价后期教父教会特点的方法，其根据是一种有局限性的和缺乏远见的认识古代资料的进路。对后君士坦丁时代的极端复杂和多样的资料采取如此单一的观点，很难说充分描述了教会的古代传统，也不能表明 4 世纪的教会发生了急剧的转向。即使我们想要认同教会最早的四个信经没有清楚地表达出圣经和信徒的信仰，我们也应该看到评论家过于倚重信经和教理不可避免地造成了一种很不平衡的理解。这就像描绘一片森林，却只用一条树枝做模型。毕竟，信经只是限定信仰的"篱笆"，并没有穷尽关于基督教信仰和实践的一切说法。毋宁说

---

① John Henry Newman, *Sermon* XV. 35, 引自 *Fifteenth Sermons Preached before The University of Oxford*（Notre Dame：Notre Dame Press, 1997），343。

② John Toews, "Jesus Christ, the Convener of the Church," and J. Denny Weaver, "Christology in Historical Perspective," in *Jesus Christ and the Mission of the Church：Contemporary Anabaptist Perspectives*（Newton, Kans.：Faith and Life Press, 1990），33—55, 83—105. 在这两篇论文中尤达的影响是显而易见的。

③ Weaver, "Christology in Historical Perspective," 95.

④ *Ibid.*, 96、89. 韦弗（错误地）声称是君士坦丁提出并支持尼西亚信经中那个饱受争议的词，homoousios（子与父同质）。因此，"基督论的表述在传统上被认定为正统反映了君士坦丁教会的想法，教会不再以耶稣的生平和教训作为基督教生活的标准"（104）。

韦弗等人从这些材料中推断出的批评根据的是透过后宗教改革的透镜"阅读"早期教会得来的关于这一时代的漫画,而不是根据材料本身。

一个人在评价后君士坦丁时期的教会时需要考虑各种证据,包括讲道辞、赞美诗、书信、圣经注释和论基督教美德的论文等等,这在评估古代基督教的观点时是十分重要的,但却常常被忽视了。在本章的剩余部分,我将用这些材料的一小部分来回应主要论点(这些论点为了表述的目的而人为地创造词语,并被使用于后君士坦丁时代教会堕落的范式中),以此将教父的"声音"展现给读者。

1. 早期教父根据基督教皇帝和罗马教皇调整行为

君士坦丁范式有一个误导人的方面,即它倾向于根据罗马教皇的方式来刻画教父时代后期的教父们。这种看法至少存在两个问题,而这两个问题都是关于历史的。第一,常常混淆了这一时期罗马主教与中世纪鼎盛时期罗马主教的角色。作为西方最大城市的领袖,罗马主教肯定受到了极大的尊敬和赞誉。但他是一个 *primus inter pares*,同侪(即其他主教)中的首领。迦太基的西普里安,西方另一大城市的主教,毫不迟疑地认可罗马作为彼得宗座的重要性,为的是强调罗马和迦太基教会之间的统一与信任。同时,西普里安又说彼得的权威"与其余使徒的权威是同等的"①,后来又否定了罗马主教(司提反)愿意接受那些由异端分子施洗的信徒的做法。②

尼西亚法规的第四条在主教选举问题上赋予了大城市主教更多的权力——西方的大城市比东方少得多——罗马主教的权威逐渐增长,并成为处理其他教会和主教之间矛盾的法庭。③ 然而,赋予罗马教座崇高的地位并不意味着主教的权威是单方面的。公元380年2月皇帝狄奥多西(The-

---

① Cyprian, *On the Unity of the Church* 4. 所谓的标准版或首要版手稿中包括本章的另一种记载。被称为首要版的原因是这个版本更加强调罗马宗座的首要性,认为罗马是信仰统一的基础。M. Bévenot 提出这两个版本都出自西普里安,只不过属于他与罗马关系的不同阶段。"De lapsis," and "De ecclesiae Catholicae unitate"(Oxford: Clarendon Press, 1971)。

② 在256年迦太基召开的会议上,北非主教一致同意每一位主教都可以自己决定一桩案件,不受外界干涉。

③ 在发生矛盾的时候,塞尔迪卡会议(Council of Serdica, 343)通过的第五教规决定罗马主教可以代表众主教干涉他裁定为有错误行为的人。即使这样,424年罗马主教佐西玛(Zosimus)打算干涉北非神职人员的案件时(他引用塞尔迪卡教规作为根据),北非主教的联名信驳斥了他有这样的权力。见 H. Bettenson, ed., *Documents of the Christian Church*(Oxford: Oxford University Press, 1977), 81—82。

odosius)颁布了一项支持尼西亚会议的法令,他规定信仰的正统性应该由亚历山大主教(彼得)和罗马主教(达马苏)决定。① 全体主教做出的决定总是优先于单个主教的决定,例如罗马主教关于教义或实践(包括授圣职)的决议必须得到会上其他主教的认可。

根据教皇模式塑造教父性情的第二个问题是早期主教成了权力掮客和政治阴谋家,而不是牧师和布道人,实际上他们多数人都是牧师和布道人。向信众解释和宣讲真信仰是几乎每一位早期教会神学家的第一要务。

不像后启蒙运动时代的知识及应用都变得越来越专门化,神学家和牧师的身分通常是结合在一起的。这并不是说中古时代后期每一位牧师或主教都是知识分子,更别说是受过人文训练或精通文学了。但多数情况下古典教育和基督教信仰是结合在一起的,神学的以及牧养基督羊群的艰苦工作被认为是教会领袖必须担负的任务。不过,也有很多其作品如圣经注释、辩护辞、神学性的赞美诗或教义论文等得以留传下来的作家并不是牧师。例如米兰的安波罗修,他的多数神学著作都是从讲道或给初信者的讲课编辑而成的。作为牧师有这样的写作量令人印象深刻,也吸引了年轻的奥古斯丁,他在归信前常常参加安波罗修的布道,并且发现了他所缺乏的解释圣经以及理解神性的资源。

不仅如此,由于教父主教这样一幅颇受争议的形象,在早期基督教学术界出现了一种趋势,即将4世纪和5世纪的主教放在社会和政治的角色中,这样他们对忠于圣经和服从福音训诲的关注就被降到了最低。我们从半个世纪以前对主教作为英雄人物的极浪漫描述转到了精明而巧妙地掌管着教会内部事务、主教选举之人或刚愎自用的皇帝。有权有势的主教被赞美为娴熟的操纵者,通过宣传和作秀巩固地位,所以他们的成功实在是一项卓有成效的舞台艺术。②

毫无疑问,有许多主教,例如凯撒利亚的巴西尔或萨拉米斯的伊比芬尼(Epiphanius of Salamis),必须要被放在艰苦而复杂的教会和帝国政治中进行解释,这往往意味着要使用修辞和外交技巧,以此表明自己是至善至美的而对手则是漏洞百出的。我们也能够找到一些披着羊皮的教会领袖,他们利用职务之便谋求个人利益。反尼西亚的主教莫尔萨的瓦伦斯

---

① *Codex Theodosius* XVI. 1. 2.

② 参照 Neil McLynn, *Ambrose of Milan*: *Church and Court in a Christian Capital* (Berkeley: University of California Press, 1994)。

(Valens of Mursa)和辛吉杜努姆的乌尔撒修斯（Ursacius of Singidunum）常常遭到 4 世纪时同时代人的抨击，人们谴责他们为了个人的目的谄媚皇帝。这样的批评无疑是出于教义上的动机，但是他们常常出现在帝国法庭上似乎也表明了一些真实性。然而，指出这样的例子并不足以诋毁衷心服事教会的整个权威体系。

主教的重要作用

早在君士坦丁之前很久，主要城市的主教已经是在社会上有重要影响的人物了，这就是为什么发生于公元 250—251 年和 257—258 年的德西乌斯迫害和瓦莱里安迫害的对象是主教（诸如罗马的法比安和迦太基的西普里安）。事实上，主教在教会里扮演着人们预期的社会角色。他的责任很繁重，包括参加巡游传教以及探望城市里的穷人。主教从教会财产中获得的份额（正常情况下是信众奉献的四分之一）是他供养穷人的经济来源，保护穷人是主教的首要责任之一。① 3 世纪 50 年代，据说罗马教会完全供养着 1 位主教、46 位长老、7 位执事、7 位副执事、42 位助祭、52 位驱魔师（exorcist）、读经师和看门人，并且超过 1500 位的寡妇和贫困之人"都分享了主的恩典和仁慈"。② 4 世纪时，主教在这方面的作用得到了进一步的加强。我们知道，教会的主教是"热爱穷人的人"（不管那些穷人是否基督徒），可能很有讽刺性，在地中海地区这是他们权威和政治认可的来源。有一则教规曾规定，"热爱穷人的主教是富有的，城市和教区应该以他为荣。"③ 教会不加歧视的慈善行为得到了皇帝朱利安（Julian）的证实，他被称为"背教者"，这位皇帝在统治期间竭力鼓动异教的复兴。他曾不无懊恼地承认基督徒从来不吝于帮助他们的基督徒同伴："这些无神的加利利人［他指的就是基督徒］不仅乐于帮助他们自己中间的穷人，

---

① Henry Chadwick, "The Role of the Christian Bishop in Ancient Society," in *The Center for Hermeneutical Studies in Hellenistic and Modern Culture. Protocol of the 35th Colloquy* (Berkley: University of California Press, 1979), 5. 奥古斯丁告诉我们，在主教就职的周年纪念日那天，他被希望为教会名册上的穷人提供一顿晚餐。

② Eusebius, *Ecclesiastical History* VI. 43. 11.

③ Canon 14 in *Pseudo—Athanasius*. 转引自 Peter Brown, *Power and Persuasion in Late Antiquity: Towards a Christian Empire* (Madison: University of Wisconsin Press, 1992), 91.

还乐于帮助其他穷人,而我们却忽略了我们中间的穷人。"①

主教还负责看护教会里的儿童。孤儿或弃儿常常被带到主教的家中,照顾他们成了主教履行牧养职责的一部分,以便实现《雅各书》1:27 中的告诫。亨利·查德威克(Henry Chadwick)在报告中曾讲到主教对穷人、流浪汉以及迷途之人的特殊关怀常常被记在墓志铭上,除此之外墓志铭还会记载他们在教导上的杰出才能。一位主教的碑文赞扬他"生动讲解使徒的教义,使得所有信徒都为他们的罪而哭泣不已"。②

使徒保罗告诫哥林多人有彼此相争的事不要到世俗的法庭去告状而要在基督的身体内部解决争端(林前 6 章)。履行这一诫命就意味着对基督徒之间纷繁复杂的利益和财产纠纷作出裁决已经成为主教们主要的也是棘手的任务。君士坦丁之后③,主教参与的范围已经超过了与教会成员有关的案件,因为人们感到圣灵的恩赐使主教成了神圣之人,他们有能力辨别人心。当教会成员与法庭或帝国政府发生矛盾时,主教的任务就是代表信徒进行周旋。例如,奥古斯丁发现这项职责特别耗费时间并且令人气愤,尽管这是保证受压迫者享有正义的唯一途径。

主教承担的另一项职责就是赎回战争中的囚犯,主教们认为为了凑足赎金即使卖掉圣餐时使用的圣器也在所不惜。④ 有这样一个例子,阿米达(Amida)小镇的主教名叫阿卡修斯(Acacius)的,试图营救七千名在战争中沦为囚犯的波斯人,当时这些人正在罗马的监狱里忍饥挨饿。尽管他的教会在罗马的领土以内,尽管一个多世纪以来罗马和波斯帝国是势不两立的死敌,这位主教还是成功地说服了信众融化教会的银器("亲爱的弟兄们,我们的上帝不需要盘,也不需要杯")并用这些钱赎回了罗马俘虏者。之后,教会为这些外国人提供食物并庇护他们,直到这些人穿过国界回到自己的祖国。⑤

那些躲避当局逮捕或罚金的人全要仰赖主教的社会权力。一位名叫保

---

① Julian, *Epistle* 84a.
② Chadwick, "The Role of the Christian Bishop," 6.
③ 君士坦丁允许如果有任何一方要求民事案件可以转交给主教审理(*Codex Theodosianus* I.27.1)。
④ 当教会没有足够的资金满足开销的时候,据说奥古斯丁下令融化"圣器",以便分发给穷人以及赎回俘虏(*Life of St. Augustine* c.24)。米兰的安波罗修为从哥特人手中赎回被抓的俘虏而打碎了教会的银器,为此他遭到教会中"阿里乌派"信徒的严重攻讦。*On Offices* II.28.136.
⑤ Socrates, *Ecclesiastical History* VII.21. 当我们了解到波斯人常常在他们的疆土内迫害基督徒的时候,这个故事就显得更为引人注目。

罗的主教，他于 419 年就任牧职，为获得更深的灵性，他养成了极端朴素的生活习惯，并因此声名远扬。据说，他"十分关切每一位穷人的需要；他不厌其烦地探望监狱里的囚犯，并代表囚犯与法官交涉，由于他的虔诚法官们都乐意接待他"。①

主教们重中之重的责任是将使徒传统"传递"给初信者并且传讲福音。话语和圣餐、洗礼的职事是最核心的。阿塔那修在写给一位没有履行其牧师职责的主教同僚时说，"在你被选为主教之前，你为自己活，在你被选为主教之后，你要为你的羊群活……信徒们盼望你将食物，即圣经中的教导带给他们。"② 这句话成为大多数主教谨记在心的一条诫命。

维罗纳的芝诺

要研究主教所扮演的角色，一个很好的案例就是 93 篇讲道集——现存的最古老的拉丁文集——这些讲道出自 4 世纪 60 年代一位名不见经传的叫芝诺（Zeno of Verona）的主教。一位译者曾说过，在思想上或历史上芝诺不可能与安波罗修、哲罗姆或奥古斯丁相提并论——"他是这个舞台上的无名小卒"③。然而我却认为这位主教更能代表 4 世纪中期大多数的主教，正如我们之中那些声名并不显赫的牧师更能表明传道的真实情形和所遇到的挑战。

芝诺死后，出现了一个人，不畏万难编辑和出版了他讲道的草稿，大概是想保留下这位牧师信实的教导，以供信徒使用。这些讲道的三分之二产生自前后八年的时间里，都与复活节节期有关，可能在这些神圣的日子里，他在记忆里阅读这位前主教的著作。

芝诺受到的影响可以追溯到德尔图良、西普里安、拉克唐修（Lactantius）以及希坡律陀的《使徒统绪》，这表明 2 世纪和 3 世纪形成的传统仍然滋养着尼西亚会议以后的神学。同时，芝诺也对"阿里乌主义"和当时的"形态论"（modalism）表现出了担忧，形态论是对尼西亚父子同

---

① Socrates, *Ecclesiastical History* VII. 17.
② Athanasius, *Epistle to Dracontius* 2.
③ Gordon Jeanes, trans., *The Day Has Come*! (Collegeville, Minn.: The Liturgical Press, 1997), 3.

质概念的回应,芝诺大概是从西方作家而非尼西亚信经本身得知同质概念。

讲道集除了论及为复活节所做的预备以外,还涉及其他许多问题,这些问题多数具有解经的性质,并从贪婪、忍耐、谦卑、正义和恐惧等道德的角度进行论述。有关教义的问题都被冠以"论复活"、"论信望爱的讲道"、"论雅各之梦的讲道"、"论主的诞生"等诸如此类的题目,或者与旧约人物和圣经篇章有关。在一篇面向刚刚受洗的基督徒的讲道中,芝诺敦促他们舍弃"旧生命",处在"旧生命"中的他们总是借助十二星座寻求未来的迹象:"弟兄们,你们是这样出生的。首先,不是白羊座而是那羔羊孕育了你;他不会拒绝任何相信他的人……"(I.38.3)在另外一处,芝诺满怀牧养的热情劝诫信众说:"要谨慎、严肃并忠实地守卫你从上帝那里获得的仁慈的神恩……自由地欢呼吧!现在你不欠这世界任何东西"(I.42.1)。此处我们看到了一位"后君士坦丁时代的"主教,他活动于尼西亚会议大约三十年之后,他的观点以及教牧行为由圣经和早期传统塑造,或多或少地也受到尼西亚信仰的影响。在目前呈现于我们面前的这些文字里,罗马帝国的意识形态肯定没有占领基督教。

由于复活节之前的一段时间是洗礼预备期,因此芝诺的许多长篇讲道都涉及悔罪和委身基督的重要性,特别是与基督徒在生活中要体现出忍耐有关。芝诺的讲话就像一位旧时的福音传道人,他向信徒解释基督的消息既能伤人又能救人,恨恶罪却爱罪人。

> 噢,我们的上帝是多么至善!我们母亲[教会]的爱是多么至纯!不同民族、性别、年龄和阶层的人她一概接受;她痛恨他们所犯的罪,像一位邪恶的继母因恨恶他们的罪而将他们杀害;她又像一位慈爱的亲生母亲,她保护他们的安全并在清除掉一切旧毒之后才叫他们死而复生。(II.29.2)

既然上帝是神圣的,那么按照每一位成员的愿望教会也被尊为神圣的。这种神圣性也延伸到基督徒应当相信的内容上,尤其在涉及基督的教导时。圣道诞生了,过着人的生活,受苦,死了,又复活,这些发生在基督身上的事情绝不表示子的存在本质以及拯救的能力比较低。芝诺用他富有想象力的语言支持尼西亚会议对基督的属性所做的规定。

> 这就是我们的上帝,与自有永有的上帝一样自有永有的子。他既

是神又是人，因为他是中保，站在上帝与人类之间，证明了肉体的软弱与神性的大能。他是我们的太阳，真正的太阳，发出万道光芒，点亮了世界之火，也点亮了它们的姐妹即天空中闪烁的星星。这个太阳曾经为所有人落下又升起，并且永不再落下。(II.12.4)

主教与皇帝之间

多数主教并没有想方设法扩张教会的统治权，他们既没有与其他主教串通一气，也没有谋取国家权力的帮助。关于"教阶制度"在君士坦丁之后便不知不觉强加给了基督徒的担心纯属空穴来风。相反，纵观整个4世纪，神职人员与基督徒皇帝之间却常常存在着某些张力。有时这些张力会导致主教否认皇帝的统治权，或主教被皇帝放逐。在罗马帝国内部政治与宗教的确是相辅相成的，但并不总是我们想象的那样。

阿塔那修担任亚历山大主教近四十五年，没有与任何一位基督徒皇帝产生融洽的关系，包括君士坦丁在内。尽管（或由于）阿塔那修坚持维护尼西亚会议的立场，为寻求暂时避难不得不五度离开亚历山大或遭流放。① 问题最大的就是康士坦丢二世（337—361），他和他的父亲一样，想要在所谓的"阿里乌争论"造成分裂之后重新恢复教会的统一，但是他更希望通过一部比尼西亚信经分歧小一些的信经来达到这种统一。开始阿塔那修指责反尼西亚的主教用坏思想唆使皇帝。到写作《阿里乌派的历史》（约357年）时，阿塔那修公然指责君士坦丁支持镇压正统派并干涉教会内部事务的行为，以致他被揭穿了本来的面目——敌基督以及比彼拉多更残暴的统治者。② 然后阿塔那修用理想化的语言陈述了教会如何不需要在皇帝的法令中获得授权：

由主教通过的审判，与皇帝有何相干呢？……教会的审判什么时候从皇帝那里获得了合法性？或者他的法令什么时候得到了教会的认

---

① 第一次发生在他坚决不允许阿里乌重返亚历山大教会并主持圣餐时，同时也牵扯到敌人对他的指控。由于他决不妥协，君士坦丁命令他离开这座城市，并且直到对他的指控真相大白。直到337年这位皇帝死后他才结束流放。

② Athanasius, *History of the Arians* 67; 68. cf. 76—78.

可？在此之前召开过许多会议，教会也通过了许多审判；但是教父们却从来没有寻求皇帝的许可……①

我们可以认为阿塔那修激动的语言是一种夸大其词，为了与反尼西亚的皇帝拉开距离，但是他的话也并非无稽之谈。芝诺等多数主教或者与他同时的高卢人普瓦蒂埃的希拉利，可能都会持这样一种观点。帝国的法令不能推翻主教们在会议上通过的决议——这是君士坦丁本人定下的规矩。正如希拉利断言的，不是皇帝的命令而是"那些坚持使徒思想的人，他们向公众全面地讲解信仰从而抵制了异端的疯狂叫嚣，他们树立起福音的真理从而阻挡了教义向错误的方向发展"。②

普瓦蒂埃的希拉利和阿塔那修一样，也认为康士坦丢本意是要维护正统，不过受到了居心叵测之人的欺骗。后来希拉利不明缘由地遭到流放，同时遭流放的还有其他支持尼西亚的主教，这时有主教聚集到君士坦丁堡召开会议（360年1月），会上通过的一个"阿里乌"信经成了大公信仰③，此后希拉利的态度发生了翻天覆地的变化。为了向皇帝妄图根据这份信经强使宗教达到统一的做法表示反对，希拉利准备了一份宣言形式的抗议声明："我们要打倒欺上瞒下的迫害者，打倒曲意逢迎的敌人，打倒康士坦丢，他是敌基督。"④ 作为基督真教会的敌人，据说康君士坦丢被与帝国历史上其他迫害者并列。希拉利也一度圆通世故过，但一旦遇到帝国无理干涉教会事务，他就变得非常坚持立场。所以他说自己的愿望就是作为"认信者"勇敢地站在康士坦丢面前，如同站在尼禄或德基乌斯面前一样。"康士坦丢，我对你说的话，也将对尼禄说，德西乌斯和马克西米安也将听到，即，你反对上帝，你激怒了他的教会，你迫害圣徒，你憎恨基督的传道人，你损害了教会；[你是]暴君，不仅残暴地干预人类事务还

---

① Athanasius, *History of the Arians* 52 (Nicene Post-Nicene Fathers, IV. 289). 虽然阿塔那修的说法极有价值，并且对于许多主教来说无疑也是真的，但是他却忽略了在有些情况下他也试图赢得皇帝的许可。

② Hilary of Poitiers, *Against Valens and Ursacius* I. viii. 5.

③ 这就是君士坦丁堡会议（360）批准的阿里米努姆信经（Ariminum creed）。任何不同意这一信经的主教都会遭到流放，并且会选举一位新主教来代替他们。后来哲罗姆（Jerome）曾认为这一事件是，"整个世界都在无声地呻吟，惊讶地发现自己成了阿里乌派"（*Dialogue against Luciferians*, 19）。

④ *Against Constantius* 5.1—3.

干预上帝的事务。"①

希拉利的话并不只是说说而已。他已经准备为这份抗议殉道，以表明自己不再对敌基督（即反尼西亚）的迫害保持沉默，在康士坦丢的统治下迫害基督徒的潮流再次出现。这个宣言的意图是宣布康士坦丢统治的非法性，他是一位暴君（tyrannus）而非基督徒皇帝，这就为基督徒的反抗提供了合理的根据。他的观点立刻产生了效果，希拉利于 360 年春回到了他在高卢的教会，对他的指责也不再被提起。② 回到教会之后，他继续传道和注释圣经，直到约 367 年去世。

支持尼西亚的主教会对康士坦丢有如此大的怒气并不稀奇，而以上两个例子（这两个例子并不是孤立事件）表明君士坦丁之后的主教与政权并没有实现和谐。换句话说，在政治机会主义的祭坛上，真正的基督教教义并不令人满意。

纳西盎的格列高利（Gregory of Nazianzus）的情况在某些方面与希拉利或阿塔那修的经历不尽相同。在格列高利担任主教的多数时间里，皇帝狄奥多西都坚决拥护尼西亚信仰并非常支持他的工作。

由于对三位一体思想所做的杰出贡献，这位格列高利被希腊正教称为"神学家"，与他的卡帕多西亚同伴巴西尔以及他的兄弟尼撒的格列高利齐名。他发表了四十五篇演讲，被称为《神学讲演录》（*Theological Orations*）（其中五篇最早是在君士坦丁堡的安纳斯塔西亚教堂发表的）③，还有道德劝勉、节日时的布道（复活节、圣诞节、五旬节）、葬礼悼词、超过一百首的诗歌以及超过两百封的信件。

379 年格列高利收到尼西亚派信徒的邀请④，希望他担任君士坦丁堡的主教，在东方他的名声仅次于亚历山大，格列高利对攫取权力并没有兴趣，也不热衷于教会阴谋，他无法容忍伪善的主教。与狮子、花豹和毒蛇

---

① *Against Constantius* 7.1—5.
② 见 D. H. Williams, "The Anti-Arian Campaigns of Hilary of Poitiers and the *Liber Contra Auxentium*," *Church History* 61 (1992): 7—22; idem, *Ambrose of Milan and the End of the Nicene-Arian Conflicts* (Oxford: Oxford University Press, 1995), 43—45.
③ 这些演讲辞可能是在他死后出版的，包括了格列高利在东方教会最负盛名的主要思想。《神学讲演录》中文版 2009 年由北京三联书店出版。
④ 在君士坦丁堡，支持尼西亚的人只占少数，因为"阿里乌派"主教德谟菲鲁（Demophilus）取得了领导权。在一篇名为 *Concerning Himself and the Bishops* 的诗中，格列高利说尼西亚派信徒"正统但有局限"（第 82—83 行），并且他的工作就是"在狼群里召集信徒……我为那身在黑暗里的人点燃了三位一体的明灯"（ll. 116—119）。

相比，一个人更应该警惕"坏的主教"，这些主教教导安逸的生活、疏于学习神圣的知识并忽略对基督徒美德的培养。他们对信仰摇摆不定，信仰的准则是机会而非上帝的律法。① 相反，真正的主教应该是，"我要公然说，最优秀的人！"有一首诗记述了他在君士坦丁堡的经历，其中格列高利讨论了主教牧养信徒的角色，他坚持认为主教不仅仅是能说会道。主教要尽可能完美地履行圣经的诫命，照料病人和穷人，对人要热情，在圣灵的帮助下坚持祷告、限制感官、控制舌头并克制肉体的欲望。②

380 年 11 月 24 日皇帝狄奥多西进入君士坦丁堡，充分显示了皇帝的威严，他下令肃清"阿里乌派"及其主教，并设立尼西亚信仰成为主要信仰。③ 尽管获得了对对手的巨大胜利，格列高利对使用帝国武力的做法仍然不十分赞同。他承认狄奥多西对三位一体异常用心，"他的热情不是我们应该效仿的"，他缺少传播信仰时的异象（vision）。

> 我认为强迫人而不是去说服人的做法并不好。对我以及那些向往上帝的人来说，说服人更重要。在武力的威逼下，一个人违背意志而做的事，就像一支射出去的箭被人为地拉回来，或像一条小河逆流而行。如果可能应该限制使用武力。另一方面，某人自愿做的事总是坚定不移的。它的坚定是来自牢不可破的爱的纽带。④

154　格列高利清醒地意识到帝国的武力强制是一把双刃剑。他经历了朱利安皇帝（361—363）骇人听闻的八个月统治，朱利安信奉异教并努力使其成为帝国内的标准宗教。帝国东部瓦伦斯的统治（364—378）给坚持尼西亚正统的基督徒带来了极大的痛苦，他们都遭到了迫害。⑤ 格列高利知道，帝国的权力对教会来说是个危险的东西。按照他的哲学化的思维，真理深入灵魂，不能靠立法来维护。当尼西亚—君士坦丁堡信仰大获全胜，政治与

---

① Ibid., (ll. 335—337).
② *Concerning His Own Life*, ll. 1218—1224.
③ Socrates, *Ecclesiastical History* V. 6; *Codex Theodocianus* XVI. 5, 6; Williams, *Ambrose of Milan and the End of the Nicene-Arian Conflicts*, 164—166.
④ *Concerning His Own Life*, ll. 1293—1302. 这位狄奥多西就是那位因为下令屠杀七千名帖撒罗尼迦市民而遭到米兰的安波罗修责备的皇帝，当时一名暴徒袭击并谋杀了城市卫队的几个官员。在米兰安波罗修拒绝会见这位皇帝，只是寄给他一封信（Epistle 51），直到皇帝公开表示忏悔并恳求宽恕。
⑤ "他［瓦伦斯］是迫害者［朱利安］之后的迫害者……虽然他不是背教者，但他对基督徒没有半点好处。" *On St. Basil* 30.

教会联合的任何可能性都不能吸引格列高利。在前往君士坦丁堡会议（381）的途中，对宁静生活的渴望和对神学混乱的厌恶战胜了他。他辞去主教职务并回到在纳西盎的家中，从此开始了神学和灵性的冥思，使自己朝向那"不可撼动的宝座……那里有我的三位一体，并我们所坚持的整体光明的模糊反映"。①

对第一部分进行总结，我们并没有证明教父主教们一味迎合皇帝的口味，玩弄权势和政治手段，毫不顾及真理的完整，也不努力实现耶稣的八福。可以肯定，罗马帝国的基督教化意味着信徒中出现了一类新的领袖，皇帝为了实现其社会目的而利用他们，同化他们，鼓励他们兴办慈善事业，爆发战争或政治危机时，又利用他们独立以及"中立"的地位进行复杂的谈判。② 在由传统建立的规则的指引下，这些主教同样代表了基督教的统一与延续，他们接受传统并将继续坚持传统。

2. 教父后期的神学和实践，特别是会议信条，均来自主教和皇帝的权威，而不是来自信徒的生活。

除了对教阶制的关注，自由教会的历史观还怀疑任何由等级分明的组织产生的事物，即，信经。尼西亚信经，与君士坦丁皇帝有关，被当作评价后来信经的典范。尼西亚信经的形成代表了教会历史上的一个分水岭，正如埃都尔多·霍尔奈特（Eduardo Hooernaert）坚持的，"尼西亚消灭了基督教最初的多元形式、财产共有和最大程度的民主，取而代之的是统一的和'大公的'、等级的以及教权的模式。"③ 与韦弗的论证（见上文）相近，尼西亚信经被看作君士坦丁主义在政治和神学上的延伸，其根据是认定它具有帝国的属性以及分裂的属性，因为它引入了教义一致原则："一个教会，一个帝国，一个信仰，一个真理。"④

这种观点产生的问题就是它需要简化信经的产生和发展，以至到了扭曲的程度。假定 4 世纪信经的产生是教会帝国化的结果忽视了一个更朴素的真理，即信经的基本内容来自信徒虔诚的生活和实践。上帝的子民在祷告时所说的话构成了信经结构、概念和语言的基础。从地方教会的信条到

---

① Concerning His Own Life ll. 1947—1949.
② Chadwick, "The Role of the Christian Bishop," 14.
③ Eduardo Hooernaert, "The Nicene Creed and the Unity of Christians," in *Faith to Creed: Ecumenical Perspectives on the Affirmation of the Apostolic Faith in the Fourth Century*, ed. M. Heim (Grand Rapids: Eerdmans Publishing Company, 1991), 112.
④ Ibid., 113. "信仰的统一甚至一致，表明并以一种具体的方式实现了帝国的统一。"

普世教会的信经只跨过了一小步，二者都以表示信的一个词开始，credo——我相信。

弗里德里克·诺里斯（Frederick Norris）常常评论说"教会的组织方式不能决定它的性质"。① 单单主教团体并不构成（纯正的）基督教教义，主教观点本身也一样。信经的陈述必须代表教会的普遍想法，否则就不会被广大基督徒团体接受和使用。信经一词的原文（希腊文）是 *symbolum*，5世纪早期人们使用"象征"一词对其进行定义，即"记号"或"迹象"。② 换言之，信经从其发端开始就是一个象征，更全面更广泛地描述了教会的信仰。有趣的是，3世纪时西普里安就使用过 *symbolum* 一词，但指的并不是公开发表的声明，而是询问（*interrogatio*）或向准备洗礼之人提出问题，以加强他们的信仰。在另一个例子中，*symbolum* 表示坚信之人的一致观点（*consensus fidelium*），某种信仰的团体在语言上的延伸。信经可以通过主教会议或门徒手册或洗礼认信表达出来，但它并非高居教会之上，成为远离信众的东西。因此，尼西亚信经不是实现主教官僚化的权威运动的产物。它在早期教会传统和圣经中有神学上和历史上的先驱，它的真理性是通过坚持传统与圣经而得到证实。

君士坦丁之前的公会议

对4世纪来说召开公会议并通过决议并不是什么新奇的事。公会议，我们宽泛地定义为由各教会代表出席的会议，旨在解决共同面临的问题、制定政策或按立新主教③，从2世纪初期的资料记载中就开始出现了。安提阿的主教伊格纳修在信中三次提到自他被捕（约115年）以来"和平"（迫害停止）降临到安提阿教会，他还敦促读者选举代表团，前往教会，可能还帮助教会指定新主教。④ 伊格纳修的话表明分散各地的信众是团结

---

① Frederick Norris, *The Apostolic Faith: Protestants and Roman Catholics* (Collegeville, Minn.: Liturgical Press, 1992), 113.

② Rufinus, *A Commentary on the Apostles' Creed*, 2.

③ James Alexander, "Church Councils and Synods," in *Early Christianity: Origins and Evolution to A. D. 600*, ed. Ian Hazlett (Nashville: Abingdon Press, 1991), 124.

④ Ignatius, *To the Philadelphians* 10. 1—2; *To the Smyrneans* 11. 2; *To Polycarp* 7. 1—2.

互助的，这将他们紧紧联系在了一起。以《使徒行传》15 章记载的"耶路撒冷会议"为范本，我们可以看到这次聚会为公会议的发展提出了代表制。"公会议作为信众的集会其规模得到了扩大，包括了周围教会前来拜访的信徒，通常是主教或其他教士。"① 这些会议在多大程度上代表了众教会部分地取决于某一地区教会的地理分布以及教会遇到问题的严重性。通常会议的决定对所有参加会议的都有约束力，但更普遍的情况是这些决定经过一封以大会名义写的信而得到更广泛的传播。

在 2 世纪后期一次全小亚细亚主教会议的飞地（enclaves）保存了这些信，信中讨论的是说预言的问题。② 一个自称"新预言"的基督教群体引起了许多教会的不安，因为它自称获得了来自圣灵的特殊恩赐，可以随意说预言，其表现就是出神的精神状态以及如痴如狂的讲话。主教以及各教会的代表被召集起来，经过认真检验，认定他们所说的预言是伪造的，并对这些人及其追随者进行了谴责。复活节的准确日期则引起了更大的争议，既影响了帝国东部也影响了帝国西部，并引出了频繁召开公会议的需要，以使各教会在某些问题上取得一致。③

到了 3 世纪，公会议基本上按期召开，一年一次或一年两次。召开会议似乎成了教会管理跨教会的问题时所采取的办法。这种模式也不排除召开特别会议以处理紧急危机，例如（第六次）迦太基会议，该会议于 256 年由西普里安召集，并一致同意不承认异端施行的洗礼有效。④

现存最早的会议决定清单来自 4 世纪前半叶。正如人们期待的那样，经过戴克里先（Diocletian）和加勒里乌斯（Galerius）连续不断的残酷迫害之后，重建教会成了安卡拉会议（the Council of Ancyra，于 314 年至 319 年之间的某个时候召开）的核心议题，即如何对待那些在迫害期间跌倒的人。⑤ 在教士和平信徒中有很多这样的情况，问题是怎样公正地处置他们，又不阻碍整个教会需要医治的进程。在西方，西班牙南部召开了埃尔维拉会议（Council of Elvira）（约 305 年），有 19 位主教和 26 位长老参加。西方的迫害比东方的迫害结束得要早一些，所以我们几乎没有听到关于恢复教

---

① Alexander,"Church Councils and Synods," 125.
② 见 Eusebius, *Ecclesiastical History* V. 16, 10；19. 3—4.
③ 同上，V. 23—25。
④ Cyprian, *Epistle* 73. 1. 据说有 71 位主教出席了这次会议。
⑤ 即那些逃跑的人，放弃基督教信仰的人，向其他神献祭品的人，或贿赂官员寻找其他方法躲避迫害的人。

会的问题。相反，他们关心的是一大堆实践方面的问题，就像我们今天的教士会议遇到的情况一样，例如如何处理再婚的合法性、教士中的不道德行为、资产管理与滥用，以及陷入异端之后是否允许参加圣餐礼，还有一些当时特有的问题。①

尼西亚会议与之后

如果是 4 世纪之前的公会议确定和发布的信经，很少有证据留传下来。在这之前，信经与信仰的提纲都具有地方性，并且是从地方教会的实践中逐渐取得权威。据我们所知，尼西亚会议是有史以来的第一次，主教们聚集起来通过了一个信经性质的声明，作为正统教义的标准。千万不要将这次会议产生的信经与尼西亚—君士坦丁堡信经混淆，后者在较晚的时候才用于在仪式中表明信仰，而尼西亚信经典型地分为三部分（与三位一体一致），结尾是驳斥阿里乌及其追随者的诅咒：

> 我们信一个上帝，父，大能者，可见与不可见万物的创造者；
> 我们信一个主耶稣基督，神子，从上帝而生，唯一受生的，即来自父的本质，从上帝出来的上帝，从光出来的光，从真神出来的真神，受生而非被造，与父同质，通过他万物产生，天上的万物与地上的万物，为了我们人类并为了拯救我们，他从天上下来，取得肉身，成为人，受难又在第三天复活，升天，并将回来审判活人和死人；
> 我们信圣灵。
> 有人说，有些时候他不存在，在出生之前他不存在，他从无中进入存在，还有人断言神子具有不同的本原或本质，或可能变化——这些人都是大公的和使徒的教会要咒诅的。

这次会议制定的信经以及后来产生的信经已经不止于只有地方性的权威，而是表达了人们普遍认可的信仰。但这一信经的新时代并不能被理解成公

---

① "The Canons of the Council of Elvira," in *A New Eusebius*: *Documents Illustrating the History of the Church to AD 337*, ed. J. Stevenson (London: SPCK, 1987), 290—293. 其他教规还讨论了如何处置归信了基督教但仍然献祭的异教祭司，如何处置那些击打奴隶致死的人，还有一个有趣但没有详细解释的观点，"教堂不可以出现图像，以免受崇敬和膜拜的东西被画在墙上。"

会议已经取代了已有的洗礼誓词（confession）。那些确立信经的人并没有这样想，我将在下文论到这一点。因此很容易过分强调这两种信经之间的区别。关于这一方面，凯利在其研究古代信经的经典著作中陈述了一个重要的事实：" 人们总是说 4 世纪早期发生了转变，产生出一种全新的表达方式，但是与历史上发生的多数转变一样，事实上 4 世纪也并非表面看起来那样一蹴而就的。"①

洗礼誓词与信仰法则的动机十分清楚，即确保信徒获得纯正的信仰，同样，公会议制定信经也处心积虑要达到这一目的。地方教会或公会议确立信仰标准一般都希望能够排除错误，以保证教会在神学上的纯洁性。尼西亚信经作为一个会议文件的确是开天辟地的，它使用的概念和措辞不是源于君士坦丁②，利用信经的形式来检验正统对于早期教会也并不陌生。③完全相反，尼西亚信经是对实践的发展，而那一实践早在一个世纪甚至更久之前就有了坚实的基础。

教父学者们肯定不会质疑这一点：尼西亚信经的用词符合公元 325 年之前教会使用的信仰表达形式，除了"真神出来的真神"、"从父的本质中来"以及"与父同质"（homoousios）等片语。问题是我们是否能够知道会议有意识地使用了哪些教会信条或信仰陈述作为有效的模型。有一段时间学者们认为凯撒利亚（Caesarea）的洗礼信经是尼西亚信经的模型，因为二者在用词上有许多相似之处，凯撒利亚主教优西比乌曾在信中引用前

---

① *Early Christian Creeds*, 3rd ed. (London: Longman, 1972), 205.

② 人们一般认为是君士坦丁提议尼西亚信经使用 *hommousios*（同质）这一含义模糊的词，以便联合各个教会。对于参加会议的多数主教来说，这个词也是相当模糊不清的，这从后来发生的事情就可以看出来。这次会议也不是君士坦丁一手操办的，虽然优西比乌对此的描述恰恰相反，而他经常被人引用。事实的真相可能像鲁非努斯在《教会历史》（*Ecclesiastical History*）I. 1 中说的那样，他说皇帝在主教的要求下（*ex sacerdotum sententia*）召开了会议。在皇帝介入之前，这次会议可能已经在计划之中了，只是最初定的地点在安卡拉。我们知道君士坦丁只不过说服主教将会议的地点转移到尼西亚，因为有些从西方来的主教。

③ 用信经的形式来检验信仰正统性的做法在尼西亚之前至少发生过两次。一次是 268 年在安提阿考验撒摩撒他的保罗（Paul of Samosata）（他否认基督作为独立于父的位格在道成肉身之前的存在），另一次是 325 年早期在同一个城市召开了一次反阿里乌的会议，距离尼西亚会议仅仅几个月的时间，君士坦丁没有参与也没有施加任何影响。R. P. C. Hanson, *The Search for the Christian Doctrine of God: The Arian Controversy* 318—381 (Edinburgh: T. & T. Clark, 1988), 146—151. 在两个案例中，被怀疑具有异端思想的主教（们）接受了同僚们的检验，并被要求认可一个关于信仰的声明。

一信经，为自己洗脱"阿里乌主义"的罪名。① 优西比乌并没有试图表示尼西亚的教父使用了他的教会的洗礼信经——他将二者联系起来以表明自己的清白——但事实隐藏着这种可能。会议似乎使用了叙利亚或巴勒斯坦等东部教会的信经。除了优西比乌提到的那个信经之外②，尼西亚信经与耶路撒冷的西里尔使用的一个信经存在某些相似之处，该信经出现在他约于公元 350 年写的教理问答的讲稿中。③ 凯利提出伊比芬尼 374 年引用的一个东方信经可能也是一个候选答案，但是该信经穿插了太多后尼西亚的语言，以致很难进行比较。尼西亚的教父是否真的修改了这些信经中的一个还是有疑问的；更可能的情况是，会议使用了该地区的某一个信经，但现在已经遗失了。不论怎样，有一点很清楚，即尼西亚会议确立的信仰并没有脱离教会宣布的信仰。出席会议的主教代表着他们所在的教会，教义声明只有公正地反映出他们及他们的教会所理解的传统信仰，他们才可能认可。

增加表示同质性的语言究竟是谁的主意还有待讨论，或许是科尔多巴的奥西乌（Ossius of Cordoba，少数出席会议的西方主教之一，他还是君士坦丁的心腹），或者更可能是安卡拉的马塞路斯（Marcellus of Ancyra）（他是"一个本质"一词的坚决拥护者）。为了排除一切阿里乌的观点，信

---

① 而且，在这封写给信徒的信件的开头，优西比乌就说他要寄给他们一册他在尼西亚认信的凯撒利亚洗礼文件的副本，以及尼西亚会议发表的信仰声明，尼西亚的信仰声明"在我们的说法之外又增加了一些内容"。关于这封信较出色的译文，见 E. Hardy, ed., *Christology of the Later Fathers* (Philadelphia: Westminster Press, 1954), 335—340。

② 下列说法出现在优西比乌的信中，出自凯撒利亚信经：
我们信一个上帝，大能的父，可见与不可见万物的创造者；
我们信一个主耶稣基督，上帝的道，从上帝出来的上帝，从光出来的光，从生命出来的生命，子是一切被造物中唯一受生的、最早受生的，他在万古之前从父受生，通过他万物得以阐释……
我们信唯一圣灵。

③ 十八篇关于教理问答的演讲的对象是那些准备接受洗礼的人，演讲对信经进行了解释，而西里尔坚信该信经是尼西亚之前耶路撒冷"神圣的且使徒的信仰"（*Cat.* XVIII. 32）。值得注意的是尼西亚会议召开时耶路撒冷实际的主教是马卡留斯（Macarius），他是反对阿里乌及其追随者的坚定支持者。下面的说法引自西里尔的阐释：
我们信一个上帝，大能的父，天与地的创造者，可见与不可见万物的创造者；
我们信一个主耶稣基督，唯一受生的神子，他是真神从上帝受生，在万古之前受生，通过他万物被造；他以肉身显现，成了人；他被钉十字架，埋了，第三天又从死里复活，升天，坐在父的右边，并将带着荣耀归来，审判活人和死人，他的国永不结束；
我们信一个圣灵，保惠师，他在先知中说话，他在为赦免罪而施行的忏悔的洗礼中说话；我们信神圣大公的教会，信身体复活，信永生。

经的遣词造句可说是煞费苦心。含义模糊并不是它的目标。讽刺的是，信经的最终版看起来像是向皇帝妥协的声明，但事实上它不是向任何人的妥协，后文我们将会看到这一点。

3. 会议信经取代了地方教会的信条与信纲。

在判断制定尼西亚信经的动机时，我们遇到的最主要的困难就是由于某种原因我们无法获得尼西亚会议的官方记录，或记载（acta）。很多人都赞同并不存在这么一份记载，因为尼西亚会议那个时代的人从来没有公开或明确地提到过这样的记载。人们可能会认为一个在神学上和历史上都如此举足轻重的会议应该有记录，直到我们想起赋予这次会议和信经的卓越性是到很晚的时候才得到承认。即使是专门用于形容尼西亚会议的词语"普世的"，表示特殊的以及特定范围的主教会议，也是渐渐被人们接受的。涉及尼西亚会议的"堕落"模式，其问题在于夸大了尼西亚会议在历史上的中心地位，虽然差不多有三十年的时间尼西亚信经几乎是默默无闻的。很显然，尼西亚会议之后的很长时间里多数主教都还不明白尼西亚信经最完美最清晰地表达出了基督教关于上帝的教义。

根据霍尔奈特的说法，尼西亚信经建立了"基督徒的新记忆"，后君士坦丁的记忆，而彻底清除了旧记忆。① 但是如果尼西亚信经是"新记忆"的开始，那它为什么实际上却被忽略了，直到 4 世纪 50 年代后期才成为定义基督教的独特工具，而且其他信经还在使用？研究教父学的学者一般都承认，在尼西亚会议之后的超过四分之一个世纪里，尼西亚信经及饱受争议的词语 homoousios 几乎没有在神学争论中引起注意。这在很大程度上是因为信经并没有解决分裂东方主教的三一论和基督论上的分歧，这是因为"本质"一词很有争议，也因为似乎很多人都赞成形态论（modalism）。② 阿塔那修，人们通常相信他是尼西亚信经最卖力的支持者，但他并没有表现出对使用 homoousios 一词的倾向性，直到大约 352—353 年他为信经的有效性辩护，认为它体现了圣经的原则。③ 无论怎样尼西亚信经所期望的教会统一并没有实现。君士坦丁本人的行为也证明了这一点，他出席了尼哥米底亚（Nicomedia）的一个小型主教会议（327—328），根据

---

① Hoornaert, "The Nicene Creed and the Unity of Christians," 113.
② 在尼西亚会议上坚决拥护 homoousios 的安卡拉的马塞路斯被指控：教导父与子"同质"就意味着父与道成肉身之前的道不存在任何真正的差别。
③ In Athanasius, *On the Definition of the Nicene Creed*. 见第一章。

一个并没有提及尼西亚信经的信纲，同意阿里乌长老重新返回亚历山大担任教职。①

在西方情况也是一样。直到 4 世纪 50 年代中期我们才开始看到地方性的主教会议将尼西亚信经作为正统信仰的唯一标准。356 年，我们知道有一位主教竟然声称他从来没有听到有人背诵尼西亚信经。② 这样的无知在西方教会的领袖中普遍存在。在后来于阿尔勒（Arles，353）、米兰（355）和阿里米努（Ariminum，359）召开的主教会议上（阿里米努会议是西方出席人数最多的会议），尼西亚信经遭到一个少数派的拒绝，他们提出了代替尼西亚信经的另一个信经，并恐吓多数西方主教接受他们的观点。尼西亚信经的权威地位得到认可是在 359 年，渐渐地这种认可进入到西方教会的意识中。为什么直到亚历山大会议（Alexandrian Synod，362）尼西亚信经才成为教会"传统网络"的一部分，对此安德烈·德·哈勒克斯（André de Halleux）提出了合理的解释。在亚历山大会议上东方和少数西方主教承认尼西亚信仰是正统的唯一准则，任何信条都应该与之相符。③

后来出现的"新尼西亚时代"（这是我们现在的称呼，那时的主教和教会都认可一种神学）并不是出于确信信经为帝国统一的象征，或它为战胜对手提供了途径。"一个教会，一个帝国，一个信仰"的教会—政治理论源于后来教会的历史重构而非 4 世纪教会的实际经验。

教会统一很难实现，大公会议信经（不仅是尼西亚信经）被信徒接受总需要一个缓慢的过程。会议的信纲在获得广泛认可之前必须经过教会经验的证明和逐步内在化。因此莫里斯·怀尔斯主张正是基督徒以基督为上帝向他祷告的做法影响了"阿里乌之争"的进程，使人们认识到基督具有完全的神性。④ 一个地位较低的子并不符合基督徒将基督作为一个崇拜和敬仰的对象的理解。如果基督是一个次等的形象，那他如何接受人的祷告呢？例如，4 世纪米兰的信众就见证了崇拜时所做的祷告：

---

① Athanasius, *To the Bishops of Egypt* 18; *To Serapion* 2.
② Hilary of Poitiers, *On the Synods* 91.
③ Andre De Halleux, "Toward a Common Confession of the Faith according to the Spirit of the Fathers," in *Faith to Creed*, 29.
④ Maurice Wiles, *The Making of Christian Doctrine* (London: Cambridge University Press, 1967), 56ff.

我们恳求基督与父，
还有基督与父的灵，
他们是一，且无所不能。
噢，三位一体，帮助我们这些向你祷告的人吧！

同样，在使人们普遍接受圣灵的神性时，使用洗礼誓词也起到了巨大的作用。如果父、子、圣灵没有共同的神性，那么为什么教会要奉父、子和圣灵的名（单数而非复数）施洗？基督徒的虔诚不仅影响了信经的形成，也深刻地决定了信经的结果。

坚守地方信条

反对者对"君士坦丁主义"提出的最具破坏力的批评就是断定大公会议制定的信经，例如尼西亚信经，在确定和维护教义方面已经取代了崇拜团体的声音。[1] 这也进一步表明，意在完成教会统一的帝国司法体系正在控制教会生活。

上文提到，耶路撒冷的西里尔向那些准备接受洗礼之人阐释"信经"的一部分讲稿留传下来。读者将再次注意到他所解释的信经并非尼西亚信经，尽管这些讲稿的完成时间大约在尼西亚会议二十五年之后。实际上，西里尔没有在任何地方提到尼西亚信经是检验信仰的试金石。耶路撒冷信条代表了"大公教会的"信仰（Cat. XVII. 3），这就表示使徒的教导完全体现在耶路撒冷教会的信仰（信经）里，因为耶路撒冷教会的信仰源远流长并且与圣经一致。

大约在西里尔写作讲稿的同一时间，在遥远的意大利北部，阿奎莱亚的福尔图南提安（Fortunantianus of Aquileia）正在埋头编写福音书注释。至今我们看到的只是一些注释的片段[2]，但这已经足够证明直到4世纪40年代和50年代早期信仰依然由地方教会的标准来确定。福尔图南提安一

---

[1] 见 D. H. Williams, "Constantine, Nicaea and the 'Fall' of the Church," in *Studies in Christian Origins*, ed. L. Ayres and G. Jones (London: Routledge, 1998), 117—136。

[2] *Commentarii in evangelia* (in *Corpus Christianorum*, *Series Latina* IX. 367—70). 这三个片段包括了《马太福音》的两段经文（21：1—9以及23：34—38），以及一篇序言，可能是打算用于整个注释的。

再强调信仰得以保留下来乃是因为它来自使徒的传播——他称使徒的教导（apostolic doctria）是"教会的翅膀"——尽管他没有特别提到他所在的教会的信条是什么。他没有提及任何由公会议通过的信经，更别说尼西亚信经了。这位主教肯定知道尼西亚信经，因为在343年的塞尔迪卡会议（Council of Serdica）上他明确支持尼西亚信经，到了米兰会议（355）又否定了该信经。在他的思想里尼西亚信经似乎非常微不足道，这与多数西方主教的情况大致相同。

半个世纪以后在阿奎莱亚的同一个教会，鲁非努斯（Rufinus）应一位主教的请求，写了"一篇以信经（symbolum）的内容和推理为根据论信仰的论文"。他所评论的信经并非尼西亚信经而是他在阿奎莱亚接受洗礼时所使用的信经。① 他所写的《使徒信经注释》（Commentary of the Apostle's Creed）是对信经解释最详尽的教父文献，还提供了罗马和阿奎莱亚教会使用信条的情况。根据鲁非努斯的说法，这些教会的信条见证了使徒信经，他们的信条恰是来自使徒信经，这赋予了地方信经独特的权威，维护了基督教的教义。

然而，问题是西尔米乌姆的福提努斯（Photinus of Sirmium）（他是一个形态论者）等新出现的异端为了附会他们的论点随意扭曲正统，这使得鲁非努斯不得不在阐释信经的时候"恢复与强调使徒语言简单、平实的含义，同时又要填补前人留下的空白"。② 换言之，传统的用语容易被错误解释，必须要翻译成正统的思想，对鲁非努斯来说正统思想就是尼西亚—君士坦丁堡神学。读者会想起（第3章）信仰的法则必须实现澄清洗礼信经的作用。鲁非努斯没有引用或特别暗示公会议通过的信经，但是他明白形态论或"阿里乌主义"的教义极端都被信经所表达出来的含义驳倒了——即，子在万古之前受生，与父是同一本质，而且圣灵与子也属于同一范畴。③

从约翰·卡西安（John Cassian）430年提到的一个大概是出自安提阿的信经中，或者从伊比芬尼4世纪70年代中期两次引用的信经中，我

---

① *Commentarius in symbolum apostolorum* 1.3.

② Rufinus, *Commentary on the Apostles' Creed* 1, trans. in J. N. D. Kelly, *Rufinus: A Commentary on the Apostle's Creed*, Ancient Christian Writers no. 20 (Westminster, Md.: Newman Press, 1955), 29.

③ Rufinus, *Commentary on the Apostles' Creed* 37.

们确实可以看出其用词方面具有尼西亚信经本质术语的"印记"。这些信经都可以划归解释尼西亚信经的范畴,他们的用意是反异端而非陈述教会的信条。

总而言之,地方信经被赋予权威地位,原因在于它们与使徒信仰之间有着神圣的联系,也在于年复一年的崇拜和洗礼活动时要反复聆听和背诵这些信经。尼西亚和君士坦丁堡信经具有与众不同的来源,成为解释其他来源的工具,确定当代的正统和异端思想。它们并非要取代洗礼信条,因为后者仍然被当作基督教信仰的圣礼法则(regulae)。这毫无疑问能够解释为什么普瓦蒂埃的希拉利在《论三位一体》(On the Trinity)中根据尼西亚信经详细论证了三一神学之后,用以下的祷告做结尾:"我向你祷告,保护我那虔诚的信仰不受玷污,直到我生命的终结,求你使这成为我信念的表达,因此我便可以持守我在奉父、子和圣灵的名受洗时宣读的信经。"[①] 这里他所指的信经并非尼西亚信经。

4. 随着普世信经的产生和广泛使用,圣经已经丧失了在教会里的独特权威。

论到 4 世纪三一论和基督论的冲突时,不止一位分析家说他们主要的论点首先是关于正确地解释圣经。这当然是事实。为捍卫与尼西亚信经有关的神学以及 381 年君士坦丁堡会议对尼西亚信经的认可,这一时代多数辩论性文章正忙于与那些反对他们的对手争论圣经的含义。

当安波罗修 374 年成为米兰的新任主教时,他要学习的一课就是:反尼西亚信经的对手了解圣经,准备利用圣经为他们对基督的理解辩护。有人指责安波罗修的上帝观即父、子和圣灵是三个本质相等的实体,实际上就是宣扬三个神,四年后他写了一本著作为自己辩护,驳斥了那些对他的指控。在第一篇维护尼西亚信仰的著作《论信仰》(On the Faith)中,他用两卷的篇幅并以经典的神学论证驳斥了"阿里乌"的上帝观,却发现仍然不够。他的主要对手拉提亚拉的帕拉迪(Palladius of Ratiara)做出了回应,并抛给安波罗修一堆圣经经文,又要求他如果要坚持子拥有完全的神性就必须逐段给予解答。三年过去了,安波罗修又发表了三卷著作,[②]

---

① *On the Trinity* XII. 57. 参照 *Epistle to Constantius* 7(so-called *Liber II ad Constantium*):"我们能做的最安全的事就是坚持洗礼时所宣读和理解的首要的和唯一的福音信仰。"

② D. H. Williams, "Polemics and Politics in Ambrose of Milan's *De fide*," *Journal of Theological Studies* 46 (1995): 519—531.

这次他特别关注福音书中那些提到子道成肉身的经文，他认为这些经文是维护或解决父与子本质为一的关键所在。耶稣基督是"我主和神"，受到众人的崇拜以及魔鬼的畏惧，他使死人复活，最后自己也从死里复活，他实实在在承受了人的弱点，他不知道那日子（太 24：36）、他承认"父比我大"（约 14：28）以及他所经受的恐惧和忧虑（太 26：38）都表现出了他作为人的软弱。人们该如何认识这样的耶稣基督呢？子从非受生的父那里受生的事实表示二者在本质上不同，如同子是从父的神圣存在"派遣"或起源的吗？想要证明道的永恒，不将所有（或大部分）福音书对耶稣的描绘整合成一个基督形象，既不破坏他的人性也不削弱他的神性，而仅仅引用《约翰福音》1：1"道与神同在，道就是神"，或《约翰福音》10：30"我与父原为一"是不够的。

安波罗修的经历表明他已经渐渐明白 4 世纪真正的战场就是圣经。"阿里乌主义"总是要求那些尼西亚支持者们提供圣经证据，并且指责他们将圣经中从来没有出现过的 *homoousios* 一词引入了信经，尼西亚的支持者常常要应对这些说法。在 427 年左右的一次争论中，"阿里乌派"主教马克西米努谴责奥古斯丁，说他在信仰的"事实"上没有严格遵守圣经。①但是马克西米努和其他反尼西亚的人一样，夸大他本人所使用的按照字面意义解释圣经的方法，而贬低对手对圣经真理的贡献。事实是这两派在解经的时候都倚赖认信的前设，并且正统派也同样坚持圣经是信仰的唯一标准。我们几乎听到了耶路撒冷的西里尔劝解信徒的话，"当我告诉你们这些事情的时候，不要简单地相信我，除非你从圣经里找到了证据。"②

信经与圣经

从芝诺或格列高利身上我们可以看出，诉诸阐释圣经的神学解经法对教会来说是十分重要的。圣经，包括旧约和新约，是上帝对信徒说话的途径，上帝的话有些清楚有些神秘。但是阅读圣经并非个人的事。如果没有教会一致同意的（支持尼西亚的）传统，就不可能恰当地解释圣

---

① *Debate with Maximinus* 15. 20.
② Cyril of Jerusalem, *Catechetical Lectures* IV. 17.

经。教会历史表明，崇拜和圣经产生的那些命题，经过教父的阐述，我们今天认为是正统的和大公的。在4世纪和5世纪伟大信经兴起的背后正是这种对圣经的"解读"，信经是教会的实践、信条和经文浓缩的共同产物。

让我们最后一次回到阿塔那修和他的著作，他辩护说圣经能够证明尼西亚神学的正确性。大概是为了回应一位西方主教，自尼西亚信经发表之后，阿塔那修第一次坚决地回击了围绕尼西亚信经的批评，即，它使用了圣经上不曾出现的词汇。在《为尼西亚定义辩护》（*On the Defense of the Nicene Definition*）中，阿塔那修并没有去反驳"从本质"或"同一本质"（homoousios）在圣经中找不到而属于尼西亚会议独创的说法。他说，当"阿里乌派"的对手称基督"出于无"或父是"无起源的"（与基督的"受生的"或有起源的相反）时，他们也在做同样的事。

根据阿塔那修的说法，公会议面临的问题是怎样完全用圣经的教导来解释某些与基督身分有关的经文。每个人都同意子"出于上帝"（林后5：17），但是该如何对此进行阐释而不让人们认为子像被造的万物那样"出于上帝"？要对使徒的意思含糊其辞实在太容易了，"阿里乌派"好像就是这么做的。如果子是"受生的"，而非"被造的"，那么是在这个意义上的"出于上帝"吗？因此会议被迫要求特别说明神子与永恒的道如何"出于上帝"。阿塔那修解释道：

> 因此他们写"出于上帝的本质"，那样人们就不会认为子和被造的万物具有共同性或相同性……虽然万物都被说成是出于上帝，但是并不是在子出于上帝的意义上（c. 19）。

作为上帝的道，子不是被造物，而是如保罗所说的（林前8：6）万物通过他被造。子不是"万物"，道也不是其他事物中的一个，因为他是万物的主和创造者："据此神圣的公会议明确宣布他与父同质，我们可以相信道的属性与有起源的事物不同，只有他真正地出于上帝。"尼西亚信经使用 homoousios，一个圣经中不曾出现过的词，乃是"圣经意思"（sense of the Scriptures）逻辑推理的结果，也是教会理解的结果，即认为基督就是"出于上帝"的子（c. 20）。

路易斯（C. S. Lewis），这位阿塔那修道成肉身神学坚决的支持者，认为尼西亚信经具有不可或缺的作用，是当代神学的"地图"，他强调：

最初的事变得清晰了。上帝生的是上帝；正如人生的是人。上帝造的不是上帝；正如人造的不是人。这就是为什么人不是基督意义上的神子。他们在某些方面像上帝，但却不是同一类事物。他们更像是上帝的雕像或画像。①

对于早期教父来说，那些坚持一性三位格（三位一体）以及二性一位格（基督）的信经并不是直接来自圣经；它们是圣经教导确切的和合法的引申。信经的提出不是要成为圣经的对立面或信仰的另外准则。它们只是要恰当地表述源自圣经的教训并尽可能用圣经的语言进行构思的圣经真理。奥古斯丁一再重申，信经的语言证实了"圣书"的权威并且是其真理的摘要。② 后来的教父作家，也同样精通圣经，他们认识到解释圣经需要统一的解经原则。因此，由于各教会的精诚合作信条产生了，教会领袖有意使它们成为诠释的模型，用于理解三位一体的上帝以及基督的道成肉身。有人说如果没有信经和早期神学家的工作，我们也将发明这些东西。"至少，"诺里斯说，"信经仍然便利地陈述了解经时面临的难题，也简短地描述了早期神学家怎样面对这些问题，并且全力向他们的教会和文化阐明基督教信仰的中心。"③

说制定和捍卫尼西亚（和君士坦丁堡以及卡尔西顿）信经的人是在竭力保护教会传统是正确的，尽管在某种意义上他们在构建基督教教义的时候凭借了传统。通过这一过程，他们制定出了某些最重要的教义，不仅有关于圣经的，也有关于基督教本身的精神和特质的。后尼西亚的教父们慢慢地认识到在制定上帝教义的时候他们不可能仅仅局限于圣经的词汇。我们看到，信经的发展和作用，以及神学论文、圣经注释、教理问答的产生，都与对圣经含义的争论息息相关。任何试图单纯用圣经的词汇回答解经问题的努力都不可避免地导致无法回答的问题，"但是圣经的意思是什么？"④ 和第二以及第三代基督徒一样，他们仍然需要一个公之于众的信仰标准作为行为的指导，只不过考虑到后尼西亚时代教会的规模与扩散，这一标准要更普遍一些。

---

① C. S. Lewis, *Mere Christianity* (New York: Macmillan Publishing, 1943), 138. 路易斯也给阿塔那修的《论道成肉身》(*On the Incarnation of the Word*) 写过序，see St. Athanasius, *On the Incarnation*, repr. of 3rd ed. (Crestwood, N. Y.: St. Vladmir's Theological Seminary, 1993).

② Augustine, *Epistle* 238 ("To Pascentius," an Arian official of the imeprial service).

③ Frederick Norris, "Wonder, Worship and Writ: Patristic Christology," *Ex Auditu* 7 (1991): 60.

④ Hanson, *The Search for the Christian Doctrine of God*, 848.

我们讨论的这些证据足以反驳以下观点,即认为后君士坦丁时期产生的公会议信经是要求教会统一的帝国政治的产物,或者是主教控制信众的阴谋,偏离了早先的基督教。表达神学忠诚的正式的和地方的信条渐渐进入了与国家互惠互利的关系之中,教会也不再回避由君士坦丁及其继任者为它提供的政治和社会利益。我认为罗恩·威廉姆斯(Rowan Williams)说出了这一事实:

> 在尼西亚之后的痛苦岁月里,教会发现内部的张力不能通过帝国皇权的介入得到解决;与国家的关系拉近,但是并没有解决自身的独特身分及使命等问题。不去反思教会的状况是不可能的,不对教会的遗产进行有意且关键的修正是不可能的,简言之,要回避神学是不可能的。①

无视后教父时代制定的信条中所蕴含的真理的价值,就是无视每个福音派信徒都接受的定论:在历史上教会生活的每个时期上帝都拥有至高无上的主权,因为耶稣应许要建立他的教会,保证地狱之门不能胜过它。我的意思并不是说我们应当将信经作为无谬的事物来接受。教父对会议和信经的看法也并非如此。大公会议,不论有多少人出席,也并不是上帝的启示。② 4 世纪和 5 世纪制定的普世信经被那些接受它们的教会当做极大的权威,因为它们是基督教教义的忠实引导者,可以在圣经和传统中找到。在一个教义使牧师和教区信徒都耗尽心思的时代,任何信经的表述都需要认真查验。因此,我们不应该轻忽古代教会对信经的接受。在接受信经的过程中他们花费了大量的时间并经过了细致的思考,我们后来的历史容易把这个过程缩短。正如崎岖山路沿途的路牌,教父时期基督教一致同意的信经和神学作品意在成为教义可靠性和神学恒常性的路标,对于后来历代的朝圣者,它们依然如此。

---

① Rowan Williams, *Arius: Heresy and Tradition* (London: Darton, Longman & Todd, 1987), 236—237.
② 要与梵蒂冈第二次会议的立场区分开,梵二会议声称教会的主教能够"无误地宣布基督的教义",尤其是召开公会议的时候,早期教会并没有这样赋予自身权威的观点。

6

宗教改革时期的圣经和传统

> 新教改革开始于一个天主教的修士在一本天主教的书籍中重新发现了一个天主教的教义。
>
> ——彼得·克里弗特（Peter Kreeft），《信仰的基础》（*Fundamentals of the Faith*）

> 只有全体教会都赞同的证据才是可靠的，仅仅罗马教会赞同的证据是不可靠的。
>
> ——马丁·路德（Martin Luther），《教会被掳巴比伦》（*The Pagan Servitude of the Church*）

Protestant[①]一词在使用时通常含有消极意味。人人都明白 protestants 就是那些"抗议"（protest）或不赞同罗马天主教的人。历史上的新教的确记载了一系列对罗马天主教教理和实践的反对意见，然而这样的定义是十分不幸和不公的，因为宗教改革在本质上是一种肯定，是以激烈的方式声明积极的原则。拉丁词汇 *protestare* 的主要意义表明，新教徒（protestant）是寻求"做见证"或"公开声明"的人。在历史上，新教徒是那些试图肯定某些信仰的宗旨的人，而那些信仰恰恰见证了使徒的信息。约翰·卫斯理（John Wesley）于 1749 年 7 月 18 日写给一位罗马天主教熟人的信给出了一个重要的范例，他将"一个真正的新教徒"定义为符合一

---

① Protestant 不同的译法包括新教、更正教、抗罗宗等。——译者注

系列教义宣称,其中每个句子都以古老的词汇开始,"我信"。卫斯理显然感到陈述新教支持什么远比反对什么更重要。他从未告诉过读者新教拒绝或反对什么。

今天的新教徒应当向他们的先辈学习。作为新教徒并非表示要抛弃教义神学、脱离教会权威或丢掉过去的传统。新教并不是在拒绝宗教改革前发展的教义的意义上作为反对天主教的同义词。就此而言,做新教徒不是做罗马天主教徒的对立面,尽管它当然有别于罗马天主教。到了 20 世纪,新教最初的含义又重新出现在《巴门宣言》(Barmen Declaration,1933)的"认信教会"(confessing church)中。在这份文件中基督教的牧师和神学家坚决反对第三帝国收买德国教会,由此他们证实或见证了基督教信仰的福音原则。

改教家对早期教父尤其是对早期教会的共同传统(consensual Tradition)一般持有怎样的态度呢?浸信会神学家伯尔纳·兰姆(Bernard Ramm)错误地宣布改教家拒绝传统这一概念,他的根据有三点:(1)上帝对教会的一切意图都包含在新约里;(2)罗马天主教的某些教义和实践与新约有分歧;以及(3)"确定传统及其确切内容的界限实际上是不可能的。"他说,传统的许多内容都包含在新约旁经中,这一事实就证明了上面的怀疑。换言之,大部分天主教"传统"都来源于 2 世纪的文献,它们被错误地归于某些使徒名下,教导的教义以及记载的实践常常与圣经正典有分歧。①

值得一提的是兰姆的观点中存在一个并非罕见的误解,即"传统"是罗马天主教的(人为)产物,若干时代以来横施淫威并因此成为了与圣经不相容的另一个权威的来源。我们业已发现从历史上说这些命题都是不正确的,兰姆认为拒绝传统导致改教家建立起唯独圣经(sola scripura)的教义也站不住脚。②那些被称为旁经的福音、行传和启示文学作品反映了 2 世纪和 3 世纪早期所谓的"大众基督教",因此体现出教会传统的某些神学特性。然而认为旁经是传统的主要来源乃是错误的。

早期教会传统的确是大公的,而非罗马天主教的,它形成了圣经最初写作以及后来被判定为正典的根据。16 世纪的改教家认识到了这种差别,

---

① 见 M. R. James, *The Apocrypha of the New Testament* (Oxford: Clarendon Press, 1953)。

② Bernard Ramm, *The Evangelical Heritage* (Grand Rapids: Baker, 1973), 29—30.

并且对教父们的传统给予了高度的评价,他们认为传统是诠释圣经真理的方法。有人可能认为因为改教家弃绝与罗马教会有关的"人的制度",所以他们也会将教父的作品视为人的迷信。然而,这与事实相去甚远。新教抨击某些中世纪的经院神学家以及中世纪教皇的多数教令,但这并不能被理解为是对基督教信仰的大公性和整体性的攻击或要与之决裂,基督教的大公性和整体性体现在圣经里,由普世信经概括出来,并经过了早期教父的阐释。相反,教父尤其是奥古斯丁的著作与信条,成为连接他们自己的神学与改革努力的关键环节。这种依赖性在很大程度上是因为相信教父要竭力发展出一种真正的圣经神学——这也恰恰是改教家们的目标。奥古斯丁说"敬畏上帝的学生在圣经里认真寻求他的旨意"①,他的这句话对路德或梅兰希顿等人影响颇深。他们认为自己所做的事情正是奥古斯丁做过的。

认为宗教改革主要是消极地反对建制教会,这种理解存在的问题是,我们将无法认识到,在最早的新教徒的思想里,他们的时代以及之前的时代之间、圣经与教会教导的广泛基础之间存在着有机的联系。尤其是对威权派(magisterial)改教家来说,从重新强调圣经的角度,任何将它们的共同作用并列的做法都是错误地将该时期"简单地分为教会高于圣经,或圣经高于教会"。② 他们的重点并非达到圣经的自主,摆脱教会的桎梏,在诺斯替主义的层面上允许读者个人拥有任何属灵的或神学的"真理"。相反,圣经应当是自由的,为的是能够判断一切传统和实践。恢复圣经在教会中的地位就是宣布重新发现和重新吸收了没有罗马主义的大公主义之根。这将带领圣经诠释回到它真正的"家"。

兰姆断言改教家拒绝传统的观念以及教父和大公会议的权威,他们唯独承认圣经,兰姆的说法表明福音派的认识普遍存在一个盲点,即福音派错误地认为16世纪的冲突是圣经与传统的冲突。如果离开了教会的根本传统就无法恰当地理解圣经,即使是在反对某些教会建制的时候。随后,我将论证宗教改革不是圣经与传统的对抗,而是重拾古代传统而反对对该

---

① Augustine, *On the Christian Teaching* III. 1. Trans. From R. P. H. Green, *Augustine: De doctrina Christiana* (Oxford: Oxford University Press, 1995), 132.

② Alister McGrath, "Reclaiming Our Roots and Vision," in *Reclaiming the Bible for the Church*, ed., Carl E. Braaten and Robert W. Jenson (Grand Rapids: Eerdmans Publishing Company, 1995), 68.

传统的扭曲，或者最后演变成了传统（Tradition）与众传统（traditions）的对抗。也就是说，我们从新教改革得到的认识是：每个教会的"传统"（traditions）都低于圣经并且要接受传统（Tradition）的审判，基督是圣经与传统的主。

在许多方面 16 世纪改革的基础是谁真正有权声称自己是早期教会的合法继承人。对于这一权利，新教与罗马天主教争论不休。人们通常一致认为实行改革应该符合由教父提供的模式。新教与罗马天主教以及新教与新教之间的分歧在于：教父来源要如何应用于教会改革以及改革需要扩大到何种程度。

关于教父，改教家认为确实存在问题，但问题并非在于教父本身，而是在于他们被随意引用为权威，用来支持几乎任何教训，而教训的本意却不为所知。当然，这一时期的所有作者仍然认可中世纪的实践，即使用古代文本而很少或完全不考虑其历史语境。但是改教家关键的不同在于，他们意识到，教父来源虽然很重要，却不应该任意地引用为"权威"以坚持任何教义或实践（如同整个中世纪的神学家们所做的那样），除非他们与圣经一致。这种看法对教父教导或多或少都具有选择性，它反对用教父来为教会中发现的几乎每一种"传统"辩护而不顾其是否有圣经根据的**方法**，如果方法一词准确的话。这里体现出了文艺复兴学者在复兴教父来源的时候所采取的褒贬不一的态度。伊拉斯谟以轻蔑的口吻指出，与"古代的神学家奥利金、巴西尔、克里索斯托、哲罗姆"等人相比，他那个时代的人缺乏灵性，而在那些古人身上人们会发现"金色的细流缓缓流淌……永恒真理的声音振聋发聩"。① 然而并非所有教父都得到了伊拉斯谟无所保留的赞美，他认为他们是有可能犯错误的并且有些人自相矛盾。就改教家来说，他们并无意推翻教父权威，但也没有认为其价值无可比拟，他们质疑罗马教会使用教父权威的方式，也质疑使教父低于教皇的做法。宗教改革对早期教会的兴趣逐渐浓厚起来，这是因为逐渐需要评价教父见证与圣经见证之间的关系。

对教父权威的强烈而有辨别的看法也促使早期信经具有了一种新的重要性。尼西亚信经和使徒信经最先成为了连接圣经与早期教会的文件。这

---

① 转引自 Jan Den Boeft, "Erasmus and the Church Fathers," in *The Reception of the Church Fathers in the West: From the Carolingians to the Maurists*, vol. 2, ed. I. Backus (Leiden: E. J. Brill, 1997), 549.

部分地是由于人们相信使徒信经应当被分为十二条,因为十二使徒中的每一位都完成了一条,这种看法的错误依据是鲁非努斯 5 世纪的著作《使徒信经注释》(A Commentary on the Apostles' Creed)。这也是出于辩论的需要,以反驳罗马教会指控新教徒正在传播一种新奇的基督教。在 1526 年的巴登争论(Baden Disputation)上,改教家厄科兰帕迪乌斯(John Oecolampadius)要引用圣经进行讨论就不得不面临属灵主义或主观主义的指责。① 他回应对手批评的办法就是借助早期教会的著作和信条表明他是早期传统的延续。在马丁·布塞的《福音书注释》(Gospel Commentaries,1527—1528)中,教父成为其神学的直接来源,尽管他们很少被提到名字。到了布塞创作《罗马书注释》(Romans Commentary,1536)的时候,教父被公然引用,而他们的解经对于圣经诠释来说也更加核心。因此,改教家的任务就是确定他们是真正大公的,并用教父来反驳称他们标新立异的指责。

然而,改教家的立场并非是单纯防御性的;有一个普遍印象,即信经的教导在本质上都是对圣经的阐释。例如,改教家厄巴鲁斯·莱吉乌斯(Urbanus Rhegius,死于 1541 年)信奉一个观点,即对圣经的解释总要符合普世教会的教导,他还坚持认为传道人应该随时引用教父的观点以支持自己的论点。莱吉乌斯论证说离开了基本的信条就不可能真正理解圣经,因为它们是在教会最早的世纪里形成的。并非任何教父的意见都可以采用,能够采用的只有那些满足大公性和圣经原则的符合古代信仰共识的意见。② 这一进路是改教家反驳罗马教会的核心,罗马教会声称他们具有教会与教义传统的权威。随着宗教改革和重新发现与重新确立教会原始传统变得越来越息息相关,使用对手所用相同的教父材料来支持其观点,问题就演变成了一个人该如何辨别哪一个传统真正反映出了古代传统。

---

① I. Backus, "The Disputations of Baden, 1526 and Berne, 1528: Neutralizing the Early Church," *Studies in Reformed Theology and History* 1 (1993).

② Scott Hendrix, "The Use of Scripture in Establishing Protestantism: The Case of Urbanus Rhegius," in *The Bible in the Sixteenth Century*, ed., D. C. Steinmetz (Durham: Duke University Press, 1990), 44—47.

最早的新教徒

有些读者可能惊奇地发现,"新教"(protestant)一词直到宗教改革后期才开始使用,用来表明宗教上的联系。该词最初指的是六位选侯和十四个德国南部城市在第二次施佩尔会议(the second Diet of Speyer,1529)上的抗议行为,他们反对废除由三年前的第一次施佩尔会议赋予的宗教自由。尽管围绕着"抗议"(protest)一词流传着许多神话,但是该词并非直接反对罗马及其传统的,它反对的是将控制政策强加给德国南部的独立邦国。① 事实上,"新教徒"和"新教"等词语从来没有出现在路德的著作中(除了政治上的用法"抗议的邦国"),也没有出现在路德宗的《协同书》(Book on Concord,1580)中,没有出现在安立甘宗任何一版的《公祷书》(Book of Common Prayer,第一版,1549)中,也没有出现在16世纪使用最为广泛的两个信条《海德堡教理问答》(Heidelberg Catechism,1563)和《第二瑞士信条》(Second Helvetic Confession,1566)中。② 同样地,这些文件也不认为他们的对手是"天主教信徒"(Catholics),而是"罗马信徒"(Romanists)、"教皇派"(Papists)等等。一位现代作者在一本名不见经传的书里这样说,一个人可以如此描述该时期流行的态度,即"天主教"所代表的含义远超过了罗马主义。③ 改教家自认为他们连接于"神圣、大公和使徒的教会",是真正的大公信徒,并且大公性并不取决于是否效忠罗马主教。到17世纪后期,"新教"一词的意义发生了变化,从法律性的理解变成了信条性的理解,具有了"反天主教"的含义,逐渐取代了较老的"福音派"(evangelical)一词,"福音派"作为描述性的词汇第一次使用是在16世纪20年代。

尽管有些新教徒常常抱怨教父的信经和公会议是在后君士坦丁的背景下制定和召开的,但我们必须承认新教改革的发端是一个政治事件。围绕

---

① Alister McGrath, *Evangelicalism and the Future of Christianity* (Downers Grove, Ill.: InterVarsity Press, 1995), 21.

② David Lotz, "Protestantism," in *the Oxford Encyclopedia of the Reformation*, ed., Hans J. Hillerbrand (Oxford: Oxford University Press, 1996), 356—357.

③ J. H. Nichols, *Primer for Protestants* (New York: Association Press, 1947), 9.

着拒绝赎罪券售卖，德国国家主义、反教皇主义、农民起义以及经济危机交织成了一张复杂的网。到了路德那时，选侯和平民的反罗马情绪十分高涨，这种情绪不一定与神学改革有关。史蒂文·奥兹门特（Steven Ozment）评论道：

> 在当代人的想法里，宗教改革更接近于我们今天所谓的国家权力与地方控制。对于许多城市人和乡下人来说，路德就是上帝派来的，引导他们为政治自由和独立而战斗……某些群体比其他群体更青睐于宗教改革，其原因与信仰和虔诚有关，也与金钱和权力有关。①

改教家本人也认识到他们的动机是多么复杂，同时也明白想要在公共领域取得胜利，他们需要获得官员和选侯的支持。即使是激进的属灵派改教家闵采尔和重洗派的巴尔塔萨·胡伯迈尔（Balthasar Hubmaier）也不反对为了自己的目的迎合地方权力。奥兹门特的说法更激烈，他称改教家准备为任何统治者服务，只要他们愿意保护新教的教义、揭露教皇的诡计、罢免教皇的教士。② 官员也同样看重改教家的实际用途。

这里并不是要谴责改教家的宗教投机主义，和后期的教父主教一样，他们也认识到要建立和维护他们认识的真教义，就必须获得足够的政治支持。我们几乎没有理由将他们的动机简化成对深层的政治、社会和经济问题的反动，虽然有些人习惯于这样解释。总而言之，宗教改革在神学和灵性上的爆发不能排除或脱离国内斗争和政治斗争，二者无疑是宗教改革的助产士。路德或茨温利以及其他的改教家和早期教父一样，随时准备向一个对其有利的政府寻求避难，只要该政府符合他们的神学目标，但是他们没有一个人能容忍他们的传讲受命于世俗权威。

宗教改革与教父

15世纪和16世纪欧洲智识发展新高峰的一个重要组成部分就是出现了一个全新的产业，即出版早期教父的著作。整个中世纪，教父著作的单

---

① Steven Ozment, *Protestants: The Birth of a Revolution* (New York: Doubleday, 1991), 19.

② Ibid., 23.

行本或引文随处可见，例如彼得·伦巴德（Peter Lombard）的《语录》(Sentences) 以及《圣奥古斯丁》(Milleloquium Sancti Augustini)。① 第一版的《奥古斯丁全集》(Opera Omnia Augustini) 由约翰尼斯·安默巴赫 （Johannes Amerbach，约 1506）在巴塞尔出版，该书成为中世纪晚期奥古斯丁复兴的顶点。路德、施道比茨（Staupitz）以及其他改教家对奥古斯丁的了解远超过其他教父，这并非偶然。伊拉斯谟也出版了自己的奥古斯丁文集（1528—1529）以及许多新版的教父著作②，这些著作逐渐流传开来，并点燃了新教和罗马天主教的改革。

同一时期，希腊著作的拉丁译本也出版了，尽管质量参差不齐。到 1515 年凯撒利亚的巴西尔的著作出现了第一个拉丁版，随后涌现了其他希腊教父的译本，如查士丁和大马士革的约翰。瑞士改教家厄科兰帕迪乌斯负责编纂了大量拉丁译本，包括新发现的爱任纽的《驳异端》(Against Heresies)。即使这样，中世纪的人们要了解早期教父多数是通过教父著作摘录，其题目多为 *florilegia*（作品选集）。这些选集中最著名也是最宏伟的一部便是《格拉提安法令》(Decree of Gratian，约 1140 年编于博洛尼亚)，该书收集了近四千条引文，这些引文多出自教父、阿奎那的《四福音书金链》(Catena aurea in quattuor Evangelia) 以及附有评注的圣经。③

罗马天主教和新教都利用了这些选集，他们引用不同教父或同一教父的不同摘文，以此表明他们的教义代表了教父的思想，也代表了教会的真理。莱恩（A. N. S. Lane）曾花费大量时间追溯不同版本的印刷本（区别

---

① 由 Bartholomew of Urbino 于 1345 年编纂完成，该书从奥古斯丁著作中收集了约 15000 段文字，共 1081 项条目，按照字母顺序进行排列。详细信息见 E. L. Saak, "Augustine in the Later Middle Ages," in *The Reception of the Church Fathers in the West*, ed., I. Backus, vol. 1 (Leiden: Brill, 1997), 379—384。

② 西普里安（1520）、阿尔诺比乌斯（Arnobius）（1522）、普瓦蒂埃的希拉利（1523）、哲罗姆（1524—1526）、爱任纽（1526），以及安波罗修（1527）。后来伊拉斯谟又出版了哲罗姆文集的修订版，哲罗姆本人翻译了圣经以及教父著作，因此他成为"文艺复兴理想的化身"。H. A. Oberman, *Masters of the Reformation*, trans. D. Martin (Cambridge: Cambridge University Press, 1981), 72—73。

③ Irene Backus, "The Early Church in the Renaissance and Reformation," in *Early Christianity: Origins and Evolution to A. D. 600*, ed. I. Hazlett (Nashville: Abingdon Press, 1991), 295。

于手写稿）教父选集，随后完成了一篇初级研究报告，① 在报告中他提出教父选集可以分为三大类。第一类是中世纪的实用选集，即为那些行色匆匆的人提炼古人的智慧。今天有许多灵修经文也是按照同一原则为基督徒选摘的。第二类是辩论性的选集，其意图是为支持某人的立场而搜集神学证据。梅兰希顿的《古人的观点》（*Sententiae Veterum*）绝对是维护路德宗立场的，该书共发行了六版。最后就是圣经注释，即将教父们对圣经某一卷书的注释都摘录到一起。我们有理由相信识字的人都可以阅读到各种教父文字，尽管通常都是以零零碎碎的形式。如同阅读一本没有标题和日期的剪报，16世纪的作家在堆积如山的古代权威中精心筛选，基本脱离其历史背景和意义。部分的或完整的教父著作的出现有十分重大的作用，这有助于对教父的理解，也促使改教家去了解教父思想。

路德

和教会历史上所有受人尊敬的人物一样，马丁·路德的生平和思想都被漫画化了，有的符合他自己的说法，有的不符合他自己的说法，尤其是他早年的事情。标准的新教理解青年路德的方式就是把他描绘成一个在天主教会的巨型建筑里找不到永久平安的人，天主教会是围绕圣事、教条以及神秘渴望组织起来的。最后分析得出的结论是这些否认了我们堕落的状态，对该状态没有足够的回应。路德发现天主教会里没有什么能回答无比困扰他的问题，"我如何才能得到上帝的仁慈？"1518年正值赎罪券问题浮出水面之际，通过研究保罗书信和《诗篇》，路德突然发现上帝已经保证他将仁慈地宽恕罪人，这成为路德"改革突破"的基石。这次信仰转变的经历堪比奥古斯丁在米兰附近的花园里阅读《罗马书》时发生的故事。正如路德学者大卫·耶格（David Yeago）所说的那样，该情节的问题在于它使路德的"改革突破"貌似另一次五旬节时的全面重建基督教。二十年后，路德将他的早年经历描述为"重新发现"福音，但是若将这解释成福音从五旬节到宗教改革丢失了则是错误的。

---

① A. N. S. Lane, "Early Printed Patristic Anthologies to 1566: A Progress Report," *Studia Patristica* 18 (1989): 365—370.

最为重要的是，这种"突破"的夸张描绘表明路德与之前的基督教传统全然没有联系。反而，"它的发生是赤裸裸的人性状况与赤裸裸的保罗式宣讲的遭遇，没有经过漫长的历史过程……在这个故事里天主教传统只是路德必须战胜、'突破'的对象，然后他才能'重新发现福音'。"① 后来那些对宗教改革遗产感兴趣的人也没有理由去关注传统。如果路德的"信仰"与天主教大相径庭，那么新信仰显然需要新教会。因此历史学家们一致同意与罗马教会的决裂并非路德改革的本意。

1518 年标志着路德神学的一个重要发展，耶格提出这不是"转"离天主教而是转向天主教，早期思想的起源使路德比从前更加深入地扎根在大公基督教的框架里。转变的恩典（transformative grace）、基督论和圣事的恩典等概念是路德关注的焦点，而这些概念都是历史上天主教教义包含的方面。的确，正是奥古斯丁为路德建立他的称义教义奠定了基础。他本人也明白，奥古斯丁对保罗书信的阅读为这位主教构建成熟的神学提供了动力。因信而生的概念得到了"使徒教导的强大权威"的肯定。② 这样运用保罗神学并非新奇之举。在奥古斯丁提出他的原罪教义以及白白恩典教义的半个世纪以前，普瓦蒂埃的希拉利在《马太福音注释》（*Commentary of Matthew*）一书中就提出了因信称义的理解。希拉利多次清楚地指出上帝仁慈地赐予人恩典的举动，并非由于功德，而是由于因信称义。③

路德本人将他于 1513 年至 1518 年形成的神学描述为激情澎湃的努力，"单纯的圣经研究和教父研究应该受到礼遇"。④ 这段回顾性的说法背后的动机并不难找到。1518 年利奥十世（Leo X）颁布了一篇教谕，路德认为这篇教谕意味着教皇僭越了权力，在圣经、教父或古代教会法规没有记载的情况下擅自确立教会的教导。毫不奇怪，两年后这同一位教皇再次颁布《主起来吧》教谕（*Exsurge domine*），正式谴责路德，教谕说后者教导的忏悔和救赎教义"在圣经和古代基督教博士那里都找不到"。路德进攻的武器也是他抵御这些指控的武器。

184

---

① David Yeago, "The Catholic Luther," in *The Catholicity of the Reformation*, ed. C. Braaten and R. Jenson (Grand Rapids: Eerdmans Publishing Company, 1996), 15.

② Augustine, *On Faith and the Creed* i. 1.

③ 见他的 *Commentary on Matthew* 5. 7, 20. 7, 24. 5, 27. 7, 和 33. 5。希拉利的注释推动了 4 世纪中期以后保罗研究在西方的兴起，这是完全有可能的，见 P. Smulders, "Hilary of Poitiers as an Exegete of St. Matthew," *Bijdragen* 44 (1983): 82。

④ *Luther's Works* (St. Louis: Concordia), 1. 170.（以下简称为 *LW*）

路德的计划既是激进的又是传统的。说他激进是因为他要抛弃中世纪大量增加的圣事生活:"除非将现今所教授的教规、法令、经院神学、哲学、逻辑学统统连根拔起,否则就无法改革教会。"实际上,仅仅是教会官方不足以保证关于信仰的诠释具有权威性。与德尔图良坚持没有任何主教或殉道士能够超越信仰的法则一样,路德也声明他不承认任何教皇或修士的命令,除非他们的观点得到圣经的证实。路德引用希拉利和奥古斯丁的话以及圣经经文,来证明圣经的充足性。

但是路德改革的目标也延续了天主教教会内部改革的思路,而并没有分裂或偏离。尽管他最终否认了教皇、教会训导(magisterium)和多数公会议的权威,但是他并没有抛弃教会的传统。路德坚持圣经的充足性,但他也不打算拒绝教会过去 1500 年所坚持和使用的一切事物。他也不认可重洗派认为教会"堕落"的观点。① 他对早期教会建立的教理的态度揭示出他的权威原则中更保守和更具建设性的方面。② 作为他的大教理问答的一部分,路德重申了使徒信经,他说使徒信经由圣灵创造,完美地表达出了他自己的宗教理解。对该信经典型的解释是按照三位一体的模式将其分为三个部分——十诫、使徒信经和主祷文,路德的教理问答也是根据这个结构组织的。他对该信经进行了评注,最后得出结论,

> 在这里你发现上帝的全部本质,他的旨意和事工用言简意赅的文字优美地表述出来。在这些文字中包含我们所有的智慧——这智慧超越一切人类的智慧……律法不能使我们成为基督徒,上帝的忿怒与不悦临到我们头上,因为我们没有履行他的命令。但是信经给我们带来完全的仁慈,使我们成圣并使我们被上帝接纳。③

对于尼西亚信经路德也坚持同样的态度,他敦促信徒要遵守尼西亚信经作为三位一体教义最完美的解释。尼西亚会议是教会历史上关键性的一

---

① 对于路德来说,神圣历史的标志是不断重复的从创世记开始直到现在的背教行为。背教是教会历史不可或缺的一部分。然而,教会历史上没有改变其性质的突然断裂,因为基督始终与教会同在,直到世界的终结。

② John Headley, *Luther's View of Church History* (New Haven: Yale University Press, 1963), 86.

③ J. N. Lenker, trans., *Luther's Large Catechism* (Minneapolis: Augsburg Publishing House, 1967), chaps. 165, 167. 路德在 1528 年的一篇论教理问答的布道中也做了同样的区分:"这教导[使徒信经]与诫命不同。诫命教导我们该做什么,但是信经教导我们从上帝那里领受了什么。因此,信经给予了你所需要的。这就是基督教信仰。"

个时刻，因为它不仅表明罗马在早期教会中并不具有首要地位，同时它还设立了神学的准绳。关于四次大公会议（尼西亚、君士坦丁堡、以弗所和卡尔西顿），路德断言，它们并没有建立新信条而只是捍卫了圣灵在五旬节赐予使徒的内容。① 这样的理解与教父非常类似，令人想到勒林的文森特。

通向神学和教会更新的道路在于彻底重拾圣经和教父思想。在著作遭到教皇谴责之后，路德认识到罗马教会并不会自行进行改革。同一年他写了《告统治阶级书》（Appeal to the Ruling Class，1520），呼吁德国贵族根据他提出的纲领抵制教会滥用权力。最终的目标应该是召开普世的或"自由"的公会议（即非教皇的会议）来解决这些问题。路德一再坚持如果教皇不能召开这样的会议，那么世俗权威就应该召开。有趣的是路德为此辩护的理由竟然是君士坦丁召集了尼西亚会议，而不是如《君士坦丁赠礼》和《格拉提安法令》中说的那样由教皇召集会议。②

《告统治阶级书》一文的目的是概括一个"普世的、自由的公会议"实行教会改革应该包括的项目，以及说明会议通过的决议具有权威性的根据是什么。在这种语境下路德对早期教会的态度是有启发性的。在对信徒的建议中，路德反驳了罗马要求取得批准一切教会事宜的权力的做法，他认为这有违教父的方式："基督徒曾从自己的成员中选择他们的主教和牧师，然后这些人会得到其他主教的认可，完全没有现在的浮华习惯。圣奥古斯丁、安波罗修和西普里安都是这样成为主教的"（I.i）。"最神圣和最著名的公会议"尼西亚公会议通过的法规，规定被选举出来的教士应该由最近的二位或更多主教进行认可，没有让一位主教前往罗马获得认可，这项教规应该被遵循。如果教皇想要废除这一古代的法令或其他所有公会议，路德质问道，遵守公会议权威还有什么价值？罗马主义者究竟珍惜什么？如果教皇不遵守尼西亚会议的决议，那么又有什么能够阻止他抛弃基督教信仰的其他内容？③

---

① LW, 50.551；Headley, *Luther's View*, 87.

② Luther, *Appeal to the Ruling Class* I. iii，引自 J. Dillenberger 译本的评注："在他〔君士坦丁〕之后许多皇帝的做法也是如此，并且这些会议代表了多数的基督徒。" 当然，世俗政权扮演了路德改革措施堡垒的作用，因为他们本身也反对罗马。*Martin Luther*: *Selections from His Writings* (New York: Doubleday, 1958).

③ Luther, *Appeal* III. 3. 参照 III. 4，在此路德给出了相同的建议，选举布拉格主教时应"遵循尼西亚的规定"。

187 　　当遇到权威性的经文时，毫不奇怪路德会抛开一大堆的教皇和教会法令，这里大概是指《格拉提安法令》，该法令也零星地记载了教父的论述。问题在于这些文字取代了圣经被人们认真地阅读和遵行。伦巴德的《语录》的主题是根据教父的观点来安排的（该书的第一版写于 1155 年），神学家们在研究最为重要的经文时常常特别提到这本书，而圣经却被置之一旁了。这完全是一种倒退，路德抱怨说神学书籍的数量必须减少，并且只有那些最优秀的才能被保留下来——这是对现代的神学作家和出版商的严正警告！更重要的是，他告诉人们阅读教父的著作本身并非目的，应该将其作为阅读圣经的指导。这也是教父们的本意："早期教父写作的意图是将我们引向圣经；但是我们在阅读教父著作的时候只是为了避开圣经。"[1] 矛盾并不存在于教父与圣经之间，而存在于如何使用或不使用它们。这并不是说路德将教父和圣经置于同等地位，他绝不会这样做。有几位教父作家常常受到路德的严厉批判，例如奥利金和哲罗姆（因为他们用寓意的方法解释圣经）。然而，教父尤其是奥古斯丁则奠定了路德十架神学、人性败坏、因信称义、为上帝本身的缘故而爱他等理论的起点。同样重要的是，教父在反对教皇统治权方面也扮演了不可取代的角色。从这个意义上说，路德留给新教的是将教父遗产与罗马传统分割开来的做法。前者是圣灵的作为，后者是人为的产物。一个人可以接受一个权威而不接受另一个权威。

　　路德想要竭力建立起对教会历史的理解，同时他依旧十分看重早期信经和教父的著作，它们都是保护教会不再误入歧途的良方。路德并不认为早期教会是人们必须回归的理想时代。反而是旧约中的祖先向人们揭示出了一种永恒的方式，成为未来信徒信仰的榜样。路德还计划广泛地讨论教会大公会议和信经的历史，并且于 1538 年出版了他自己版本的使徒信经

188 和阿塔那修信经，以及 *Te Deum*——更像赞美诗而非信条——后面还附上了尼西亚信经。这本书的题目叫做《基督信仰的三个符号或信经》（*The Three Symbols or Creeds of Christian Faith*），书的序言指出这些声明是"基督信仰的根基"。

　　教父著作在教会身份形成过程中发挥了根本性的积极作用，路德的这一看法决不会改变，尽管他对是否能看到一个实践这些原则的普世大公会

---

[1] Luther, *Appeal* III. 25.

议持悲观态度。当然早期教父也有错误并且彼此之间意见不同，但是因为他那个时代各方在表面上都接受教父的指导，因此教父就为举行改革教会的普世公会议提供了最好的平台。

在他事业生涯稍晚时候写的《论公会议与教会》(On the Councils and the Church) 一文中，路德论证的核心并非是否接受教会早期信经和博士的权威，而是谁有权力称他们是真正的权威。尽管罗马号称拥有古代传统，"今日教会在教皇制上的立场不幸地（十分明显）与公会议和教父的方式有分歧。"① 路德所说的"公会议"指的是最初的四次普世大公会议，"普世的或主要的"会议，以后的公会议通过的决定必须接受前四次公会议的审查。② 路德说，任何真正的大公会议都是"承认和捍卫古代信仰，而非建立违背古代信仰的新信条，也非建立违背旧善功的新善功"。③ 一个真正的公会议，如同最初的四次公会议所表明的那样，是诠释圣经的会议。

路德也指责教皇制为了使自己建立在传统幌子之上的决定合法化而把公会议和教父与圣经对立起来。④ 然而教父作者们明白他们的所有结论必须服从圣经的权威，而且他们的作品"将我们引向圣经"，他说，罗马控诉他没有遵守公会议和教父的规定，但是罗马自身也没有服从圣经。无论如何，如果教皇制要遵守尼西亚会议的规定，它就必须烧毁所有教谕和教令。因此路德坚信他与他的改革运动是与古代教会一致的，并且恢复圣经中的福音以及信经传统将重建真正的大公性。同样地，古代教会的信条——使徒信经和阿塔那修信经以及四大普世信经——是上帝在基督里道成肉身真理的可靠保证。⑤

加尔文

这位第二代改教家也遇到了同样的问题，即为了证明其地位的至高无上"罗马主义者如何引用古代教父来反对我们"。他的《答枢机主教萨多

---

① *LW*, 41. 14.
② *LW*, 41. 121—122.
③ *LW*, 41. 135—136.
④ *LW*, 41. 27—29.
⑤ Eric Gritsch, "Martin Luther's View of Tradition," in *The Quadrilog: Tradition and the Future of Ecumenism*, ed., K. Hagen (Collegeville, Minn.: Liturgical Press, 1994), 71—72.

雷托书》（Reply to Cardinal Sadoleto，1539）表明，加尔文深信改革运动与早期教会的教义一脉相承。

> 但是你指责我们。你说一千五百年来被信实之人一致证实的事物，却被我们的轻率破坏和毁灭了……你知道的，萨多雷托……我们比你们更接近古代的思想，而且我们竭尽全力所做的正是重建古代教会的形式。

使徒建立的真教会与希腊教父克里索斯托和巴西尔，拉丁教父西普里安、安波罗修和奥古斯丁作品中所展现的古代教会形式相称，但截然不同于"教会的遗迹，也就是你们当中遗留下来的教会"。加尔文问道，既然我们的信仰体现了教父的思想并且得到古代公会议的认可，那么你怎么能够指责我们颠覆了牧职和教会呢？

第一版（1536）的《基督教要义》（Institutes of the Christian Religion）的序言是加尔文致国王法兰西斯一世的一封信，信中他也讨论了相同的问题。新教教义的反对者指责说该教义是"新奇的"和"新近出现的"，并且"他们质疑该教义是否正确，因为它违背了众多圣教父的一致意见，也违背了多数的古代习俗"。① 加尔文意识到这些指控的严重性，他用两个论证反驳罗马主义者：第一，他们的教义和实践实际上违反了早期教会的教导，第二，改教家们的观点与教父一致无二。说改教家蔑视和仇恨教父是毫无根据的，他反驳道，因为"如果这场竞争由教父的权威来决定，那么胜利——谦虚地说——将转向我们这一边"。②

不像那些实际上违背教父教导的罗马主义者，加尔文说他以及和他同时代的力行改革的人十分精通使徒著作，"铭记我们所拥有的一切都是服事我们的，而不是统治我们的"。这不是夸夸其谈。为了证明这个论点，加尔文给出了一长串的教父证词，以否定举行仪式时要使用黄金器皿，或肯定可以吃肉，或声明修士应当躬行劳动，或批评那些禁止牧师结婚的人。的确，正是教父主张教会不应该将自己置于基督之上，基督将要依据真理进行审判，而教会的审判，"如同人的审判"，常常会犯错误。因此，加尔文得出结论，正是他的对手使原本清晰的早期教会和圣经的信息变得隐约模糊，他们虚伪地说："所有教父一心厌恶并一致抵触一个事实，即

---

① John Calvin, *Institutes of the Christian Religion*, praef. 3.
② Calvin, *Institutes*, praef. 4.

上帝的圣道已经被诡辩家的咬文嚼字玷污了，从而导致了无休止的争吵和辩论。"①

纵观整部《基督教要义》，加尔文毫不退缩地主张只有改教家可以公正地宣布他们拥有古代的权威。在辩护的过程中，他显得对教父的了解十分广泛而深入。在《致法兰西斯国王的信》（*Epistle to King Francis*）中，加尔文不下八次清楚地提到教父的见证，在《基督教要义》第四卷中有超过八百次的直接引用或间接引用，其中有些无疑是出自教父著作合集《格拉提安法令》、伦巴德和其他改教家的著作。② 例如，加尔文在引用圣经证明三位一体的上帝时表现出强烈支持尼西亚信经的立场。为了维护自己的观点他引用了很多4世纪以后的教父，还批判了尼西亚前的作者（没有按照历史顺序）如德尔图良等，因为他们的三位一体是从属论的观点。

尽管论到教义和实践时加尔文总是维护圣经的完整性，但是他也认同教父的立场，即必须使用非圣经的词汇来定义圣经对上帝的理解。③ 到了讨论的最后，加尔文说所有主要的教父都赞同三位一体的正统教义，而他本人的讨论也正是取决于此，例如上帝的永恒性或者人不可能确切地说出上帝的本质。④《基督教要义》一书中的大部分引文都出自奥古斯丁文集，这不足为奇。⑤

加尔文很少积极地谈到传统（小写的 t）。对他来说，传统事实上是罗马教会的习俗和实践，他称之为"人类传统的暴政"。⑥ 在这种情况下，传统由圣经之外的教义和法规构成，完全缺少圣经的权威，却得到教士独断权力的许可。

---

① Ibid.

② Johannes van Oort, "John Calvin and the Church Fathers," in *The Reception of the Church Fathers in the West*, vol. 2, 671. 文中还包含了许多隐藏的指称。

③ Calvin, *Institutes*, I. xiii. 3.

④ 参照 A. M. Harman, "Speech about the Trinity: With Special Reference to Novatian, Hilary and Calvin," *Scottish Journal of Theology* 26 (1973): 390. 关于希拉利加尔文评论道，"他完全关注如何捍卫我们所遵循的信仰。" *Institutes* I. xiii. 29.

⑤ 加尔文插入奥古斯丁著作中的段落，既有辩护的目的即反对指责他标新立异的说法，也有神学的目的，例如他断言人类的得救仅仅取决于上帝的仁慈，或关于圣事教义的观点。他特别多地引用了奥古斯丁的著作，这表明他曾亲自阅读过奥古斯丁的著作。见 van Oort, "John Calvin and the Church Fathers," 667.

⑥ Calvin, *Institutes*, IV. x. 18, 23.

然而不要将这个传统与古代信经的教导混淆了,信经出现在教会历史的前五个世纪。对加尔文来说,尼西亚信经以及表示同质性的语言都是"阐释了圣经的真正含义",乃是圣灵的工作。① 他坦率地承认他对古代公会议的敬重"发自心底且渴望所有人都尊重它们"。古代公会议应当是决定信仰的权威,这样就不可以说每个人都有权力接受或拒绝这些会议的决定。同时,我们也要明辨是非。并不是所有的公会议都同等重要,也不能因为一切公会议都有官方的称呼"公会议",因此就都具有权威性。对于如何考量公会议的合法性,加尔文给出了几条指导性纲领:

> 不论什么时候公会议提出了一项教义,我都希望人们首先要认真地想一想该会议是什么时候举行的,讨论的是什么问题,意图是什么,什么样的人出席了会议;然后依据圣经的标准考察一下它所讨论的问题……②

加尔文承认尼西亚会议、君士坦丁堡会议、以弗所会议和卡尔西顿会议完全满足了以上的合法性要求,因为上述四次公会议产生的信经只是"对圣经单纯而真实的阐释",教父们也正是利用这些信经反驳那些信仰的敌人。同时,不能认定这些公会议是不会犯错的,因为它们所存在的人的瑕疵和长处一样显而易见。只有圣经的地位更高,一切事物都要服从它的标准。

在对《约翰福音》的注释中,加尔文引用 4∶20("我们的祖宗在这山上礼拜")抨击教皇主义者"窃取祖宗的行为作为掩饰自己错误的伪装"。即,他们根据古人的先例来裁决宗教行为并因此宣称他们在多数无关紧要的方面追随祖先。加尔文脑海中想到的可能是 649 年拉特兰会议通过的第 17 项规定:任何"没有神圣教父的教导、一字一句的并且发自心底的、真正的和确实的认信"的人都要受到谴责。该规定完全没有提到圣经,教父被当做唯一合法的权威。一方面,当代的实践和教义也被归于教父,尽管在他们的著作中这些实践和教义不可能是合法的,另一方面,对教父们形形色色的观点不加区分地赋予同样的重要性也是错误的。因为早期教父所说的事情,并不是自然而然是正确的或值得效仿的。

加尔文具有文艺复兴时期人文主义者典型的批判态度,他部分地拒绝中世纪仅仅因为历史悠久就接受古人见证的倾向。我们必须记得教父

---

① Calvin, *Institutes*, IV. viii. 16.
② Calvin, *Institutes*, IV. ix. 8.

作为中世纪的权威（auctoritates）所包含的内容不仅仅是教父的著作。5 世纪之后制定的教皇法令和公会议法规也以各种形式流传着。《格拉提安法令》提高了教父的地位，使其成为圣经的首要诠释者，该法令称对于教会政策和立法的一切事务，由会议通过的教皇法令和决定都被赋予了更高的权威。① 遇到这样数量众多的文本，加尔文十分反对条分缕析的方法，并且发现有必要找到一种更清晰地解释权威的途径。

总而言之，加尔文使用教父材料常常是出于辩论的理由，尤其是在《基督教要义》中。他借助教父作为火药攻击当时的罗马天主教和经院神学观点，并以此证明改革宗神学的正确性。然而，教父的权威低于圣经。《基督教要义》表明，圣经是他的首要来源和标准，圣经之后才是教父支持性的论述，而教父论述往往与圣经的真义如出一辙。这并不是说"二把手"无足轻重或可以被舍弃。每一版的《基督教要义》，包括 1559 年的最后一版，加尔文都引用了大量教父的见证。1559 年版被有意分为四个部分，这恰好与使徒信经列出的四个题目对应：父、子、圣灵和圣大公教会。与路德一样，加尔文强调在确定基督教信仰方面使徒信经和前四次普世公会议具有独一无二的权威性。那时恰是"朴素而纯洁之教会"的黄金时代。

总之，对于威权派改教家来说，显然古代传统（Tradition）在罗马教会手中已经沦落到低于中世纪天主教传统（traditions）的地位，天主教断言它具有教会的权威，其根据不是因为它源自圣经和传统（Tradition），而是因为教会宣布它的职分具有权威性。这种说法与圣经有冲突。随着古代传统渐渐由传统解释并受教皇制制约，圣经成了唯一的堡垒，以抵御罗马称只有它才是圣经唯一解释者的说法。路德和加尔文无论如何也不会否认教会的传统具有权威性，尽管传统的内容由圣经来规定。对早期教父的了解是他们信仰转变的契机。我们必须看到，路德曾说，教父们都服从圣经的教导，因此教父也不能用来反驳圣经或传统。

至此可能有人有理由反对说，一本讨论自由教会神学渊源的书应该涵盖对路德宗和改革宗改革运动的分析。作为回应我要说我们在前几章的篇幅里已经回顾了足够多的历史，因而认识到新教改革绝不是同质的

---

① J. Werckmeister, "The Church Fathers in Canon Law," in *The Reception of the Church Fathers in the West*, vol. 1, ed. I. Backus (Leiden: Brill, 1997), 74—75.《格拉提安法令》表现的这种权威"相对化"产生的结果就是教皇统治的地位超过了教父作家（80）。

(homogenous)。尽管肯定和反对的核心基本相似，但是 16 世纪福音运动具有多个中心，并且信息的形式也是多元的。成为自由教会运动一部分的宗教社区坚决反对所谓的宪制改教家所坚持的教会与世俗政权的联盟。当然要对此进行重要的历史区分。然而，很难将所有诠释学思路分别开来，它们组成了我们从 16 世纪获得的神学遗产。威权式的和自由教会的宗教改革之间的"界线"要比分析的结果模糊得多。① "新教"一般是指一堆信仰与信念，自由教会和福音派都自认为与之相关，即使这样的相关性缺少直接的历史发源。新教各教会之间在教义和实践上的确存在一些模糊不清的地带，例如加尔文主义的浸信会、路德宗的虔敬兄弟会、循道宗内（安立甘宗的）圣公会的模式。自由教会的这种现象本身就是不和谐的声音，在历史上和神学上源于重洗派、清教徒和敬虔派，都与其他新教教派相交叉。因此我们的研究有必要包括理解威权式宗教改革中著作丰富的作家对教父传统的态度和使用，他们不仅在自由教会的信徒中仍然有听众，而且在布道和文章中被引用的次数超过了那些在历史上有直接关系的先辈。

"激进的"改教家

鉴于历史上的自由教会的教会学认为教父时代是堕落的，因此不相信公会议和信经，人们可能会想在自由教会中并不存在对早期教会著作的积极认识。事实不完全是这样，形形色色的重洗派中有一些最早期的并受过良好教育的人物都在一种赞同的语境下使用教父的著作。对相关经文的阐述及其影响超出了我们讨论的范围，而下面的研究只是一个初步的东西。

有为数众多的各色团体都被归在了重洗派或激进改教家的大标题之下，同样关于后使徒时代基督教的认识也是林林总总。毫无疑问，必须抛弃教皇制的权威和传统以及一些人的教导——首当其冲的是路德——他们净化教会的改革努力还不够深入。对于弗兰克（Sebastian Franck）和一些属灵派改教家来说，脱离制度化的教会意味着与古典权威包括教父权威彻底地分道扬镳。对于其他的重洗派团体来说，教会改革意味着回到使徒

---

① T. Campbell, *Christian Confessions: A Historical Introduction* (Louisville: Westminster John Knox Press, 1996), 186. 作者提出了对这一观点的几种解释。

时代——通过新约和圣灵——这样就重返了教会之根，使教会从令人窒息的不断增加的传统中解脱出来。然而，从"激进的宗教改革"流传下来的文献中，我们看到有许多出自奥古斯丁、克里索斯托和其他教父的引文，引用的原因与加尔文相似：论证其神学的有效性。在这些例子中教父被认为有助于恰当地理解基督教信仰和实践，尽管并非教父的一切教导都是可以接受的。让我来简略地引述三个例子。

在康拉德·格列伯（Conrad Grebel）写给闵采尔的信中（日期是1524年9月5日），我们发现了格列伯从前曾经接受过人文主义训练的痕迹。他谈到的"法则"仅仅出现在圣经中基督的话里，但是他也引用了奥古斯丁、德尔图良、西普里安和狄奥菲拉克（Theophylact，11世纪的一位主教）的话，用来证实洗礼并不能使人得救。另外，婴儿受洗违反了圣经，也违反了奥古斯丁和西普里安的观点。① 对格列伯来说，教父的教导至少可以作为解释圣经的一个有利支持。

尽管属灵派改教家最终还是倾向于否认教父时期教会的见证，但是卡斯帕·史文克斐（Caspar Schwenckfeld）发现阅读奥古斯丁和其他希腊教父的著作有利于他理解主的晚餐的神秘体验。在一封反驳路德圣餐观的信中，史文克斐显得十分熟悉《格拉提安法令》里的教父选文以及某些奥古斯丁的圣经注释。关于后者，他宣布，"我站在奥古斯丁一边，我首先依靠圣经，其次就是依靠奥古斯丁；既然他已经被基督教会所接受，那么我希望在这一点上与所有基督徒都相安无事。"② 这是一个实用主义的说法。此处奥古斯丁在多大程度上被作为权威我们不得而知，但是他被认为是教义神学的支柱，史文克斐可以用他来支持自己的立场。这个例子所体现出的深刻含义在于：当史文克斐引用基督教真理的时候，奥古斯丁和圣经在神学上是和谐无间的。

胡伯迈尔也在讨论人的自由意志时有选择地引用了奥古斯丁的话。胡伯迈尔引用了大量奥古斯丁反驳帕拉纠文章中的论证，他还引用了鲁普斯的富尔根提乌斯（Fulgentius of Rupse）的话，用来向布兰登堡伯爵证实自己观点的正统性（1527）。胡伯迈尔对教父的了解可能源自当时已有的

---

① L. Harder, ed., *The Sources of Swiss Anabaptism* (Scottsdale, Penn.: Herald Press, 1985), 290—291.
② G. H. Williams, ed., *Spiritual and Anabaptist Writers* (Philadelphia: Westminster Press, 1957), 177.

各种编辑著作，至少是奥古斯丁的著作，而且他的了解相当广泛。他对奥古斯丁使用的熟练程度表明他远非走马观花式地阅读。胡伯迈尔常常提及经院神学范畴以及教父文献，这使他的作品不同于许多其他重洗派的圣经主义文章。①

任何从这样少量的文本中概括出重洗派对早期教父的一般态度的做法都是肤浅的。然而，我们可以毫不犹豫地说，通过圣灵在信徒生活中的内在的工作，圣经乃是信仰的准绳。改教家使用教父的作品或许是最鲜明的特点，尽管教父们也被粗暴地用来反对这些改教家，因为中世纪盛行的观点是从罗马基督教到早期教父都认为教会是不可分割的统一体。与路德或加尔文相比稍有逊色，一些重洗派作家也融合了教父的论述以证实他们对圣经的解释。从这里我们可以推断出自由教会中有许多人了解并读过教父的著作，不论是选集还是全文。

如果说重洗派领袖认为古代教父的信心是圣经的延伸，这可能有些夸大其词了。然而，对少数作者来说，教父代表了教会历史上反对罗马主义者和威权派改教家的思想。教父的注释和布道可以为维护新约基督教提供间接支持。圣经诠释比教义神学更容易理解。教会历史的原始主义和复原主义的盛行，以及在某些基督教实践问题上仇视教父的看法②，妨碍了新教徒更广泛地接受后使徒时代的教会。

信经还是信条？

称自由教会是反信经的（anticredal）基督教的说法是错误的。历史上的重洗派并非如此，只是它对信仰的声明更多关注伦理而非教义。如果阅读《施莱塞穆信条》（Schleitheim Confession of Faith, 1527），你就会发现驱逐的概念，如同开除教籍一样，被用于许多团体，但是它与道德行为

---

① 见 G. H. Williams, "*On Free Will* by Balthasar Hubmaier," *Spiritual and Anbaptist Writers*, 113。

② 对于门诺·西门来说，教父赞成婴儿洗礼的做法，尽管在《基督教教义的基础》中他引用了某些相反的观点，vii。教父信经的价值是模棱两可的，有时被用来证实使徒的正确性。*The Complete Writings of Menno Simons*, ed. John C. Wenger, trans. Leonard Verduin (Scottsdale, Penn.: Herald Press, 1956), 137, 734.

有关，而与思想上的服从无关。重洗派并不缺少信条：马尔派克信条（Pilgram Marpeck's Confession）、李德曼（Peter Riedman）的《论我们的宗教》（Account of Our Religion）、《教义与信仰》（Doctrine and Faith，1524）、胡伯迈尔的《十二条》（Twelve Articles，1526）、罗斯曼（Bernahard Rothmann）的《信仰告白》（Confession of Faith，1533）以及《波恩会谈》（Bern Colloquy，1538），这里提到的只是少数。其中有一些显然是以教父信经为模型，并且在上帝观和基督论上仍然坚持以4世纪的神学为正统。即使那些有意回避教父和古代信经的作者也承认类似卡尔西顿的神学，当然除了属灵派和反三一论者。

自由教会中的其他群体同样也承认他们的无信经立场显然有悖于他们在最近三个半世纪里制定的被称为"信条"的信经。浸信会的历史是说明这一怪异现象的很好的例子。整体而言，浸信会认为由教父制定的信经乃是与圣经抗争的信仰标准，因此在原则上应当予以抛弃。只有包含在正典圣经里的上帝的道，如《伦敦第一信条》所言，才被称为"知识、信仰和顺服"的"法则"。① 然而，在实践中，主要信经所教导的教义通常都被接受为基督教的正统②，尽管事实上通常与信经有关的教理都违背了浸信会强调的内容，即个人的良知自由以及信徒自愿组织。

17世纪有些英国的浸信会信徒表现出十分精通并使用古代教父的著作，尤其是当他们的著作可以被用来支持信徒受洗或反对国家实行宗教迫害。总体而言，早期教会的文件只是被当作一种反驳安立甘宗指控的手段，安立甘宗指控浸信会是宗教创新，这也是谴责非国教信徒群体的一个常用指责。有极少的浸信会信徒，如托马斯·格兰瑟姆（Thomas Grantham，死于1692年），提出浸信会接受了包含在使徒信经和尼西亚信经中的最优秀的古代基督教传统。③ 不论浸信会对待信经的态度是多么自相矛盾，什么也阻止不了浸信会组织（共同的或特别的）在最初一百年的时间里制定出近一打信条。同样的故事几乎可以用在所有自由教会的团体身

---

① *The First London Confession* (1644)，VII.

② 浸信会1678年制定的信经，就是人们公认的正统信经（Orthodox Creed），包含了使徒信经、尼西亚信经和"阿塔那修"信经的主体部分。

③ Michael A. Smith, "The Early English Baptists and the Church Fathers"(Ph. D dissertation, Southern Baptist Theological Seminary, 1982), 104—129. 史密斯发现自1689年赋予非国教信徒团体合法性的宽容法案（Toleration Act）通过之后，宗教迫害停息了，浸信会转向内在，逐渐地只使用圣经的语言来定义他们的信仰团体。实际上，再也没有必要承认古代教父的权威了。

上，我们只要浏览一下任何一本新教信条和信经手册就一目了然。①

欣森（E. Glenn Hinson）指出浸信会和其他自由教会的团体通常对信经的概念十分反感，个别的还对古代教会的信经十分反感，以下观点可以缓解这样的反感，即将信经看作信仰的盟约，有利于建立起上帝子民的身分认同："认为它们与盟约有关，突出了其个人性和关系性的特点，而不再突出过去一直统治历史叙述的教理性特点。"② 我们看到欣森的提议还是十分有效的，因为早期的洗礼信条和教理问答成为 4 世纪和 5 世纪信经的基础。这些信经的制定没有脱离传道、教导新信徒、洗礼和祷告等教会生活。由这些信经规定的信仰的根据就是基督徒如何在生活中实现"个人的和关系性的"信仰，即对永活的上帝——他是父、子和圣灵——的信仰。强调信经（creed）和信条（confession）之间的区别乃是语义学的事情。古代的信经就是以信徒体验为依据的信条，而不仅仅是教理命题的陈述。重新将信经的概念处境化的做法开辟了以新的视角理解信经的可能性，这乃是教会的重要声音，它来自教会的崇拜活动及其圣经信息的内在化过程。

圣经与古代传统

改教家强调道的传讲和教义的重要性，他们自认为这是服从圣经的行为，也符合教父时代教会的做法。要表明这一态度的方法就是逐章或逐节地讲解圣经的一卷书，这成为茨温利等改教家解经的标准做法，茨温利认为这一做法起源于克里索斯托和奥古斯丁。③ 宗教改革时教会所使用的纪律、仪式和教会管理的形式都是有意识地仿效教父的模式。我们的证据表明改教家认为教父传统是仅次于圣经的第二大权威，并且将它作为证明他们观点的重要资料。教会的传统（Tradition）与他们所反对的传统（tra-

---

① 关于一些出自公理会、循道宗、贵格会以及 1846 年福音派联盟教义基础的节选，见 "The Evangelical and Protestant Creeds," in *The Creeds of Christendom*, vol. 3, ed. P. Schaff, rev. ed. (Grand Rapids: Baker Book House, 1983).

② E. Glenn Hinson, "The Nicene Creed Viewd from the Standpoint of the Evangelization of Roman Empire," in *Faith to Creed: Ecumenical Perspectives on the Affirmation of the Apostolic Faith in the Fourth Century*, ed. M. Heim (Grand Rapids: Eerdmans Publishing Company, 1991), 120.

③ Backus, "The Early Church in the Renaissance," 302.

ditions）不同；事实上前者有助于揭露后者的本性。为了这一目的，古代基督教的著作被看得十分重要，一些新教教会还会提供教父著作，以使信徒都可以了解到教父的思想。这样的举动表达出一个观念，即神学革新的任务需要全体信徒的参与！

我们十分赞成这一观点："圣经是基督教信仰和神学的合法来源，是观看基督面貌的最清晰的窗口。"[①] 新教认为仅有圣经已足够的观点反映出一种历史趋势，即不允许基督教福音书以外的任何事物为真正的"基督徒"是什么设定标准。圣经的确规定了真信仰的重心，但是它没有为阅读和了解圣经设定限制。改教家诉诸圣经的充足性是建立在一个前提上，即圣经是教会的信仰之书。教会的信仰，新约和教父的信仰，被看成是与圣经叙述紧密相连的，所以唯一恰当的做法就是在教会教导与实践的框架里阅读圣经。

当今宗教改革研究

在各种福音派团体发起了一场新的运动，他们竭力回应当代福音主义遭遇到的神学无知的普遍问题。他们的回应包括恢复和重申宗教改革的原则，以便为福音派的身分认同奠定基础，并强调新教与罗马天主教之间的差别，反对有人努力寻求二者的共同之处。[②] 例如基督教宗教改革联合会（Christians United for Reformation，CURE）、认信福音派联盟（Alliance of Confessing Evangelicals，ACE）[③]，以及其他类似的组织都忙于举行会议并出版书籍，目的是探讨福音派基督教，重新认识福音派所继承的新教遗产。然而，我认为新教福音派要应对目前所面临的危机，需要的不仅仅是重新包装宗教改革的神学使命及论证改革并以新的热情全力宣传。

新教基督徒无论如何一定要珍惜 16 世纪和 17 世纪基督徒不惜生命代价得来的改革成果。作为一个具有清教传统的新教徒，我赞扬宗教改革是急需进行的基督教思想与生活的回归，也是一种历史的革新，突出了某些重要的、需要再度聆听的圣经教导。在阅读了《殉道者之镜》或福克斯的

[①] McGrath, *Evangelicalism and the Future of Christianity*, 61.
[②] 见附录二。
[③] ACE 支持回到宗教改革的五个 "唯独"，其组成成员来自路德宗密苏里会（Missouri Synod Lutheranism）以及改革宗教会的保守派。

《殉道史》中信徒因为新教信仰而遭受迫害的描述以后，没有一个人不被深深感动。他们自愿承受非国教信仰的高昂代价。然而因其神学和历史的重要性，新教改革不应该是基督徒取得身分认同的唯一方法。新教改革并不是基督教信仰建立的首要基础——对此改教家早已心知肚明。此处我要指出一个人该如何"阅读"基督教的历史。自第一章我就提出，新教的思想已经被特殊的方式改造了，以致认为新教才是基督教信仰，不是天主教的一次改革运动，而是重建了使徒教会，因此也抛弃了新约教会之后和"宗教改革"之前的一切事物。新教将教会权威斥为"等级制度"或将"传统"斥为神学阴谋和束缚，在这样的名义下我们建立起了怀疑的诠释学并赋予各种浸润在圣经中的良知（而不是教皇）以权威。对新教自由教会来说这是皮洛士①的胜利，他们努力的结果是以个人主义的暴政取代了权威主义的暴政。

改革就是改变一个运动的轨迹或路线，新教改革认识到应该提出一个该如何思想和表达对基督的忠诚的新选择，尽管不能完全取代旧信仰，起码也要引进一个新信仰。当路德提出信实之人要信"圣而公之教会"，他的讨论以四次"普世"信经为例，他指的不是新教，当然也不是路德宗，而是非罗马天主教的教会——这是一个根据历史上对大公性的正统教导建立起来的教会。一个人该如何按照圣经来思考和相信，并且历史上对信仰的诠释（即传统）如何以福音派的大公概念为根据——大公一词在最后这十年再次出现，以定义在历史信仰认识上的中间派，不管罗马天主教、新教或东正教之间相互对立的说法。如果新教改革要做些事，它就要重建古代教会的大公性——这也是今天新教福音派的目标。作为重新定义真教会的一个重要时期，16世纪的宗教改革需要融入到大公性意味着什么的更宽阔的图景中。宗教改革的理想本身就是指向更加根本性的过去。

福音派和自由教会的信徒应该再听一听伟大的新教历史学家菲利普·沙夫的话，他在150年前就警告我们"宗派主义的毒草"已经悄无声息地生长在了新教的土壤上。宗教改革的虔敬与清教主义里面总是有一种冲动要退回到主观的属灵主义和无历史主义，不惜以牺牲数世纪以来的教会权威来寻求个人对上帝的经验。我用另一个比喻，宗派主义的思想如同离心

---

① 皮洛士（Pyrrhus，前319—前272），伊庇鲁斯国王，公元前280年左右在与罗马的战争中皮洛士虽然取得胜利，但是伤亡也十分惨重，大概是"杀敌一千，自失八百"。后来用皮洛士的胜利指损失重大的胜利。——译者注

力，试图甩开使其产生的历史结构，宣布圣经是拯救真理的唯一来源和标准。然而"只有圣经"的原则，概括起来就是与传统或教会发展分离开来，不能提供抵御宗派丛生的保证。① 在实践中新教常常将圣经视为最终的，即"任何制度的或共同的表达圣经的方式都是不可思议的……每个手拿圣经的人都可以直接听到上帝的说话"。② 这一结果正是 16 世纪的改革家所担心的，他们意识到唯独圣经的原则，尽管对付罗马主义十分有效，却也打开了圣经诠释的潘多拉之盒。

因为自由教会强调每个教会的自治性，所以特别容易产生宗派主义，之前四百年的历史已经表明了这一点。不时地会有某个人，他有过内心的宗教体验并且巧舌如簧，于是便被称为改革家，继而与教会的历史生活决裂，他认为自己的灵性远高于从前的教会。一夜之间一个新的教会产生了，这个教会坚持不受玷污的信仰，单单受使徒时代的模式和圣灵的制约。

当然个人体验以及强调生命的转变在基督教信仰中仍然具有重要地位，但是这些因素被看作自明的，因此常常脱离了基督教真理的宏伟图景。其作用已经取代了在基督教思想形成过程中信仰的共同声音。坦率地说，建立教会时的体验和自愿原则，脱离历史教会的传统，使得自由教会不断分裂。这就是我使用"宗派主义"［与"反文化主义"（counterculturalism）即"宗派主义"在社会学上的一般含义相反］一词所要表明的意思。单个的人或集体制定信仰，往往根据其经验和目标，对历史上的教会建制所积累起来的信仰漠不关心或心存敌意。因此福音派和自由教会有数以千计的教派或教会，这并不奇怪。③ 尽管有普世主义所做的认可信仰的不懈努力④以及全美福音派联盟（National Association of Evangelicals）等合作平台，新教自由教会和福音派还是比以往任何时候都更分裂。所以沙夫总结道：

---

① Philip Schaff, *The Principle of Protestantism*, trans. John Nevin (Chambersburg, Penn.: Publication Office of the German Reformed Church, 1845), 115.

② B. A. Gerrish, *The Old Protestantism and the New: Essay on the Reformation Heritage* (Chicago: University of Chicago Press, 1982), 90—91.

③ Campbell, *Christian Confessions*, 189.

④ 例如世界基督教联合会（WCC）召开的"信仰与秩序"大会，尤其是瑞典的伦德会议（1952）、蒙特利尔会议（1963）以及秘鲁的利马会议（1982）出版了会议声明，*Baptism, Eucharist and Ministry*, 1982。

我们所面对的最危险的敌人不是罗马教会而是我们中间的宗派瘟疫；不是七丘之城的一个主教，而是无数主教，德国的、英国的和美国的，他们将再次使新教陷入人的权威，而这一人的权威不是体现在教会，而是体现在个人的审判与个人的意志。我们对抗这些所需要的，不是我们的形式原则；因为他们都诉诸圣经，尽管没有权利；我们需要的是历史的力量，教会（作为真理的柱石和根基，信徒之母）的观念，以及对圣道永远应有的顺从。①

这段话的要点是宗教改革需要被看作使徒和新约之后教会发展的延续。这个教会是信仰历史的一个真实而宝贵的部分，为一个人如何阅读圣经、理解三位一体或思考道成肉身的意义提供了关键的基础。当一个地方教会宣布一项神学声明时，需要确定自己站在早期教会信条和教义的权威之伞下，早期教会同样认定圣经和使徒信仰具有首要性。

再怎么吟唱和传讲"属灵合一"也不可能成功地击败宗派主义，宗派主义认为它对福音的解释是唯一正确的。不能过度夸大这种态度如何帮助福音派从其他福音派中分化出来或帮助教会团体从其他类似信仰的教会团体中分化中来。要阻止"宗派主义"的暗流，对信仰的更宽泛的理解——大公主义——应该成为我们教会的特点。

不要将我强调的事情与回到教派主义（denominationalism）的请求混淆，我也不是要削弱自由教会的精神。不管在什么情况下，这样的请求对于西半球独立教会不可抵挡的增长运动都是无效的。而且，宗派主义（sectarianism）思想在自由教会里如此盛行，不过是真正新教的一幅粗糙画面。一旦彻底使用地方教会的自治（尽管它是抵御外界权威干涉的壁垒），它为坚持基督教真理提供的就只是错误的保证。没有外界对教会神学历史和古代教义标准的"核查"，宗派主义将使信众没有能力了解其在更宏大的教会历史中的位置，更别说为了自我理解和崇拜而挽救它了。这在许多教会身上已经发生，那些教会的目标就是革新和增长，这弱化了他们对其与教会过去时代的关系的真正理解。如果自由教会和福音派教会还要坚持作为"新教"的身分，而不管他们宣布或否认自己属于什么教派，他们最好和改教家一样开始回归信仰之根的朝圣之旅。

---

① Schaff, *Principle of Protestantism*, 121.

后 记

定义基督教之信的方法

> 在我们西方每个时期都会涌现出基督教的革新,或者是思想方面的革新,或者是生活方面的革新(并且二者总是相互联系的),革新总是以教父的名义涌现。
>
> ——亨利·德·吕巴克(Henri de Lubac)

公元 165 年的罗马城,一位名叫查士丁的哲学家以及他的六位门徒因叛国嫌疑遭到了逮捕。当时的简略庭审记录被流传下来,记录写道提督卢斯提库斯(the prefect Rusticus)质问每一位被告,命令他们向诸神献祭,否则要面临死刑。查士丁回答说,他坚持"真理",这让人联想到彼拉多问耶稣的问题,"什么是真理?"

纵观本书我一直有一个前设,即对于由什么决定基督教真理的问题存在一个肯定的回答,并且教会的早期传统为确立基督教真理的根基奠定了基础。这一传统比任何一个教派对它的理解都要更古老,因此对于那些寻找教会的历史教导之"法则"的人来说,传统就是根本的来源。无论是罗马天主教、东正教或新教都不能宣称这一来源为它所独有,它们中的每一个都以独特的方式保留了传统的重要因素。

在被处以极刑之前,查士丁(一个平信徒)宣告了自己的信仰,他的表达听起来似乎引用了类似信经的结构,他对该信经十分熟悉并且可能还教给了他的学生。他的话并没有违背自由教会信徒十分珍视的心灵的自由或圣灵的自发性。查士丁在别处还写道圣经(旧约)和教会的教导都得益于"预言的圣灵"的启示行为。他还将"我信"的确定内容传递给（traditor）这些新信徒以及卢斯提库斯。

不可否认教会历史的"传统"是一个难以捉摸又容易引起分歧的概念。人们赋予传统各式各样的含义，并且为了树立其权威地位还采取了形形色色的措施。除了勒林的文森特提出的传统的功能得到了大家的广泛认可以外，其他问题诸如圣经与传统相符的程度、传统的确切要素或表达传统的方式等等都没有取得一致的意见。然而没有一个基督徒能逃脱传统的影响，因为基督教在根本上是一个历史的宗教，因此"传统"已经成为它的组成部分，不论是成文的还是阐释出来的。从历史角度来看，信仰的构成由耶稣的传统决定，开始由使徒进行传讲，后来有一部分内容又用文字记载下来。自从那时开始，圣经、传统和基督徒的经验之间就产生了相互作用——后面两个是变动不居的——每一个都对其余二者提供平衡。没有了这种持续的平衡，信仰将沦为宗教权威主义的俘虏。

因此，传统并不只是一套大家共同坚持的实践或观念；对于信徒来说，它代表了一条纽带，通过过去的世代来确定出信的方式。这是自由教会和福音派基督徒应该接受的一个重要观点，我在前面几章也极力论证过——即教会的历史与传统是两个趋向汇合的实体。斯基兹戈尔（K. E. Skydsgaard）提出福音不是一劳永逸发布的一个宣言，没有成文的文本能成功地限定它，更别说限制它了。相反，活的基督的福音是一个活的宣告，是使徒**宣讲**（kerygma）在空间和时间上的不断传递，将被每一代信徒传播、接纳、认识和理解。①

关注古代教会的共同传统要求我们作为基督徒不能被未来的应许迷惑，尤其是不能被关于下个千年越来越天花乱坠的宣传所迷惑，以致使我们忘了回顾过去找到身分的底线。除了新约，教父时代是决定基督徒身分最重要的时期；二者先后表明了使徒信仰的发展和确立。然而，将教会传统看成"过去的"事情，其危险在于它可能欺骗我们，使我们认为传统就等于过去的历史，从而导致一种僵化而顽固的认识。如果基督教传统发挥了任何规范性的作用的话，那不仅是因为它置身于过去，或它是一种为人接受的做事方式。传统具有规范性的作用是因为它代表了信徒的共同声

---

① K. E. Skydsgaard, "The Flaming Center or the Core of Tradition," in *Our Common History as Christians*, ed. J. Deschner, L. Howe, and K. Penzel (New York: Oxford Univeristy Press, 1975), 4.

音,并且常常是在信仰受到争论考验的时候,根据它所面临的状况宣告传统从古代所领受的。教会传统就是考验和磨砺过程的结果,借着它圣灵运行在崇拜、祷告、洗礼和认信的信徒群体中,或者说是可以恰当称之为历代信仰共识的东西。

这就是《使徒行传》2 章彼得布道后确立的模式:初期教会教导、祷告、擘饼、彼此交接,来面对活出福音的挑战。因为传统总是在具体的历史时刻里发挥作用,所以其本质特征包含了保守与变革的两重性。换言之,我们发现在基督教传统发挥作用的领域里存在着保持(或保守)和革新的共同需要;前者要求传统免受时间的侵蚀,而后者声称传统的运用容易产生滥用和腐败,因此需要对其进行恢复和更正。[1] 这不仅是看待传统的"新教"的方法,也是对早期教会如何形成教义与实践的历史建构。

传统还是技巧?

作为基督徒独特使用圣经最主要的信息来源,古代传统的这一深厚根基可以为新教信徒提供可信的共同点,尤其是为那些并不认同某一教派的人,或那些认为这样的隶属关系与他们的信仰无关的人。在重拾传统的过程中,一个人会认识到基督教远比个人或教会的经验丰富得多。如果自由教会和新教福音派想要避免因内部分裂或依附西方文化而导致的身分丧失,找到这样一个共同基础是十分重要的。

对于基督教自由教会的发展方向,我担心的是其一贯无传统和无信经的进路缺少必要的向心力来防止其分裂和崩溃。当然,这并非新问题。将近 50 年前,据说美国的新教已经产生了超过 250 个团体,尽管其中有接近 85% 的人属于十二个主要的宗派。[2] 没有一个地方能给出比较准确的估计,因为信仰群体和独立教会的数量在稳步增长。可以肯定,非宗派的教

---

[1] K. Morrison, *Tradition and Authority in the Western Church* 300—1140 (Princeton: Princeton University Press, 1969), 7.

[2] J. Dillenberger and Claude Welch, *Protestant Christianity Interpreted through Its Development* (New York: Scribner's, 1954), 3.

会是美国宗教增长最快的板块。① 因此，豪尔瓦斯有充分的理由说我们很快将进入（蒂利希所谓的）"新教时代"的终结。② 由宗教改革引发的教义分歧不再是区分基督信徒的中心要点，在信徒选择参加哪个崇拜团体的过程中也不再具有关键作用。自 20 世纪 70 年代以来，在维护基督徒身分方面，宗派主义已经成为一个日渐弱化的因素。根据罗伯特·伍思诺（Robert Wuthnow）的研究，美国宗教在遵守宗教制度的组织路线方面出现了巨大的下滑，新教和罗马天主教都是如此："人们轻松地转换宗派，跨信仰通婚，并且常常发现没有理由遵守他们自己信仰的独特传统。"③ 市场策略已经取代宗派忠诚来决定家庭在哪里以及如何崇拜。多数信徒参加一个地方教会不是因为其神学立场或历史传统，而是因为他们需要一个震撼人心的青年课程，或一个强大的主日学校，或因为那里的唱诗不错。

而且，小团体的激增成为教会增长的一个重要部分，这些团体以一种大教会里往往缺乏的个性化的方式为信徒提供了社群和上帝概念本身。④ 由小团体建立的关系纽带是在不使用宗派信条和教义平台的情况下重新定义教会委身的另一种方法。至于以共同的宗教历史为依据而建立起来的对神学标准或伦理价值的诠释，在小团体的管理结构中几乎已经没有任何作用。个人主义以及信仰私人化原则仍然是基督徒虔诚的主导原则，尽管它们已经扩展到少数被选的成员。解释圣经以及道德问题多数由共同的生活经验和集体意见决定。小团体提供的"社群"虽然有用，它却无法保证基督教的正统教导能够在其内部传播。

我的意见并非指要回避小团体，我是想提出警告，即发展深入的个人体验以及建立社群尽管重要，但不能取代基督教的神学一致性和历史可靠性。变动从来不能成为内容的代替品。一个人只要快速回顾一下 1 世纪"家庭教会"之间信仰的交流和相互作用情况就可以证实这个说法。保罗和约翰的书信表明不能因为教会"扩展"的计划或使基督教在外人看来更有吸引力的办法而放弃教义理解和忠实的重要角色。

---

① Donald Miller, "Postdenominational Christianity in the Twenty-First Century," *The Annals* (*Of the American Academy of Political and Social Science*) 558 (1998): 198.

② Stanley Hauerwas, *In Good Company: The Church as Polis* (Notre Dame: University of Notre Dame Press, 1995), 92.

③ Robert Wuthnow, *The Struggle for America's Soul* (Grand Rapids: Eerdmans Publishing Company, 1989), 15.

④ Robert Wuthnow, *Sharing the Journey* (New York: Macmillan, 1994), 23.

然而更重要的是，与（后）现代性对我们的后基督教文化产生的影响比较起来，新教、罗马天主教和东正教之间的分歧正在缩小。关于这种威胁的性质我已经写了很多，在此不再赘述。我要说的只是这种威胁并不是反对宗教组织的价值或灵性的益处；它是要将基督教的历史独特性作为限制本真的自我表达和发现的探索加以抛弃。举例来说，这正是系统神学家达芙妮·汉普森（Daphne Hampson）提出的观点，她说一旦我们认识到基督教是"男性的宗教，它使父权合法化"，我们就会明白基督教不可能是真实的，并且自然而然要被抛弃。尽管基督教的教义是不可信的，但这并不妨碍个人实践虔诚："我们的生活需要一个灵性维度，这比以往任何时候都显得更加重要。只不过基督教已经不再是达到这种灵性的工具。"①对于激进的女权主义思潮来说，历史的基督教就是一个阴谋，欺骗了世界上大多数人，使他们相信由男性主导的上帝计划，并且只有在后启蒙时代我们才能够理解宗教实体的其他形式，从而进入一个自由的新时代。当然，这一进路是开始于 20 世纪 90 年代早期的"重新描绘"（re-imaging）基督教运动的一部分，尽管与各种新教主流宗派有着千丝万缕的联系，但是它却体现了诺斯替主义灵性的抬头，它认为古典基督教对教义和伦理的认识妨碍了信徒接近自身内的神圣特性。出于这样的认识，对基督教正统关于上帝属性的神学结构、创世与上帝的关系、道成肉身等问题就需要做出寓意性的诠释或者一概抛弃。②

20 世纪 60 年代有先知预言在世俗化的美国文化中，宗教正走在灭亡的道路上，与上帝已死的预言相反，人们对有关信仰、超自然、天使、灵性等事物的兴趣并没有减退。（后）现代的宣称已经越来越迁就宗教，只要后者愿意接受哲学多元化以及完全容忍各种形式的神圣体验都是同等真实的。如同古代罗马异教的魔鬼（daemones），后现代的灵性是一个包罗万象的体系，主要关注的重点是在世界中的个人的自我实现。我在沃尔特·温克（Walter Wink）的书里找到了一个很好的例子，他反对关于宇宙的物质主义观点，尤其因为它涉及恶的存在。温克用基督教术语和圣经

---

① Daphne Hampson, *After Christianity* (Valley Forge, Penn.: Trinity Press International, 1996), vi—vii. 对 Hampson 来说，基督教不仅是男权主义的，而且还是"他律的"（heteronomous），因为基督教将上帝理解为区别于自身的并且通过启示才能认识他。既然对上帝的古典认识具有内在的问题，"女权主义要维护人类的自治权"。

② Laurel Schneider 在 *Re-imaging the Devine* (Cleveland: Pilgrim Press, 1998) 一书中提出的，他抛弃了基督教的三一论而更倾向于接受一元神论。

引文说，我们必须面对周围一切集体制度或社会体系的灵性，辨识他所谓的"神灵"（the Powers），它们是内在于世界结构的非位格灵性实在，同时是善与恶，尽管在道德上可以改善。

> 作为体系的灵魂，"神灵"的灵性在我们周围四处存在。它们的存在是不可避免的。问题不在于我们是否"相信"它们，而是我们是否能够学会从每日遇到的人与物中将它们辨认出来。使徒保罗称这是分辨诸灵的恩赐。①

按照诺斯替主义的说法，灵性上觉醒的人需要建立一种更完整的世界观，即确定灵是被造之物的核心。灵魂渗透了宇宙，上帝不仅在人之中，也在万物之中，因为宇宙与神融为一体。因此在认识自身与认识宇宙之间存在着不可分割的联系。温克毫不避讳地说这样的"世界观"就是泛神论（"上帝"或更确切地说是神性如同世界精神一样置身万物之中），他说这使得圣经更加明白易懂，并给了我们一把钥匙，以便辨识影响我们一举一动的"神灵"。由于集体或政府系统的主宰和镇压，当灵性不正常的时候，"神灵"就变成了"邪的"，但并不是说这些"神灵"是像邪灵一样的形而上学存在。他鼓励读者接受这种完整的新世界观作为理解真实的灵性存在的开始，这是我们重新连接科学与宗教、精神与物质、内在与外在的方法。温克的书很受欢迎，其中的一本还获得了三项年度宗教图书奖项。②

如果说灵性必须以了解教义的真理规范为基础，这只能引起不必要的累赘，使过去成为潜在的不和谐并造成个人满意度的丧失。寻找信仰，如最近一本书③说的那样，是通过体验，而不是通过制度。福音派也不能免受这些力量的影响；它们渗透在西方文化中以致对自身的兴趣取代或淹没了道德的义愤感和对神学真理的委身。

与多元化要求以及宗派身分丧失相关的是宗教信仰如何成为一个消费项目。在《贩卖上帝：文化市场中的美国宗教》（*Selling God：American Religion in the Marketplace of Culture*，1994）一书中，劳伦斯·穆尔

---

① *The Powers That Be：Theology for a New Millennium*（New York：Doubleday，1998），29.

② *Engaging the Powers：Discernment and Resistance in a World of Domination*（Minneapolis：Fortress Press，1992）.

③ D. Lattin and R. Cimino, *Shopping for Faith：American Religion in the New Millennium*（San Francisco：Jossey-Bass，1998）.

（Lawrence Moore）提出宗教仍然是美国人生活中的强大力量，不过宗教做到这一点却是由于经过了"商品化"。穆尔相信我们应该这样理解世俗化的结果。基督教并没有消失，但是它却被受市场驱动的文化商业化了，以致产生了质变。其结果就是宗教的商品化；宗教领袖参与商业活动以推广他们的产品。美国宗教领袖因在美国主流文化里维护宗教信仰获得了赞誉，但在回应我们文化中的市场力量时，宗教已经失去了向文化说话的先知力量。

这种市场化取向另一个更加令人困扰的特点就是它在教会中比较被接受。乔治·巴尔纳（George Barna）的畅销书《教会营销》（*Marketing the Church*，1988）被福音派广泛传阅，这是因为他与他的读者在教会的性质与教会在文化中的地位方面有一些共同的假设。因为西方文化完全是由管理和市场关系塑造和统治的，所以它趋向于将一切事物（和人）转化成可管理的对象和可销售的产品，包括教会在内。① 在商业世界里，衡量成功的标准即质量与数量，在此被用于决定教会事工是否有效的手段。我们被告知，最优秀的事工应该评估潜在宗教消费者的需要并满足这些需要。因此教会被看作一个"服务机构"，其存在是为了满足人们的需要，其成功也应该由是否实现这一目标来衡量。

如果认为这样的教会增长模式不会对教会的自我理解产生任何影响，那就太天真了，菲利普·肯尼森（Phillip Kenneson）一针见血地指出："一旦教会允许它变成生产者和消费者进行利益交换的场所，那么形成教会思想和实践的一套全新问题就会被提出来。"② 因此我们培养的信众和新一代的教会领袖会认为信仰团体的首要任务不是付代价的生命改变和牺牲，那将挑战我们的消费者驱动型的文化本身，而是以计划和服务的大杂烩满足宗教消费者的需要。

对于以商业模式管理教会的进路，有一点可以肯定，即它不能解决我们这个社会里教会所面临的真正问题——尤其是普遍存在的对自己身分和目的的疑惑。更糟糕的是，当参加教会的信徒人数呈上升趋势的时候，一些教会增长策略就认为他们**正在**直视（如果不是解决）重要的身分问题。尽管这一策略取得了明显的成功，但是教会营销的技巧以及决定"成功"

---

① Philip Kenneson, "Selling (out) the Church in the Marketplace of Desire," *Modern Theology* 9 (1993): 319.
② *Ibid.*, 326.

教会的方法不能衡量教会至关重要的呼召：忠信。保持忠信的观念要求教会必须进行神学判断，这可能与另一个观念不符，即教会应当吸引新顾客以维持持久的活力，并且为了福音的缘故使自己更有吸引力。无论福音派所强调的教义重点是什么，都已经越来越被淡化，以致引导教会未来的传道形式将要由大众的需求来决定，并且它传播的是最幼稚的基督教知识。使徒保罗所说的表明基督徒成熟的神学和灵性的"饭"（林前3：2）将要被人人都可以轻易喝下的"奶"代替。

从某些方面看这一现象不足为奇。在自由教会里传统作为为当代教会学提供信息的手段早已经被边缘化了，轻易被新的营销方法的优越与应许所取代，营销已经成为更受青睐的转变基督徒呼召之目的的诠释学方法。

这种基督教记忆（memoria）的丧失影响了当代的基督新教，同时那些自认为是福音派的一批教会群体与独立教会之间又缺少共同性，这一事实使得上述情况更加恶化。如果说过去二十年福音派知识分子的著作有什么特点，那就是他们一再极力阐明福音派神学所共有的特征。[①] 福音派以一种共同的声音说话几乎是不可能的，更别提林林总总的自由教会了。尽管多年以来福音派充满宗教热忱、强调重视圣经，西方社会的基督教分裂并没有因为"福音主义"集体的出现而有所减弱。

在某些语境下，福音派各教会之间的活动出现了更大的开放性，结果使人们意识到基督教信仰应超越任何一种的信仰表达方式。作为身处后宗派场景中的新一代信徒越来越认识到做一个忠信的基督徒在"基督徒"一词更宽泛的意义上意味着什么。但是我们还并不清楚这种崭露头角的开放性会有助于恢复教会的大公性，还是会产生对周围文化没什么救赎作用的模糊基督教形式。

重拾传统

现在是时候纠正新教自由教会先前对基督教所进行的矫枉过正的举动。许多事物在宗教改革的名义下被抛弃，结果造成了我们的贫乏。一开

[①] 见 D. Wells and J. Woodbridge, eds., *The Evangelicals: What They Believe, Why They Are and Where They Are Changing* (Nashville: Abingdon, 1975); John Stott, *What Is an Evangelical?* (London, 1977).

始我们就要摒除一个偏执的想法，即教会传统是人类臆造的产物，因此必然是神启圣经的对立面，或者会抑制圣灵在信徒和地方教会生活中的运行。对圣经与传统的错误二分法，并不符合"传统"概念在最初的教会中产生和发挥作用的情况。奥古斯丁教导新归信的信徒说，"不管你在信经中听到了什么，那都包含在神启之书圣经里。"圣经的内容写在他们因恩典而重生的心上，因此好使"你爱你所信的，通过爱，信在你里面作工，并且你也将被一切美善恩赐的赐予者主上帝所悦纳"。①

16世纪的改教家可能会写下同样的话。只不过到了后来，17世纪和18世纪神学发展以后，圣经的权威性和自足性演变成了僵化的反传统主义，这是路德没有想到的。在某些清教徒和自由教会支持者的笔下，唯独圣经的原则俨然成了指责各种缺乏明确圣经支持的做法——教士穿着长袍、仪式的特点、信经——的工具。传统的一切观念都被标记为"罗马的"，并且与自主完善的圣经相对立，一旦使用圣经就不再需要任何传统。特兰托公会议（1645）上罗马天主教的决定看似表明了传统与圣经是权威的两个独立来源，这更加有助于上述反动的圣经主义。不幸的是，新教福音派反对罗马天主教的失衡，导致对圣经、传统和教会三重权威如何作用的看法日渐扭曲。为了维护圣经的权威，神圣启示与传统以及其形成环境即教会的联系被割断了。结果，圣经与历史分离了。使用圣经有可能很少或不再考虑其形成正典和解释在教会中经历了漫长的历史。

然而我们的研究发现圣经没有（也不可能）与重要的传统分离开来。圣经是传统不可分割的一部分，传统具有独特的权威。理查德·约翰·纽豪斯（Richard John Neuhaus）在最近的一篇文章中写道，"传统以圣经为根基，同样圣经是什么的决定以及传统应以圣经为根基的要求本身也是以传统为根基。"②和圣经一样，教会的共同传统也起源于三位一体的上帝本身，它来自父，借着子，在圣灵里。圣经和传统并不是权威和真理的两个来源。现在我们应该停止谴责罗马天主教在特兰托公会议上把"成文书卷"与"不成文传统"分开的不幸表达而转向研究福音派如何吸收古代资源。伟大的信经、布道辞、赞美诗、诗歌和教父所写的散文中记载了一部分的

---

① Augustine, *Sermon* 212. 2.
② Richard John Neuhaus, "A New Thing: Ecumenism at the Threshold of the Third Millennium," in *Reclaiming the Great Tradition: Evangelicals, Catholics and Orthodox in Dialogue*, ed. James S. Cutsinger (Downers Grove, Ill.: InterVarsity Press, 1997), 55.

传统，因此需要人们在圣殿献祭、崇拜聚会、集体祷告时再次聆听，并且还要通过讲道和会议加强神学训练和灵性塑造。

这是一种诠释学的指导，对于阅读圣经和理解"上帝"之类的词以及他与世界的创造和拯救关系是十分必要的。伟大的信条以及教会的早期神学有助于定义上帝，圣经记载的就是上帝的故事。正因为圣经是一部由许多卷书集合而成的作品，有众多的作者和编者，时间跨度超过了一千五百年，所以我们阅读的时候有可能找不到中心思想。常常有读者问"圣经讲的是什么？"尤其是按照基督教的理解，整个圣经故事的"中心"是什么？早期信经使信徒明白历史书中记载的以色列历史应该根据保罗在哥林多书信中的讲道来理解，或者约拿和耶利米的先知性预言应该根据耶稣的福音来理解。这样，信仰的共同声明就不会取代圣经阅读，而是为我们阅读圣经做准备。①

教父传统留给自由教会和福音派基督徒的是他们的根本身分以及一份持久的信仰。他们并没有将一种当代化的和自我实现的宗教——等于偶像崇拜——流传后世，相反早期教父要我们把眼睛从自己身上移开而关注那些历世历代都真正重要的东西。他们要求我们思考；思考基督教信仰，不是作为一种消费品，而是作为一种圣灵引导的、神圣的、活生生的、塑造我们的东西。里奇·马林斯（Rich Mullins）创作了一首合唱作品，为使徒信经的部分内容配上了音乐，诗歌开头的几句就表达出了这一观点：

> 我相信我所相信的使我成为我所是。
> 我没有创造它，而是它创造了我。
> 这是上帝的真理，不是人类的臆造。②

教会的传统以及传统形成的过程乃是上帝在世上的工作。这表示我们在两个层面上与基督发生关联，在纵向上通过圣灵，在横向上通过若干世纪以来教会的共同记忆。③ 二者都是建立基督教正统所必需的，尽管基督徒倾向于将二者中的一个推向极端。将一个人的信仰集中在神圣仪式的制度之上将造成致命的后果，消灭圣灵的活泼工作，而过分强调个人对圣灵的

---

① Donald Juel, "The Trinity and the New Testament," *Theology Today* 54 (1997): 323.
② Rich Mullins, "Creed," BMG Songs, Inc., 1993.
③ J. B. Torrance, "Authority, Scripture and Tradition," *Evangelical Quarterly* 87 (1987): 249.

回应，把它作为证实信仰的主要手段则会导致历史孤立主义和宗教主观主义，这正是多数邪教运动的基础。基督教的正统教导总是采取横向和纵向交叉的道路，遵循在我主道成肉身里找到的模式。

对福音派来说，忽视或不认识教会的伟大传统就会丧失他们的根本遗产。失去传统基督徒就会在面对伪基督教的灵性和令人眼花缭乱的现代神学的弥漫时渐渐失去立锥之地。没有教会神学的历史，信徒离开了时兴的观点便不知道该怎样解释圣经，他们也不能将他们的解释置于相互竞争的新神学的大框架中。尽管过去二十多年的信息爆炸影响了圣经研究，单纯的圣经知识显然已经不再能够胜任理解和综合的重大任务。如果没有传统指导它的解释，圣经很容易陷入乏味的灵性主义。更糟糕的是，信徒很容易重复古老的异端，不知不觉地损害基督徒的身分与使命。

在古代信条、信仰的法则和教父的教义神学中发现的传统为我们提供了关于上帝的真理，实际上乃是关于上帝的首要真理。这些资源指引我们超越自己，并要求我们透过新教的"藩篱"向外看，这藩篱是我们在大公基督教的大路上建造的。

成为"大公的"其实是信仰的一个信条；这一信条表明遍布世界各地的信徒具有**整体性**，这种整体性乃是建立在新约和教父所描述的共同真理的根基之上。我们可以认可纳桑·瑟德布卢姆（Nathan Söderblom）的说法，他认为继续将这一荣耀的名称赋予罗马教会是错误的，他提出基督教"三大分支"应该被称为希腊大公教会、罗马大公教会和福音派大公教会。① 强调教会的大公性并不只是强调它的普遍性和包容性，而是强调它的真实性，即它是使徒真理的延续，辨明了基督教的教导哪些是真哪些是假。或者用个比喻来说明，大公教会不是一个大熔炉，而是一个混合物。在由众多不同事物组成的混合物中每一成分都被保留下来，而非被溶解掉了。②

现在强调大公性很明显并不是要消除福音派信仰的差异性或以热情过度但目光短浅的普世主义之名颠覆新教的身分。相反，我们研究最初是什么造成了各式各样的教会或宗派信条，它为不同的基督教传统的生长提供

---

① 转引自 Gustaf Aulén, *Reformation and Catholicity*, trans. E. Wahlstrom (Philadelphia: Muhlenberg Press, 1961), 177。

② Peter Kreeft, *Fundamentals of the Faith: Essays in Christian Apologetics* (San Francisco: Ignatius Press, 1988), 257。

信仰内核，而且能使我们重新承担起在教会中起适当作用的神学任务。只有这样，新教、天主教和东正教的弟兄之间才可能进行有成果的（即拥有教义完整性的）普世讨论。

吕巴克在上面的引文中所说的是对的。不论什么时候在教会历史内部强调改革，不管是从广义的角度还是从狭义的角度，信徒都不可避免地要回到古代基督教思想与实践的"地图"。借助那些陈旧的道路以及标识清晰的街道，他们在不稳定的世界里重新发现了稳定性，并且为危险的神学事业找到了界限感。这并不是说回到早期教会需要将其理想化或认定它从无谬误。在教父时期教会内部并不存在抽象的基督徒生活与思想，并且将它们描述成理想的形式对我们并没有好处。重拾早期教会的传统并不是"目的"而是"手段"，使我们在解决当前基督教面临的挑战时有立足之地。我们在一定程度上承认教会的堕落，但我们也必须铭记"圣而公之教会"的古代信条乃是相信上帝护理的宣告，不论是现在还是将来；同时也相信他使教会成圣，尽管教会有弱点与不足。没有人比教父更加清楚教会的存在常常岌岌可危，完全依赖于上帝的恩典。

此时，在 20 世纪的结尾，我们正遭遇一场当代神学的危机，可能导致进一步的分裂，也可能导致 16 世纪宗教改革之后的一次新改革。如果能出现另一次的教会改革，使我们从当前的文化混乱中摆脱出来，这无疑将是圣灵崭新的、出人意料的工作，但是这场改革还是离不开构成早期教会传统的神学上的纯正、道德上的公义，以及苦难。

附录一

为什么所有基督徒都是大公的

近两千年以来,世界各地的基督徒(新教、罗马天主教和东正教)都承认使徒信经、尼西亚信经、卡尔西顿信经和"阿塔那修"信经,这些信经表达了真信仰的本质,包括信仰"一个圣而公之教会",虽然表达方式略有变化。然而,对许多新教徒来说,"大公"(catholic)一词提出了一个严肃的问题,因为它听起来似乎承认了罗马天主教的信仰。承认大公性的信条似乎表明信奉教皇的权威、罗马的官僚制度及其会议法令。他们很奇怪为什么相信圣经的基督徒要表示信仰"大公教会"。

鉴于以上以及相关的考虑,某些福音派教会一概拒绝使用信经,而其他一些教会则用"基督教的"或"普世的"来代替那个具有冒犯意味的词"大公的"(catholic),以便使二者保持必要的距离。这里的问题并不是无关紧要的宗教语言上的差异。在这个问题之后隐藏着新教福音派对罗马天主教长久以来的敌意(反之亦然),结果不论"大公"是什么都不被接受。例如,有一个事件表明了二者之间的相互抵制。1997 年福音派的基督教音乐家迈克尔·卡德(Michael Card)和罗马天主教修士约翰·迈克尔·塔尔博特(John Michael Talbot)遭到了福音派教会和广播电台的抵制,因为他们二人联合发布了一张专辑。一些福音派的广播电台和书店拒绝播放或销售他们的歌曲。神学层面也有类似的事件,那些在两份"福音派与天主教在一起"[①]

[①] "Evangelicals and Catholics Together: The Christian Mission in the Third Millennium" 发表于 First Things 43 (May 1994): 15—22,该协约是开始于 1992 年 9 月的协商会的结果,参加会议的人有 Charles Colson, George Weigel 和 Kent Hill。自此以后,"福音派与天主教在一起"又在 1997 年 12 月 8 日的 Christianity Today 上发表了第二份声明,题目是"拯救的恩赐"(The Gift of Salvation)。

协约上签字的福音派神学家也受到了抵制。对于那些保守的新教领袖来说，协约的标题听起来就是一个矛盾，他们仍然反对对话并将对话视为魔鬼的行为。

然而，这并不能避免一个事实，即大公性是教会不可或缺的标记，并且必须进入我们现代人的视野，同时我们要进一步探索其意义。最为重要的问题是，为什么早期基督徒要经常性地宣布对"圣而公之教会"的信仰？他们竭力要认可的是什么？它如何才能得以恢复，成为确保教会论纯正的一种途径？

没有人会否认福音派与罗马天主教在神学上存在着深刻的差异，但是如果老是强调这些差异就会错失问题的重点。我们不要忘记"大公"一词第一次使用是早在罗马天主教组织建立数百年之前，并且它还是罗马天主教组织证明其宗教合法性的来源。换言之，"大公性"不是对罗马天主教的简称或对教皇职位的承认。它比二者的历史更久远且意义更广泛。

现代罗马天主教的神学需要回顾古代教会的大公性，它的名称就是由此得来的。例如，罗马天主教大学正面临着严重的危机，因着令人眩晕的道德和宗教定位，他们求问如何一面接受西方的多元主义哲学一面又能保持其罗马天主教身分。罗马天主教中的一些评论家十分担心，天主教大学正走在与 18 世纪和 19 世纪早期许多新教大学相同的道路上，重复着相同的世俗化历史，从而导致天主教丧失了在学术界的独特特点。[①] 现在已经越来越难以明确和具体地指出大公性在罗马天主教学术界中发挥着什么样的作用。

我在一所罗马天主教大学里教书，在很久之前我就明白天主教内部的复杂性不可能简化成一套原则或单一的信仰哲学。在面对它所包含的不可胜数的文化、思想和语言集合时，它的灵活性是一项长处。许多罗马天主教知识分子十分关心不要让任何大公性的定义回到过去教条而狭隘的观点，以致他们准备在神学对当代文化的反应上抱更加自由主义的态度。问题是这种宗教的和意识形态的自由主义（latitudinarianism）是否会最终导致其大公性内容的丧失，自由主义总是担心受到基要主义和宗派主义神学议程的影响。

---

① David Carlin, Jr., "From Ghetto to Hilltop: Our Colleges, Our Selves," *Commonweal* 120. 3 (12 February 1993): 7f.; Charles Curran, "The Catholic Identity of Catholic Institutions," *Theological Studies* 58 (1997): 103—107.

罗马天主教的主教以及历史学家雅可布-本尼涅·波舒哀（Jacques-Benigne Bossuet）曾说，教会历史的根本教训之一就是罗马教会屡屡被大公教会所挽救。① 大公性不仅不是罗马天主教的私人领域，而且正如将来维护罗马天主教思想的完整性也需要它，确定新教身分的根基也需要它。新教福音派与天主教之间持续不断的张力其实是新教福音派与**罗马**天主教之间的张力，而并非新教与大公主义之间的张力。

尽管圣经里并没有提到这个词，但是"大公的"第一次出现在新约不久之后的作品里，因此与使徒思想和影响有着密切的关系。其中一份文件出自伊格纳修之笔，他是安提阿的主教以及使徒约翰同时代的人，比约翰稍年轻一些，伊格纳修在给士每拿基督徒的一封信（约 115 年）中说信众是"大公教会"，通过主教（牧师）、信众和耶稣基督的共同在场而得到维持。② 他关注的不是组织，即教会体制的独特形式，而是地方教会之上的结构。在信仰和圣职类似的教会拥有真理传承的情况下，我们可以确定什么是正统。这里强调的是教会信仰作为圣灵的主要工作所具有的集体性质。某个人可以被说成是大公的，只是因为他或她参与大公教会的崇拜和服事。教父时代的基督徒无法理解离开了教会的结构（整体性）一个人如何可以成为正统的信徒。

我们可以推论，在伊格纳修之前"大公"一词的用法并非不为人所知，因为他在给士每拿教会的信中提到该词时没有加以解释，而是认为读者对它十分熟悉。这一理解被波利卡普证实了，据说他是使徒约翰的弟子以及士每拿教会的主教，他曾经为"全世界所有的大公教会"祷告（公元 156 年）。③ 这里的"大公"是强调教会的普遍性质，波利卡普同样提到单一的士每拿教会也是"大公教会"（16. 2），如同伊格纳修将地方教会形容成"大公的"。在后来一个其残篇流传至今的信条里，人们可以发现描述大公性的语言，并且大公性看似是在严格的地方教会的意义上使用的："我信全能父上帝，我信他的独生子我主耶稣基督，我信圣灵，我信身体复活，我信圣而公之教会。"④

---

① Richard Costigan, "Bossuet and the Consensus of the Church," *Theological Studies* 56 (1995): 658.

② Ignatius, *To the Smyrneans* 8. 2.

③ *Mart. Poly.* VIII. 1.

④ 出自 the Dêr Balyzeh Papyrus in *A New Eusebius: Documents Illustrating the History of the Church to AD* 337, ed. J. Stevenson, 2nd ed. (London: SPCK, 1987), 122. 这份文件的日期我们不得而知，或许是 3 世纪晚期或 4 世纪，尽管这一信条肯定来自较早的时期。

早期教会的信经总是包括信"圣而公之教会"的声明，简单回顾这些信经就会看到历史上对"大公"一词的强化。它们几乎无一例外地都是出现在地方教会的洗礼宣言中。换言之，教会对大公性的宣称来自地方信众的崇拜生活而不是来自由致力于代表整个教会思想的公会议通过的声明。纵观整个3世纪和4世纪，教会的大公性在信条里得到了表达，整个基督教世界每个教会都在使用信条。尼西亚—君士坦丁堡信经和使徒信经都强调教会的大公性——这两个信经都不是源于会议的声明①，这一事实表明(1) 信条的权威最初并非来自公会议，而是在信众的实践中得到了证实，(2) 这些信经表达出的对大公性的理解来源于地方教会。

早期教父十分清楚"大公的"比"普遍的"或"一般的"意义更广泛。该词是希腊文 *katholicos* 的拉丁化，可以被译为"整体的"（或副词，*katholou*，"整个地"、"完全地"）。公元350年在阐释耶路撒冷教会使用的信条时，耶路撒冷主教西里尔解释了信条最后"信圣而公之教会"这一分句的含义。对西里尔来说，教会是大公的具有许多层面的含义，其作用是表明教会的"整体性"。一方面大公在空间和时间上限定了教会，使其成为遍布世界的和谐存在。这使人想起了2世纪晚期爱任纽给教会下的定义，教会是"散布在全世界，认真持守［使徒的教导与信仰］，如同在一个屋里"。② 西里尔强调大公教会还包含另一层意思，即没有什么关于拯救的教义是教会没有教导的。真正的大公性涉及了信徒称义与成圣所必需的事物。它是信仰的整体，提出了上帝给一切时间和地点的人们的全部忠告。

它被称为大公的，因为它给各类人带来了宗教的顺服，统治者与被统治者，博学之人与无知之人，还因为它所具有的普遍性，可能治愈各种罪恶，不论是灵魂犯罪还是身体犯罪，还具有各种说得出的美德，不论是以行为或语言或各类属灵恩典来表达。③

---

① 使徒信经在信众中的发展历史十分久远，并且与公会议活动毫无关系（像"阿塔那修信经"），而所谓的尼西亚—君士坦丁堡信经一般认为与君士坦丁堡公会议（381）有关，在381年之间已经开始使用了。关于它的实际起源仍有许多争论，君士坦丁堡会议大概是为了自己的目的而采纳了之前已经存在的洗礼信经。

② Irenaeus, *Against Heresies* I. 10. 2.

③ Cyril, *The Catechetical Lectures* XVIII. 23.

在此我也不会故弄玄虚地给出复杂的定义①,我要强调的是大公性的整体性也包含了构成基督教真信仰的要素。古代的大公性与我们信仰的内容有关,奥古斯丁曾经在一篇论三位一体的讲道中说,"真正的信仰,正确的信仰,大公的信仰,并不是一堆观念与偏见……而是建立在使徒的真理之上。"② 长久以来,罗马天主教和新教的成员一直围绕着大公一词的意义跳舞,歌颂它的多元化与象征意义,而没有面向其历史身分的内部支柱,即它的教义特性。

大公信仰有可定义的内容,可以通过崇拜和讲道表达和传播。它不只是基督徒用于实践信仰的组织化结构。一个大公的基督徒就是一个**正统的基督徒**。因为有许多自我标榜的基督徒,所以必须制定出标准的纲领以便确定基督徒意味着什么。因此,用"基督教的"一词取代古老的"大公的"一词会造成分离,即试图用一个表示独特性的词汇取代一个表示一般性的词汇,后者容易为许多神学与实践所采用。

根据事实本身,这就意味着大公性中还包含了某种排他性。强调大公性是推倒分裂之墙③的普遍性和整体性原则,只在某个程度上是有作用的,即我们理解了它具有内在的限制。我们看到,大公性所体现出的包容的特点,其根据不是欢迎神学混杂或稀释的差异性大联合,而是从上帝接受的独一的消息,以及超越一切历史与地点的恩典。实践大公性不应与当代的包容与宽容概念产生混淆,后两者的根据是假设所有的道德与宗教界限都来自个人的品味、风格或文化背景,并且如果不破除其中一个的界限,其他的就无法得到普遍应用。然而,正义或真实的事物,其反面不可能是同样正义或真实的。对于我的那些罗马天主教朋友或少数新教同仁,这样强调教义太狭隘了,令人无法忍受。然而,为了获得真正的合法性,我主张,大公性应该坚持存在真的教义与实践,还要明白使基督教教会远离神学和道德败坏意味着什么。在基要真理上没有达成一致并不表示其反面是真的,即不存在基要真理且每一代人或每一个文化背景都有自己的标准。

---

① 关于新教神学家对教会大公性的深刻论述,见 Gustaf Aulén, *Reformation and Catholicity*, trans. E. Wahlstrom (Philadelphia: Muhlenberg Press, 1961), 183—188, 以及比较近期的,托马斯·奥登(Thomas Oden)的 *Systematic Theology: Life in the Spirit* (San Francisco: Harper, 1992) 的第三卷,323f.

② Augustine, *Sermon* 52. 2.

③ 像 Frank Griswold 所做的,"Experiencing Catholicity," *America*, 27 September 1997, 8—11。

实际上，大公性的标志总是表明存在异端。

如果说大公性与认为世界是上帝创造与救赎活动的一部分的态度有关，这可能是真的。① 但实际远不止于此。所谓的"阿塔那修信经"（5世纪）的第三段十分特别："这就是大公信仰"（Fides autem catholica haec est）。之后描述了一系列核心且不容商议的论点，包括三一论、基督论、拯救和审判。这表明基督教可以简化为一套严格的命题吗？当然不是，但是如果不借助这些基本的真理，基督教信仰就无法保持本质上的完整性，若干世纪以来都是这些基本真理定义了基督教信仰。

同样，大公性的含义也存在着连续性。在213. 2篇讲章中奥古斯丁说他的洗礼信经是他与他那个时代的信徒共同拥有的东西，是"基督徒借以辨认出对方"的东西。对于教父作家来说，大公性的标志就是领受的信仰。这种想法认为存在着一种教义上的联系，将我们与过去的教会连接在一起。它有助于维护对福音的忠诚，即基督教信仰不是由个人或会众建立起来的事物。奥登称大公性的这方面含义为"核心的正统"。虽然存在面向文化的灵活性、多样性和开放性，教会的大公性并不会因文化的改变或时代的改变而发生根本性的变化从而不再保持其独特的身分与标准。

当然，大公性不能离开真教会的两个标记，即神圣性与使徒性。神学家对这些词语的区分实在是人为的划分。胡斯在其论文《教会》（1413）的开篇说，"每一位朝圣者都应该坚定地相信神圣大公的教会。"这一劝告并不是认可以教皇为首的罗马教会，而是认可以基督作为唯一元首的教会。要与改教家的观点保持一致，任何关于什么使教会具有大公性的考虑都是它的神圣性和使徒性的延续。如果没有了使徒的特性并且与此世的国度分离，大公性将变成毫无生气的包容主义，从而像一具空壳一样失去完整性。相反，如果强调没有大公性的使徒性则会导致一种教义的褊狭甚至精英主义，从而使得更古老更广泛的传统连续体变得与信仰无关。后一个问题——没有大公性的使徒性——在实践中对福音派教会的影响最深远。

特别讽刺的是教会的大公性意味着实现耶稣在《约翰福音》17章里的祷告，"使他们合一"，但是教会却比以往任何时候更加分裂。必须承

---

① "新教的脉搏"被说成是追求净化与分离，它拒绝合成和妥协。另一方面，罗马天主教一边接受洁净与不洁的临时联合，一边又追求着净化。而新教强调创造的堕落性，罗马天主教则坚持"时间的永恒性以及恩典渗透在自然之中"。Avery Dulles, *The Catholicity of the Church* (Oxford: Clarendon, 1985), 8.

认，大公的原则既是当前的现实又是末世的希望。它的完全实现将出现在我们在父的国度里同基督喝新酒的那一天（太 26：29）。带着这个愿望，我们宣告我们信"圣而公之教会"，如同我们宣告我们信独一的上帝，他是父、子和灵，我们爱他却看不见他，我们信身体复活，当然那要等到身体死后才会发生。我们所宣信的在于我们仅仅部分拥有的，但是我们所拥有的足以使我们的经历坚如磐石并且使我们忠于耶稣基督对我们的呼召。

附录二

早期教会中的唯独圣经

由于对福音派、罗马天主教和希腊正教关系越来越多的关注,[1] 福音派一方对早期基督教的教义以及解经实践产生了浓厚兴趣。这当然是大受欢迎的,尽管带着谨慎的热情,因为当前对教父时代的回顾常常没有沿着追根溯源(ressourcement)的思路,即为了它们本身的缘故回到信仰的古代源头。由福音派出版的若干书籍中提出早期教会的诠释学思想已经使用了唯独圣经的教义,尽管并不十分清晰。[2] 这样的论证是在用一种特殊的视角重新使用早期教会:通过后宗教改革的新教之透镜阅读古代教父,并且寻找深埋在教父时期教会宗教意识里的唯独圣经标准。这一事实的关键大概在于上述的宗教观念得到古代的证实,这更使得新教自命为真信仰的支持者,从而反对声称拥有早期教父和公会议的权威的罗马天主教及其传统。

最近有人竭力想要从爱任纽[3]或阿塔那修那里找出"教父的唯独圣经

---

[1] 例如,*Reclaiming the Great Tradition*: *Evangelicals*, *Catholics and Orthodox in Dialogue* (Downers Grove, Ill.: InterVarsity Press, 1997)。

[2] 对这个题目更全面的论述,见我的论文 "The Search for *Sola Scriptura* in the Early Church," *Interpretation* (Fall 1998): 338—350。

[3] J. Armstrong, ed., *Roman Catholicism*: *Evangelical Protestants Analyze What Divides and Unites Us* (Chicago: Moody, 1995), 40. Tom Nettles 在文中似乎很清楚成文权威与口头权威在爱任纽著作中的区别,他说,"圣经是'传下去'的东西,即传统。"Robert Godfrey 也提出罗马天主教与新教之间的分别在于"上帝的道"与"教会的传统"的分别。

原则"，从中得出的结论是，"唯独圣经在很久之前就已经成为信基督之人的法则，甚至在有必要为反对后来那些篡夺圣经至高权的革新之人而使用特别术语之前。"① 这是辩论性的说法。既然圣经的充分性意味着圣经是建立基督教信仰与实践的唯一标准来源，那么应该对圣经权威以及体现在教会传统与职分中的教会权威做出鲜明的区分。

对早期教会做出这样的论断至少有三个难题。第一，我们已经在第二章中看到使徒传统在时间上和逻辑上都先于后来成为新约的文本。先出现了教会和传统，这是历史事实。教会确立圣经是根据由耶稣基督传下来的（tradere）和关于耶稣基督的消息。我总是告诉我的一年级神学课的学生，福音最初并不是文本，而是讲述活的上帝道成肉身故事的口传消息。上帝之道的传讲远早于对道的见证被写成文字。

上述事实并不是说圣经从属于教会权威并且只有通过教会权威才能得到证实，从而损害了将圣经的充分性作为标准的地位。新教可能会回应说是圣经创造了教会。一个人总会想起巴特的话，他认为我们万万不可"颠倒**事件**发生的顺序，即［上帝的启示］在**机构**之前，机构也是由整个圣经建立起来的"。② 道的确使建立在先知与使徒根基之上的教会（弗2∶20）成为存在，但是如同哈罗德·布朗（Harold O. J. Brown）承认的，如果说圣经创造了教会，那乃是历史的错位。③ 第一代和第二代的基督徒接纳成文的圣经进入教会乃是因为那些文本记载了信仰或传统的准则。

将唯独圣经理论灌输到早期基督教思想的第二个问题是造成了传统与圣经之间原本并不存在的二分法。把圣经与教会传统分离开来的做法对教父时代的基督教牧师和思想家来说是不可理解的，而传统恰包含在古代的

---

① 见 *Sola Scriptura! The Protestant Position on the Bible*, ed. D. Kistler (Morgan, Penn.∶Soli Deo Gloria, 1996)，53。题目为"唯独圣经与早期教会"(Sola Scriptura and the Early Church)的文章显然对教父时期的教义历史了解十分有限，文中写到阿塔那修反对罗马主教利贝里乌斯（Liberius）(42页)，而事实上，阿塔那修在利贝里乌斯的继任者朱利乌斯（Julius）流放期间曾竭力保护过他，他以及所有希腊教父在352年朱利乌斯逝世后仍然与罗马保持着特别密切的关系。这件事不可能证明新教与罗马天主教的对立原型。而且，更令人震惊的是文章的作者还论证说阿塔那修如何从不使用未成文的传统，然而就在作者引用原文来证明这一观点的地方（*Oratio Arianos* III. 29)，我们被告知阿塔那修称马利亚是 Theotokos，上帝之母，这是很少有新教人士支持的亚历山大传统!

② Karl Barth, "The Humanity of God," in *The Humanity of God* (Atlanta∶John Knox Press, 1982)，63。

③ Harold O. J. Brown, "Proclamation and Preservation∶The Necessity and Temptations of Church Tradition," in *Reclaiming the Great Tradition*，78。

信仰法则、洗礼信条以及会议信经里。帕利坎写道，"无法想象基督教的圣经与基督教的传统之间存在着冲突——所以也没有必要在它们之间做出选择。"① 爱任纽认为圣经与教会之"真理法则"之间的关系也是如此，二者都体现了源头（启示）："我们坚持我们的信仰，它是大厦的基石，生活方式的堡垒。"② 如果像许多福音派人士那样称先出现的传统是人为地败坏了后出现的福音，这样的说法显然是错误的。

上述观点也要求重新评价16世纪宗教改革对传统的看法，即福音派所声称支持的立场。传统与圣经的二分法部分地是由一个陈旧的历史范式引起的，即路德（作为宗教改革的代表人物）被认为是重新发现新约基督教的人，新约基督教由于罗马天主教"传统"的包装已经变得扭曲不堪。耶格曾说，"路德被解读为，他的观点与保罗逝世之后教会所说的一切完全格格不入（除了奥古斯丁发出的微微光亮）。在［路德年轻时候的］故事里，天主教传统不过是路德要克服的，只有克服了它才能重新发现福音。"③ 将新教的圣经原则与罗马天主教的"传统"分裂成两极的做法是不可取的，它们不是大卫与歌利亚的对立，因为从大卫弹弓里射出的许多石头正是歌利亚自己的石头。④ 现在也并不清楚16世纪的改教家是否赞同上述圣经与传统的观点，这是福音派归于他们的，其中最首要的就是教会及其传统的概念。威权派改教家，如路德与加尔文，也不认为离开了教会的根本传统可以恰当地理解唯独圣经的原则，尽管他们都反对教会的某些建制。

第三，任何接近上述唯独圣经观的观点都会被视为有损于教义的正统性。即使可以从教父时代里找到接近唯独圣经的严格圣经主义，那也没有办法保证基督教的上帝教义或救赎教义。让我讲一个深刻却鲜为人知的例子。427年在与奥古斯丁的公开争论中，一位名叫马克西米努的"阿里乌派"⑤ 基督徒坚决认为他的教义完全来自圣经："我们应该满怀敬意地接受

---

① Jaroslav Pelikan, "Overcoming History by History," in *The Old and the New in the Church*, WCC Commission on Faith and Order (Minneapolis: Augsburg Publishing, 1961), 39.

② Irenaeus, *The Apostolic Preaching*, 6.

③ David Yeago, "The Catholic Luther," *First Things* 61 (1996): 37.

④ *Ibid.*, 39—40.

⑤ "阿里乌"或"阿里乌主义"被不准确地用于那些拒绝尼西亚信仰的人。见 M. R. Barnes and D. H. Williams 的 *Arianism After Arius: Essays on the Development of Fourth Century Trinitarian Conflicts* (Edinburgh: T. & T. Clark, 1993) 的序言。

一切来自圣经的事物……我多么希望我们配做圣经的门徒！"① 马克西米努不仅支持圣经的完全权威，他还拒绝"在任何情况下"接受并非直接出自圣经的神学语言。② 如果《约翰福音》17：3 说"独一的真神和你所差来的耶稣基督"，那么只有父是独一的真神，正如他是唯一良善的（可 10：18）和独一全智的（罗 16：27）。对马克西米努来说这些经文清楚地表明父的神性是全然独特的。紧接着子就不可能是"真神"，因为这一说法只能用于父，也因为福音书在描述子的属性时使用的完全是人的词语，即成为肉身的道。将所有的"见证"即圣经文本连起来就产生出了本应是自明的、具有内在清晰性的纯正神学。马克西米努说这种按字面意义解释圣经语言的方法是恰当建立教义的"法则"。他最后的结论是，圣经是完全充分的，不仅对于信仰和实践的一切事物是如此，对于一个人该如何表达信仰和实践也是如此。

在争论中马克西米努引用大量经文赞美圣灵，或引用基督成为肉身或坐在父的右手边，奥古斯丁说他是在浪费时间，因为这并不是问题的关键。他们二人都接受整本圣经的完全权威以及圣经在论到根本问题时具有充分的清晰性。然而，奥古斯丁正确地认为，正统基督徒与"阿里乌派"一样，他们对圣经的理解超过了他们在圣经中读到的内容。二人都同意子是受生的并且从父那里被差来，尽管对于子究竟与父有何关系存在争议，这问题把他们二人都带到了他们在圣经中读到的东西之外。"阿里乌派"一贯的辩护即只有他们遵循了圣经的经文是站不住脚的，因为实际上任何一方要理解圣经的含义都不可能不超越它的字面意思。奥古斯丁是正确的。马克西米努使用圣经乃是借助"阿里乌"神学的解释坐标，其程度并不逊于奥古斯丁受尼西亚信仰的引导。的确，这是从"阿里乌"之争的结果学到的圣经诠释的根本教训之一，即一个人要解释圣经就必须走出圣经以及圣经词语。

因此奥古斯丁断定需要借助信仰的法则才能恰当地解释圣经，这并不奇怪。虽然这一原则并不与德尔图良或爱任纽在他们那个时代的理解完全相同，但对奥古斯丁来说"法则"意味着"教会所教导的权威"，由真信仰决定。其意义不像福音派说的那样是圣经低于主教制度的命令，而是说

---

① *Debate with Maximinus* 15. 20.
② 同上。Maximinus 的话暗示了尼西亚信经为支持三位一体使用了非圣经的语言，它主张子神与父神是同质的（*homoousios*）。

离开了教会确立和使用的尼西亚正统的方式就无法忠实地理解圣经。这就是，教会对"信仰"的诠释引导着信徒阐释和接受圣经。

有人可能会提出唯独圣经强调了新教的论点，即传统与教会不能脱离圣经，圣经必须成为仲裁的权威。说古代的教会信经"没有独立的权威并且任何时候违背圣经都不会被接受"[1] 已经足够了。但是如果话反过来说也是对的。圣经不可能完全独立于古代教会的共同教导而不遇到任何解经难题。就福音书那些最浅显易懂的方面而言可以说它是能够自我解释的。但是只要简单回顾一下圣经诠释的历史就会发现，堆积如山的圣经材料并不能保证忠实地解释圣经，更别说基督教的上帝论了。现在的问题不是我们是否相信圣经或我们是否会使用传统——真正的问题，正如教父时代所发现的，是我们会用哪种传统来解释圣经？

总而言之，如果不借助于教会的历史传统，就无法正确且负责任地处理唯独圣经的原则；离开传统，任何异端观念都可以在"回到圣经"的纲领下产生并获得认可。早期教会早就认识到唯独圣经的原则（和圣经无误论一样）无法保证正统的基督教。任何想要在教父著作里寻找唯独圣经教义的人都没有明白，早期教会是如何理解使徒权威以及圣经、传统和教会之间的相互关系的。

---

[1] A. N. S. Lane, "Sola Scriptura? Making Sense of a Post-Reformation Slogan," in *A Pathway into the Holy Scripture*, ed. P. Satterthwaite and D. F. Wright (Grand Rapids: Eerdmans Publishing Co., 1994), 324.

前现代作者索引

（条目中的页码为英文原书页码，即本书中的边码）

Amerbach, Johannes 安默巴赫, 181

Ambrose (of Milan)（米兰的）安波罗修, 133, 144, 147 注, 148, 153 注, 167—168, 181 注, 186, 189

Aquinas, Thomas 阿奎那, 181

Aristides (of Athens)（雅典的）亚里斯蒂德, 81

Athanasius 阿塔那修, 28, 96, 122, 137, 148, 150—152, 162—163, 169—170, 229, 230 注

Augustine 奥古斯丁, 6, 33, 34 注, 63 注, 71, 74, 113 注, 137, 144—148, 167, 170, 175, 181, 183—184, 186—187, 189, 191 注, 195—196, 199, 215, 226—227, 231—233

Baronius 巴罗尼乌斯, 111

Basil (of Caesarea)（凯撒利亚的）巴西尔, 122, 145, 152, 177, 181

Bellarmine 贝拉尔米内, 111

Bernard (of Clairvaux) 明谷的伯尔纳, 110

Béze, Théodore 贝扎, 122

Bucer, Martin 布塞, 178

Calvin, John 加尔文, 101, 111, 179, 189, 190—193, 195—196, 232

Cassian, John 卡西安, 166

Chrysostom 克里索斯托, 104, 177 注, 189, 195, 199

Clement (of Alexandria)（亚历山大的）克莱门, 96 注, 136

Clement (of Rome)（罗马的）克莱门, 35, 59, 85—86

Cyprian 西普里安, 94, 104, 143, 145, 148, 155, 157, 181 注, 186, 189, 195

Cyril (of Jerusalem)（耶路撒冷的）西里尔, 104, 160—161, 164—165, 168, 225

Damasus (of Rome)（罗马的）达马苏斯, 144

Dante 但丁, 110

Dionysius (of Alexandria)（亚历山大的）狄奥尼修斯, 94

Dolcino (of Novara)（诺瓦拉的）多尔西

诺，113

Epiphanius（of Salamis）（萨拉米斯的）伊比芬尼，145, 161, 166
Erasmus 伊拉斯谟，177, 181
Eusebius（of Caesarea）（凯撒利亚的）优西比乌，44 注，86 注，89 注，105 注，110 注，113, 137 注，140—141, 146 注，157 注，159 注，160 注，161

Fortunantianus（of Aquileia）福尔图南提安，165
Foxe, John 福克斯，71, 121, 201
Francis（of Assisi）（阿西西的）法兰西斯，107

Gerson, Jean 热尔松，107
Grantham, Thomas 格兰瑟姆，198
Grebel, Conrad 格雷贝尔，195
Gregory（of Nazianzus）（纳西盎的）格列高利，152—154, 168
Gregory（of Nyssa），（尼撒的）格列高利，77, 152—154

Hilary（of Poitiers）（普瓦蒂埃的）希拉利，37, 104, 133, 151—152, 163 注，181 注，183—184, 191 注
Hippolytus 希坡律陀，81—82, 94, 148
Hoffmann, Melchior 霍夫曼，111—112
Hubmaier, Balthasar 胡伯迈尔，180, 196
Hus, John 胡斯，108, 113—114

Ignatius（of Antioch）（安提阿的）伊格纳修，48, 75—76, 86, 89 注，156, 223—224, 121
Irenaeus 爱任纽，45 注，46, 79—80, 81 注，85, 88—94, 96, 104, 181, 225 注，229, 231 注，233

Jerome 哲罗姆，45 注，64 注，74 注，101, 148, 177, 181 注，187
Joachim（of Fiore）菲奥雷的约阿希姆，107, 111 注
John（of Damascus）（大马士革的）约翰，181
Josephus 约瑟夫，48
Julian, emperor 皇帝朱利安，146, 154
Justin Martyr 殉道士查斯丁，47, 67 注，79 注，136—137, 181, 205—206

Lactantius 拉克唐修，105 注，148
Lombard, Peter 伦巴德，181, 187, 190
Luther, Martin 路德，33, 126, 173, 175, 179—188, 193, 196, 201, 231—232

Marcellus（of Ancyra）（安卡拉的）马塞路斯，161, 162 注
Marcion 马西昂，91, 98
Marius Victorinus 马里乌·维克托里努，63, 64 注
Maximinus 马克西米努，168, 232—233
Melanchthon 梅兰希顿，175—182
Müntzer, Thomas 闵采尔，103, 104 注，180, 195
Musculus, Wolfgang 穆斯库勒，122

Nicetas（of Remesiana）（勒美西亚那的）

尼塞塔斯，63
Novatian 诺瓦替安，94

Oecolampadius, John 厄科兰帕迪乌斯，177，181
Olivi, Peter John 奥利维，107，111 注
Origen 奥利金，86 注，93 注，94，96，98，101，104，136，177，187
Ossius (of Cordoba)（科尔多巴的）奥西乌，161

Palladius (of Ratiara)（拉提亚拉的）帕拉迪，167
Papias (of Hierapolis)（希拉波利斯的）帕皮亚，44
Peter (of Alexandria)（亚历山大的）彼得，144
Peter (of Aragon)（阿拉贡的）彼得，113
Photinus (of Sirmium)（西尔米乌姆的）福提努斯，165
Pliny the Younger 小普林尼，69
Polycarp 波利卡普，60，79，86，88 注，224
Rhegius, Urbanus 莱吉乌斯，178
Rufinus 鲁非努斯，137 注，156 注，159 注，165—166

Schwenckfeld, Caspar 史文克斐，195—196
Smythe, John 斯迈斯，116

Tertullian 德尔图良，34，67 注，69 注，71—74，87—88，91—97，104，136 注，148，184，190，195，233

Valentinus 瓦伦廷，91
Valla, Lorenzo 瓦拉，111
Vincent (of Lérins)（莱林斯的）文森特，34 注，185，206
Voragine, Jacobus de 沃拉钦，110

Waldo, Peter 韦尔多，108，113
Wesley, John 卫斯理，105，174
William (of Ockham)（奥卡姆的）威廉，107
Wycliffe, John 威克里夫，108，113—114

Zeno (of Verona) 维罗纳的芝诺，147—149，151，168
Zwingli, Huldreich 茨温利，126，180，199

现代作者索引

（条目中的页码为英文原书页码，即本书中的边码）

Arnold，Eberhard 埃伯哈德·阿诺德，116 注，119

Arnold，Godfried 霍德弗里德·阿诺德，115

Barna，George 巴尔纳，212

Barth，Karl 巴特，230，231 注

Baxter，Richard 巴克斯特，7

Bender，Harold 本德，127

Bonhoeffer，Dietrich 朋霍费尔，41

Bossuet，Jacques-Benigne 波舒哀，223

Brown，Harold O. J. 哈罗德·布朗，231

Bruce，F. F 布鲁斯，42 注，43，45 注，53 注

Campbell，Alexander 亚历山大·坎贝尔，20，118

Carroll，J. M. 卡罗尔，116—117

Chadwick，Henry 亨利·查德威克，145 注，146，154 注

Chadwick，Owen 欧文·查德威克，109

Chafer，Lewis Sperry 沙弗，22

Chesterton，G. K. 切斯特顿，14，15 注

Conyers，A. J. 科尼尔斯，15

Countryman，L. William 康特里曼，88 注，93 注，94

Emerson，Ralph Waldo 爱默生，9

Finke，R 芬克，23

Florovsky，Georges 弗洛罗夫斯基，13

Gerhardsson，Birger 耶哈德松，43—44，58 注

Gillquist，Peter 吉尔奎斯特，31

Halleux，André de 安德烈，163

Hampson，Daphne 汉普森，210

Hanson，R. P. C. 汉森，29，77，94，96 注，138，139 注，160 注，171 注

Harnack，Adolf von 哈纳克，57

Hatch，N. 哈奇，3 注，20

Hauerwas，Stanley 豪尔瓦斯，123—124，208

Henry，Carl 卡尔·亨利，6

Hinson, E. Glenn 欣森，76 注，77 注，128 注，198—199

Hooernaert, Eduardo 霍尔奈特，155，162

Howard, Thomas 霍华德，31

Kee, Alistair 基，128，140

Keller, Ludwig 凯勒，116

Kelly, J. N. D. 凯利，59 注，62，159，161，166 注

Kenneson, Phillip 肯尼森，213

Kreeft, Peter 克里弗特，173，218 注

Lane, A. N. S. 莱恩，181，182 注，234 注

Leer, E. Flessman van 利尔，96

Lewis, C. S. 路易斯，7，169—170

Lowell, James Russel 罗威尔，9

Lubac, Henri de 吕巴克，205，218

MacIntyre, Alasdair 麦金泰尔，10，11 注，12，37

Markus, Robert 马库斯，136

Mathews, Thomas 马修斯，134—135

Mead, Loren 米德，11，124 注

Moltmann, Jürgen 莫尔特曼，4，122

Moore, Lawrence 穆尔，212

Muggeridge, Malcolm 马格里奇，123

Mullins, Rich 马林斯，216，217 注

Murch, James DeForest 默奇，27 注，118

Newman, John Henry 纽曼，141

Noll, Mark 诺尔，3 注，24，30

Norris, Frederick 诺里斯，155，170 注

Oden, Thaomas 奥登，7，8 注，32—33，103 注，225 注，227

Ozment, Steven 奥兹门特，179—180

Pascal, Blaise 帕斯卡尔，101

Pelikan, Jaroslav 帕利坎，27，138，231

Ramm, Bernard 兰姆，101，174，175 注，176

Reimer, A. James 赖默，126

Sayers, Dorothy 塞耶斯，106

Schaeffer, Frank 薛华，31

Schaff, Phillip 沙夫，14，61 注，138 注，198 注，202—203

Skydsgaard, K. E. 斯基兹戈尔，36 注，206，207 注

Smith, Elias 埃利亚斯·史密斯，20

Smith, Jonathan 约拿单·史密斯，83，120

Söderblom, Nathan 瑟德布卢姆，218

Sohm, Rudolf 索姆，57

Stark, R. 斯塔克，23

Tillich, Paul 蒂利希，208

Toews, John 特夫斯，21 注，141

Troeltsch, Ernst 特洛尔奇，116

Turner, H. E. W. 特纳，82，83 注

Weaver, J. Denny 韦弗，142，155

Webber, Robert 罗伯特·韦伯，13，31

Weber, Max 马克斯·韦伯，2

Wells, David 韦尔斯，24—25，214 注

Wiles, Maurice 怀尔斯，29，163—164

Wilken, Robert 威尔肯，7 注，18,

30 注
Williams，Rowan 罗恩·威廉姆斯，171
Wink，Walter 温克，211
Wuthnow，Robert 伍思诺，208，209 注

Yeago，David 耶格，183，231，232 注
Yoder，John Howard 尤达，124—126，131
Young，Francis 扬格，29

主 题 索 引

（条目中的页码为英文原书页码，即本书中的边码）

Ahistorical 无历史的，23, 102, 129
Albigensians 阿尔比派，121
Anabaptist（s）重洗派，2, 103, 111, 114, 118, 120, 126, 180, 184, 195—196
anti-clericalism 反教权主义，20
anti-credalism 反信经主义，3, 21, 128—129, 197
anti-institutionalism 反建制主义，24, 102
anti-traditionalism 反传统主义，21—23, 215
apocalyptic 天启，17, 21—22
apocryphal 旁经，73, 174
Apostles' Creed 使徒信经，11, 37, 82, 126, 129, 138 注，165, 177, 185, 187, 189, 193, 198, 216—217, 224
Apostolic Constitutions《使徒宪章》，78
"Apostolic Fathers" 使徒教父，86
apostolic kerygma 使徒宣讲，42, 47
Apostolic Tradition《使徒传统》，81, 148
Arian（ism）阿里乌主义，113, 135, 147 注, 148, 151, 153, 161, 167—169
"Arian controversy" 阿里乌之争，29, 164
Arius 阿里乌，113, 158, 163
"Athanasian Creed"，阿塔那修信经，28, 138 注, 187, 189

baptism（al）浸礼（的），62, 66—68, 72, 80, 82, 99, 149, 156, 159—160, 164—165, 198—199
Baptists 浸信会，2, 21, 99, 101, 116—118, 194, 197—198
Barnabas, Epistle of《巴拿巴书》，45
Barmen Declaration 巴门宣言，174

Campus Crusade 学园传道会，31
Canon（icity）正典（性），45—46, 57
"Canterbury Trail" "坎特伯雷的足迹，31
Chalcedon, council（451）卡尔西顿会议，33, 128—129, 138, 141, 170, 185, 192

Christian Church, The, 基督的教会，见 Disciples of Christ 基督门徒会

christology 基督论，138，162，167，197

Church of God 上帝的教会，2

church, catholic 大公教会，221—228

Congregationists 公理会，2，19

Constantine（emperor）君士坦丁皇帝，26，99，105—118，121，126—131，134，136—137，139—141，145—146，150—151，152，155，159—160，161，163，171

Constantinianism 君士坦丁主义，121—127，130—131，135—137，139，141，162

Constantinople, Council（381）君士坦丁堡会议，126，127，138 注，154，166，167，170，185，192

Corinthians 哥林多人，13，97，136

Decree of Gratian《格拉提安法令》，181，187，190，192

denominationalism 宗派主义，23

Didache,《十二使徒遗训》45，78

Diet of Speyer 施佩尔会议（1529），179

Disciples of Christ, 基督门徒会，2，19—20，118

Donation of Constantine《君士坦丁赠礼》，108—112

Donatism 多纳徒派，113，118

ecumenism 普世主义，6，38，175，186，201—202

Enlightenment, 启蒙运动，12，19，144

Episcopalianism 圣公会，23，31

exegesis 解经，10，13，34，99，139，171，177—178，195

faith "fallen" 信仰"堕落"，18，26—27，83，102

"fall" of church 教会的"堕落"，102，108，112，114—131，136，141，194

Franciscans 法兰西斯会，107

Fundamentalism 基要主义，30

Future 未来，9，12

gnostic（ism）诺斯替（主义），34，45，57，75，82，87，91，176

Golden Legend《黄金传说》，110

historical criticism 历史批判，43

Holiness movement 圣洁运动，2，30

homoousios 同质，27—28，159，160，162，168—169

Hussites 胡斯派，2，115

hymns（early）（早期的）赞美诗，62—64，68—69，101

Israel 以色列，16—17

James（apostle）雅各（使徒），53

Jesus 耶稣，36，41—44，46，47—51，53，55，57—59，61，65，68，75，77—78，81，88，120，126，134

John（apostle）约翰（使徒），74，86，209

Judaism 犹太教，17，43，46，48—49，75

kerygma 使徒宣讲，42—43，47，53—54，56，61，206

Luke 路加，41，46，55

Lber Pontificalis《教皇手册》，110

Magdeburg Centuries《马格德堡的世纪》，121

Marcion（ites）马西昂（派），74，91，97—98，119

Martyr's Mirror《殉道士之镜》，114，116，120，201

memory 记忆，9，16，18，44，162，213—214

Mennonites 门诺派，2，141

Milan, council 米兰会议，165

modalism 形态论，28，148，162，166

Montanism（"New Prophecy"）孟他努主义（"新预言"），72—73，93，118—119，157

Nazarene 拿撒勒，2

Nicaea 尼西亚，67，162，185，192

Nicene council 尼西亚会议，28，113，117，126，138 注，143，149，150，158，186

Nicene Creed 尼西亚信经，11，27—29，37，128—129，135，141，152，155，156，158—162，163，165—170，177，188，191，198

Nicene-Constantinopolitan Creed 尼西亚—君士坦丁堡信经，37，129，158，224

oral tradition 口传传统，43—44，46，49—50

Orthodoxy (Eastern or Greek) 正教（东方的或希腊的），7，13—14，31，139，152，201，206，209，218，221

patristics 教父，4—5，7—8，11，13，25，27，29—30，32—33，36，102，128—129，136—137，139，144，154，172，179—180，186，190，199，207

Paul（apostle）保罗（使徒），10，35，48，50—62，64，68，78，97，136，146，182—183，209

Pentecostal 五旬节，2，30

Peter（apostle）彼得（使徒），47，53，60，143，207

Philip（evangelist）腓利（传教士），47，60

Pietism 虔敬主义，2

postmodern 后现代，34，210

Powers, the 力量，211

Presbyterianism 长老会 23

primitivism 原始主义，107，195，197

Protestant 新教徒，173—175，178—180，194，200—202，203—204，208，214—215

prophecy 预言，17，22

Pudentiana (St.)，圣普汀提安娜，133—135

Puritan 清教徒，2，116，121，215

Quakers 贵格会 2

Roman Catholic 罗马天主教，1，3，7—8，18，29，42，75，102，107，117，119—121，139，173—174，176，181，193，201，206，208，215，221，223，229

Rule of faith 信仰的法则，87—99，

166，205

Schleitheim Confession 施莱塞穆信条，197

Sectarianism 宗派主义，4，202—204

Serdica（council）塞尔提卡会议 143 注，165

Seventh Day Adventism 基督复临安息日会，2，19

Shepherd of Hermas《黑马牧人书》，45

sola scriptura 唯独圣经，19，23，98—99，175，215，229—34

Sylvester（pope）西尔维斯特（教皇），108—110，112

Theodosius（emperor）（皇帝）狄奥多西 123，152—153

Tradition（defined）34—39（在新约中），48—58（与圣灵有关的），56—58，69，207，213—217，219

Trail of Blood《血迹》，116—117

Trajan（emperor）（皇帝）图拉真，69

Trinity 三位一体，11，27，63，67—68，76，79—80，82，93，138，153，158—159，216

Waldenisians 韦尔多派，108，110，114，118，121